24시간 완성!
챗GPT 스타트업 프롬프트 설계

초판 인쇄 : 2025년 2월 21일
초판 발행 : 2025년 2월 21일

출판등록 번호 : 제 2015-000001 호
ISBN : 979-11-94000-06-8 (03800)

주소 : 강원도 횡성군 횡성읍 송전로 209 (고즈넉한 길)
도서문의(신한서적) 전화 : 031) 942 9851 팩스 : 031) 942 9852
펴낸곳 : 책바세
펴낸이 : 이용태

지은이 : 박희용
기획 : 책바세
진행 책임 : 책바세
편집 디자인 : 책바세
표지 디자인 : 책바세

인쇄 및 제본 : (주)신우인쇄 / 031) 923 7333

본 도서의 저작권은 [책바세]에게 있으며, 내용 중 디자인 및 저자의 창작성이 인정되는 내용을 무단
으로 복제 및 복사하는 것은 저작권법에 의해 처리될 수 있습니다.

Published by chackbase Co. Ltd Printed in Korea

24시간 완성!
챗GPT 스타트업 프롬프트 설계

완벽한 창업 아이디어 & 사업계획서 미친 활용법

박희용 지음

— 부록 —
연봉 5억 AI 창업 아이템 50선
2025년 스몰 비즈니스 아이디어

{ 프롤로그 }

"무작정 뛰어드는 창업보다, AI와 함께 체계적으로 시작하자."

예비 창업자라면 누구나 한 번쯤 이런 고민을 해봤을 것이다.

"좋은 아이디어만 있으면 창업이 가능할까?"

하지만 현실은 만만치 않다. 아이디어만으로는 성공할 수 없고, 시장 검증과 철저한 계획이 필요하다. 이처럼 아이디어가 떠올라도 실제 시장에서 통할지 확신하기 어렵다. 바로 이 과정에서 AI가 강력한 도구가 된다.

최근 등장한 생성형 AI(예: 챗GPT)는 초안 작성부터 반복 수정, 시장 데이터 요약까지 창업 과정 전반에 놀라운 효율성을 제공해준다. 특히, 아이디어의 가능성을 빠르게 확인하고, 사업계획서를 한 순간에 문서화할 수 있다는 점에서 '이거 정말 써도 되는 건가?' 하는 의구심이 들 만큼 강력한 툴이다.

이 책은 바로 "창업 아이디어 발상(Part1)과 사업계획서 작성(Part2)을 AI와 함께 어떻게 연결하고, 실제 창업 현장에 적용할지"를 다룬다. 흔히 창업책은 "아이디어란 무엇인가?"에서 멈추거나, "사업계획서 작성법"만 주마간산식으로 훑고 끝나는 경우가 많다. 그러나 **아이디어 → 시장 검증 → 실제 계획 수립** 순서로 끊김 없이 이어져야만 현실감 넘치는 창업이 가능해진다.

{ 작가소개 }

박희용 (주)위브앤 대표

스타트업, 미디어, 비영리 협회, 사회적 경제 등 다양한 분야에서 쌓은 폭넓은 경험을 바탕으로 기업가 정신과 "Learning by Doing" 철학을 실천하며, 창업과 교육의 혁신을 이끌어온 전문가다. 학부에서는 동양철학을 전공하여 인간과 조직의 조화로운 발전에 대한 깊은 통찰을 얻었으며, 대학원에서는 "창업과 경영"을 전공하여 경영학 박사 학위를 취득하였다. 동양철학에서 배운 균형과 조화의 원칙은 그의 창업 및 경영 전략에 중요한 기반을 제공하여, 지속 가능하고 윤리적인 비즈니스 모델을 구축하는 데 기여하였다. 현재 (주)위브앤의 대표로 재직하며, AI 기반의 창업 교육, 비즈니스 컨설팅, 프로젝트 협업을 통해 개인과 조직의 지속적인 성장을 지원하고 있다.

스타트업 현장에서 얻은 창업 감각, 세계닷컴(세계일보)에서의 미디어 경험을 통해 다져진 디지털 트렌드 이해, 그리고 사회적 경제 분야에서의 사회적 가치 실현 경험을 바탕으로 이론과 실무가 조화를 이루는 독창적인 교육과 컨설팅 프로그램을 제공한다. 주요 저서로는 [SNS로 마케팅 하라] (2019)와 [언택트 시대 생존방법] (2020)이 있다. 이들 저서는 현대 비즈니스 환경에서의 효과적인 마케팅 전략과 비대면 시대의 생존 전략을 제시하고 있다.

대학, 기업, 공공기관과의 협업을 통해 생성형 AI, 창업 교육, 인문학적 통찰, 그리고 경영 전략이 융합된 혁신적인 워크숍을 선보이고 있다. 이 워크숍은 참가자들에게 새로운 도전과 학습의 여정을 제공하며, 이론에 머무르지 않고 실무에 즉시 적용 가능한 실질적이고 체험적인 지식을 전달한다. 변화의 물결 속에서 창의적 사고와 실용적 해결책을 결합하여, 참가자들이 시대의 흐름에 능동적으로 대응하고 지속 가능한 성장을 이룰 수 있도록 돕는다. 작가의 교육 프로그램은 단순한 배움을 넘어, 미래를 주도할 역량을 키우는 데 중점을 두어, 모든 참여자가 혁신의 선두에 설 수 있도록 지원한다.

{ 추천사 }

조한규 미국 캐롤라인대학교 철학과 교수·정치학박사

생성형 AI, 휴머노이드 로봇의 시대. AI의 도움을 받아 자신만의 솔루션을 찾아 스타트업에 도전해야 생존할 수 있다. [24시간 완성! 챗GPT 스타트업 프롬프트 설계]는 AI를 활용한 아이디어 → 시장 검증 → 실제 계획 수립이 구체적으로 소개되어 있다. 이 책을 선택하는 순간, 우리의 삶과 가치가 트랜스포메이션을 이룬다고 감히 말하고 싶다.

박성혁 SK가스 DX추진실 실장

창업은 시작부터 쉽지 않다. 아이템 선택부터 자금 마련까지 어려운 선택의 연속이다. 이럴 때 옆에서 도움을 줄 친구가 한 명 있었으면 좋겠다는 생각이 들곤 한다. 이번에 나온 이 책은 그런 친구 같은 존재다. 특히, AI를 활용해 사업계획 수립을 도와주니 더욱 유용하다. 창업을 고민 중이라면, 이 책을 통해 시작해보는 건 어떨까?

성진경 오마이컴퍼니 창업자, 현 대표이사

창업을 준비하고 아이템을 기획하는 시기는 어쩌면 창업 전체 과정에서 가장 행복한 시기일지도 모르겠다. 그 이후에는 예상치 못한 험난한 모험이 펼쳐진다. 이 모험을 즐기기 위해 우리 팀의 기본 설계도, 로드맵을 만드는 작업이 중요하다. [24시간 완성! 챗GPT 스타트업 프롬프트 설계]는 당신의 창업 여정에 든든한 동반자가 되어줄 것이다. 당신의 상상을 구체화하고 비즈니스 언어로 변환시킬 수 있는, 챗GPT를 탑재한 스마트한 비서 활용법을 강력히 추천한다.

안태욱 KAIST 연구교수·창업학박사

창업은 열정과 도전정신이 요구되는 매력적인 여정이지만, 동시에 고독하고 험난한 길이다. 이 책은 AI라는 강력한 도구를 활용해 성공 가능성을 높이는 실질적이고 전략적인 방법을 제시한다. 복잡한 창업 과정에서 나침반처럼 방향을 제시하며, 성공 창업을 돕는 든든한 길잡이가 되어줄 것이다. 창업의 가능성을 탐구하고자 하는 모든 이들에게 이 책을 자신 있게 추천한다.

이재남 벤처기업협회 기업지원2본부 본부장

AI시대, 이 책은 기술의 변화가 일상생활 깊숙한 곳까지 영향을 미치고 있을 뿐만 아니라, AI 도구를 통해 효율적으로 창업과정과 전략화까지 가능한 실질적인 가이드를 보여주고 있다. 이 책을 통해 창업을 준비하고 있는 초보자라 할 지라도 쉽게 작성할 수 있도록 도와줄 것으로 기대한다. 혁신과 도전으로 세상의 주역이 되고자 한다면, 이 책은 당신의 든든한 동반자가 되어줄 것이다.

권정혁 주식회사 스포잇 대표

CES 2025에서 가장 주목받은 분야는 AI였고, 기업들이 AI 시대의 생존 전략을 모색했다. 디지털 전환(Digital transformation)에서 AI 전환(AI transformation)으로 빠르게 변화하는 시대에, 이 책은 창업자들이 꼭 알아야 할 AI 지식을 누구나 쉽게 이해하고 활용할 수 있도록 돕기 위해 탄생한 필독서로, AI 시대에 성공적인 창업을 위한 구체적인 가이드를 제시한다.

{ 이 책은 }

이 책의 주요 특징

1. 아이디어 발상부터 문제·해결책 구체화까지

Part1에서 역할 기반 브레인스토밍, 시나리오 기법, 키워드 조합 등 다양한 아이디어 발상법을 AI 활용 사례와 함께 다룬다. "얼마나 창의적인 생각을 할 수 있는지"가 아니라, "이 생각이 현장에서 실제로 통하는지"에 초점을 맞춘다. 이를 위해 시장 분석, 경쟁사 검토, 규제·기술 로드맵 같은 현실적인 체크포인트도 제시한다.

2. PSST(Problem-Solution-Scale-Up-Team) 구조의 사업계획서 작성

Part2에서는 전통적 사업계획서와 달리, 문제에 집중하는 문서 구조(PSST)를 소개한다. 챗GPT를 활용해 "중장년 퇴직자를 위한 AI 경력 설계 서비스"같은 아이디어가 **문제(Problem) → 실현 가능성(Solution) → 성장전략(Scale-Up) → 팀 구성(Team)** 흐름으로 구체화되는 과정을 예시로 보여준다.

3. 실무형 프레임워크와 AI의 결합

5 Whys, PEST, Value Proposition Canvas, Lean Startup, 비즈니스 모델 캔버스(BMC), Blue Ocean 전략 등 이름만 들어도 복잡해 보이는 프레임워크들이 AI 프롬프트와 만나면 의외로 간단히 결과물을 얻을 수 있다. 본문에는 **챗GPT**에게 어떤 식으로 질문을 던지고, 그 답변을 어떻게 수정해 나가야 하는지 구체적인 프롬프트 예시가 담겨 있다.

◆ 이 책을 활용하는 방법

처음부터 순서대로 읽으며 아이디어를 정교화

Part1은 창업 아이디어를 만들고 다듬는 데 초점이 맞춰져 있다. 독자는 머릿속 막연한 생각을 문제, 해결책, 시장성과 연결해 현실적인 창업 아이디어로 다듬을 수 있다.

필요한 부분만 골라서 활용

만약 아이디어 단계는 어느 정도 끝났고, 이제 바로 사업계획서 작성에 돌입해야 한다면 Part2의 PSST 챕터부터 참고해도 좋다.

AI를 활용하되, 최종 검증은 직접

이 책은 "AI가 만들어준 초안을 맹신하자"가 아니라, "AI의 장점을 십분 활용하고, 사람의 통찰력으로 걸러내며 더 나은 결과를 얻자"는 주의다. 챗GPT 답변에 데이터 오류나 논리적 비약이 없는지 최종 점검하는 건 창업자의 몫이다.

◆ AI를 넘어, 창업자의 실행력

창업은 "내 아이디어가 정말 통할까?"라는 불안과 "그래도 한 번 부딪혀보자!"라는 도전 정신의 충돌 속에서 시작된다. 그 사이에서 AI가 든든한 조력자가 될 수 있다는 사실은, 이제 더는 "미래 이야기"가 아니다. 이 책을 통해, 아이디어 발상에서부터 사업계획서 완성까지 현실감 넘치는 단계적 접근을 경험하기 바란다. 실행할 용기와 꾸준한 검증 정신이 더해진다면, 창업이라는 모험의 여정에서 여러분은 한 걸음 더 앞서 나갈 수 있을 것이다.

◆ 이 책에서 사용된 챗GPT에 대하여

챗GPT(ChatGPT)는 OpenAI에서 개발한 인공지능 언어모델로, 자연어 처리를 통해 대화형 응답을 생성하도록 설계되었다. 이 책에서 활용된 프롬프트는 챗GPT 4o을 기준으로 작성되었으며, 모델은 학습된 데이터를 기반으로 사용자의 입력에 따라 확률적으로 가장 적합한 응답을 생성한다.

"Chat"은 대화를, "Generative"는 AI가 새로운 텍스트나 데이터를 만들어내는 특성을 뜻하며, "Pretrained"는 다양한 출처(책, 웹사이트, 뉴스 등)에서 수집한 데이터를 학습해 문장 구조와 언어 패턴을 이해하는 모델임을 의미한다. 챗GPT는 Transformer 아키텍처와 "Self-Attention Mechanism"을 활용해 문맥과 단어 간 관계를 분석하며, 입력된 텍스트를 기반으로 확률적으로 응답을 생성한다.

따라서, 동일한 질문에도 생성되는 답변은 확률적 계산에 따라 미세하게 달라질 수 있다. 이 책에서는 챗GPT를 활용해 사용자의 질문에 적합한 응답을 이끌어내는 방법과 다양한 시나리오에서 모델을 효과적으로 활용하는 방식을 소개한다. 결론적으로 챗GPT는 질문에 답하거나 대화를 나누기 위해 만들어진 똑똑한 AI 비서이다.

● 챗GPT 작동 원리 ●

ChatGPT			
Chat	GPT		
	G	P	T
	↓	↓	↓
	Generative	Pre-trained	Transformer
채팅(대화)	↓	↓	↓
	생성형 모델	사전에 학습된	트렌스포머 신경망 언어 모델
	↓	↓	↓
	트랜스포머 신경망을 기반으로 방대한 데이터를 학습한 생성형 AI 모델.		
대화형 인공지능 챗봇			

{ 챗GPT 기본 메뉴 }

챗GPT 메뉴는 크게 아래에 보이는 이미지처럼 6개로 구분할 수 있다. 6개의 번호는 필자가 설명하기 쉽게 임의로 붙인 번호이며, 특정한 의미가 있지는 않다.

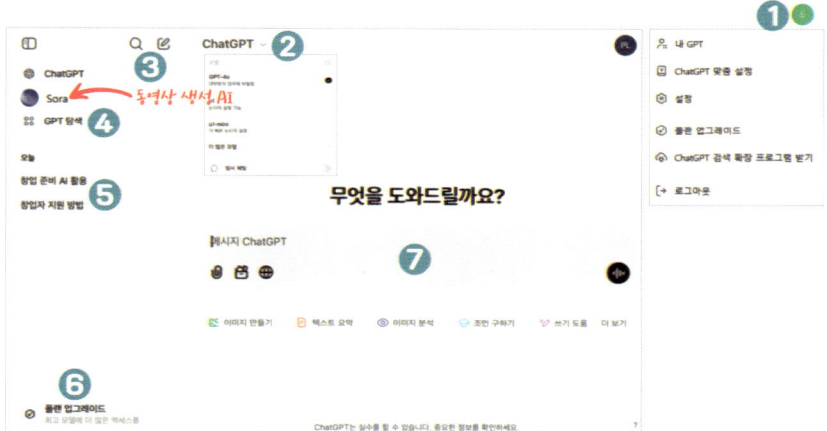

❶ 우측 상단에는 내 GPT에 대한 설정과 챗GPT 맞춤 설정, 그리고 설정 메뉴를 사용할 수 있다. [설정] 메뉴를 선택하여 들어가 보면, [개인 맞춤 설정] 항목이 있는데, 여기에서는 [메모리] 기능을 활용할 수 있다.

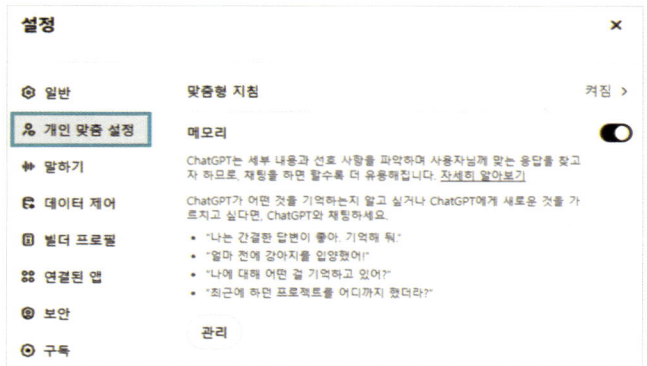

이 메모리 기능을 활성화한 상태에서, 채팅(질문) 중에 "**기억해 줘**"라고 하면 해당 문장은 저장된다. 또한, 일정한 기간이 지난 후 "**나에 대해 어떤 걸 기억 하고 있어?**"라고 질문을 해보면 깜짝 놀랄 수도 있을 것이다. 만약, 챗GPT가 자신을 기억하고 싶지 않게 만들고 싶다면, 이 메모리 기능을 끄면 된다. 사용하다 보면 메모리 사용 기능은 개인의 취사 선택이며 장단점이 있다. 참고로 ChatGPT 맞춤 설정 사용법은 [PART2_ 07.사업계획서 작성을 위한 고급 스킬_ 07-1.맞춤 설정하기]를 통해 확인할 수 있다.

❷ 챗GPT의 다양한 모델을 선택해서 사용할 수 있다. 무료 사용자의 경우 모델 선택은 불가능하다.

❸ 좌측 상단의 사이드바에서 돋보기 아이콘은 검색, 연필 아이콘은 새로운 채팅을 시작할 때 사용할 수 있다.

❹ GPT 탐색은 다양한 형태의 맞춤형 챗GPT 버전이 존재한다. 최상위 선택항목, 글쓰기, 생산성, 연구 및 분석, 교육, 라이프스타일, 프로그래밍 등이 존재한다. 챗GPT가 대도서관이라면 GPT 탐색은 전문 도서관을 찾아서 사용하는 것과 마찬가지이다. 유료 사용자들은 자신 만의 혹은 해당 기업이나 기관만의 맞춤형 챗GPT를 만들어서 공개 또는 비공개로 사용할 수 있다. 자세한 사용법은 "챗GPT 맞춤형 버전 사용법"에서 확인할 수 있다.

❺ 채팅 히스토리 영역은 채팅을 시작하면, 대화 내용이 주제로 등록되어 보관되는 공간이다. 불필요한 채팅 히스토리는 원활한 작업을 위해 삭제하는 것을 권장한다.

❻ 챗GPT 사용 요금에 대한 선택과 결제를 위한 사용되는 메뉴이다. 참고로 챗

GPT는 무료로 사용할 수 있으나 사용 제한이 있기 때문에 많은 양의 작업과 다양한 분야의 작업을 소화하기 위해서는 유료 유금제를 권장한다.

❼ 실제 채팅이 이루어지는 프롬프트 입력창으로, 텍스트로 질문할 수 있으며, 음성 입력도 가능하고, 이미지 · 문서 · 링크를 통해 채팅을 진행할 수도 있다. 자세한 내용은 "챗GPT 프롬트 입력창"에서 설명하기로 한다.

챗GPT 맞춤형 버전 사용법 챗GPT의 맞춤형 버전 사용방법 크게 두 가지가 있는데, 하나는 검색창에서 검색을 하는 방법과 내가 원하는 카테고리를 선택해서 사람들이 가장 많이 사용하는 버전을 활용하는 것이다. ❶[GPT 탐색]에서 ❷❸[최상위 선택 항목 (Featured)] 항목에 있는 것을 선택해서 활용하는 방법은 다음과 같다.

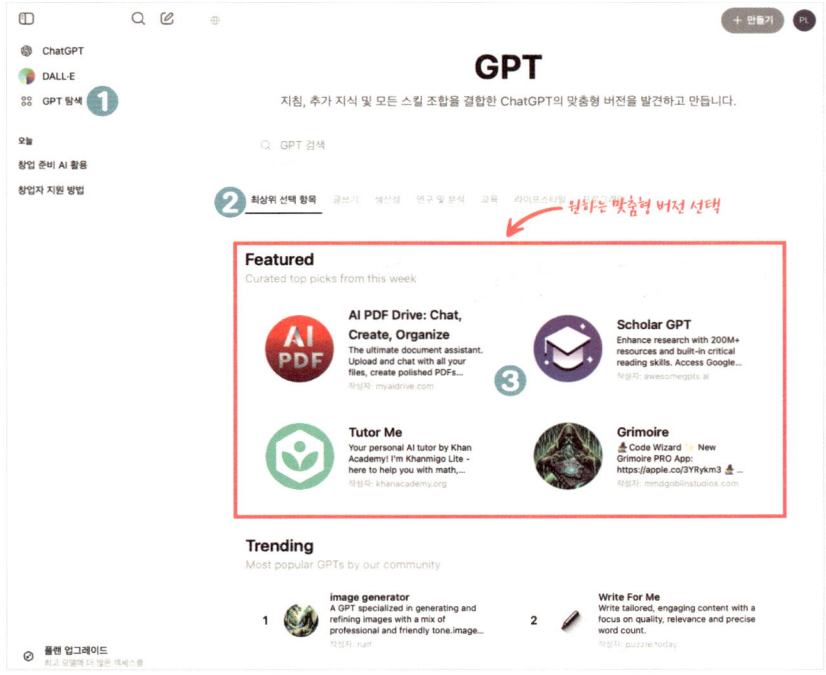

맞춤형 버전 중 원하는 버전을 선택한다. 예를 들어, Scholar GPT를 선택하면 팝업 창을 통해서 선택된 버전이 나타나는데, 이때 열린 창에서 채팅 시작을 선택하면 된다.

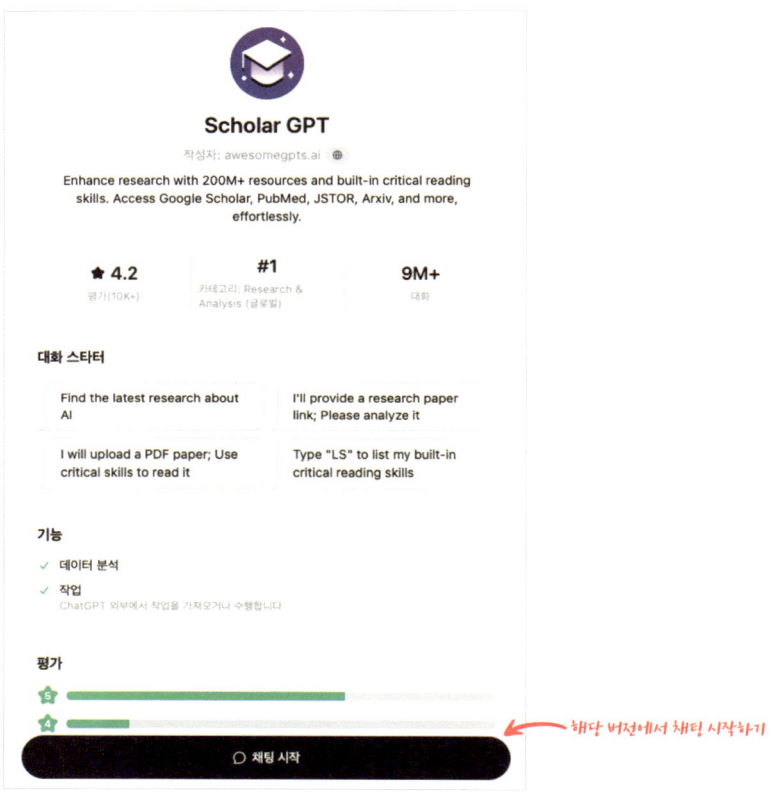

사용법에 대하여 모른다고 해도 상관이 없다. 만약, 앞서 설명한 Scholar GPT 버전을 선택했고, 채팅 시작 버튼을 눌렀다면 다음과 같이 채팅 창이 열리는데, 하단에 있는 프롬프트 입력창에서 ❶[너는 어떤 목적으로 만들어졌고, 무엇을 할 수 있는지 설명해줘]라고 입력한 후, ❷[보내기] 버튼을 눌러 보면 다음과 같이 답변을 해줄 것이다. 참고로 같은 질문이라도 챗GPT의 답변은 문장의 차이가 있을 수 있다.

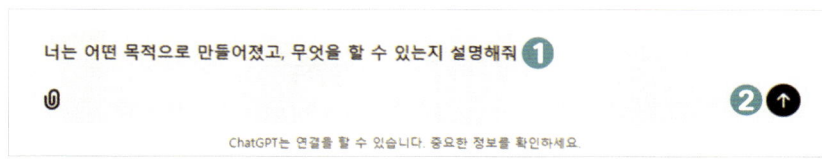

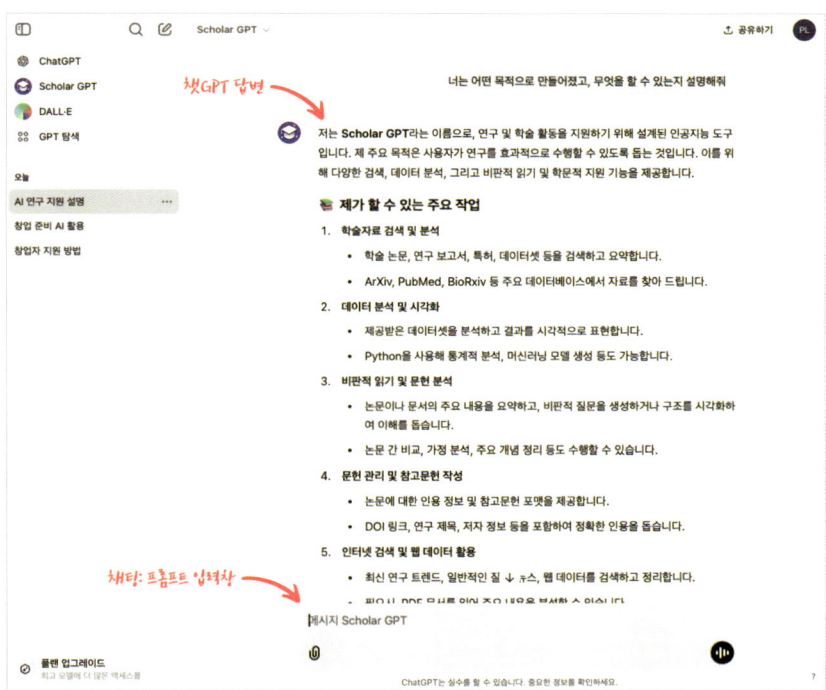

챗GPT 맞춤형 버전의 활용 프롬프트 설정과 관련하여 도움을 주는 챗GPT 맞춤형 버전을 찾고 싶다면, 다음의 그림처럼 다시 ❶[GPT 탐색]으로 들어가 채팅창에서 ❷[프롬프트]라고 입력하면 프롬프트 입력에 도움을 주는 여러 프롬프트 맞춤형 버전 목록이 나타난다. 이러한 도구들의 유용한 점은 보다 전문적인 정보 및 기능을 제공한다는 것이다.

계속해서 [GPT 탐색]의 [By ChatGPT] 항목에서는 그림을 그리는 DALL-E나 데이터 분석을 위한 Data Analyst 등 챗GPT가 제공하는 다양한 기능과 역할을 구체적으로 구분하여 사용자에게 다양한 형태의 콘텐츠와 서비스를 제공한다.

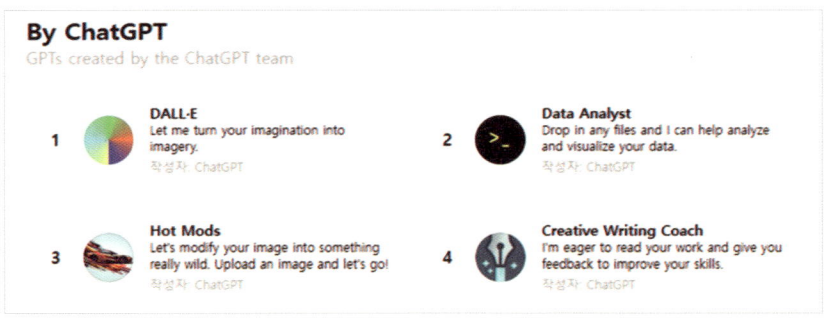

챗GPT 프롬프트 입력창 마지막으로 가장 중요한 공간이 채팅창, 즉 프롬프트 입력창이다. 앞서 챗GPT 맞춤형 버전에서 살펴본 적이있지만, 지금 살펴보는 채팅창은 기본(표준) 채팅에 대한 것으로, 화면 좌측 상단에 있는 ❶[ChatGPT]를 선택하면 ❷[채팅창]이 나타난다.

✓ **소라(Sora)에 대하여** 챗GPT는 최근 텍스트, 이미지, 비디오 입력을 기반으로 새로운 동영상을 생성하는 "소라"라는 AI 모델을 제공한다. 소라를 통해 사용자는 텍스트 설명만으로도 최대 20초 길이의 고품질 동영상을 제작할 수 있으며, 기존 콘텐츠를 리믹스하거나 블렌드하는 등 다양한 편집도 가능하다.

이 채팅창에서는 외부에서 이미지를 가져와 분석하고, 도구 활용, 인터넷 주소를 링크하여 채팅을 할 수 있다. 하지만 아쉽게도 아직까지 한글 파일(hwp)은 인식되지 않는다. 로컬에 있는 내 컴퓨터의 파일만 업로드 가능한 것이 아니라 구글 드라이브나, MS의 원드라이브도 연결된다. 또한, 채팅창에서 웹검색을 지원하면서 실기간으로 관련 정보에 대한 확인 가능하다. 하지만 기본검색엔진이 MS의 bing(빙) 검색엔진이기 때문에 모든 정보들을 다 종합해서 보여주지는 않는다. AI 기반의 검색엔진과 일반 검색엔진을 같이 활용하는 것이 좋다. 가장 많이 사용되는 AI 기반 검색엔진 서비스는 다음과 같다.

퍼플렉시티 (Perplexity)	https://www.perplexity.ai
젠스파크 (Genspark)	https://www.genspark.ai
펠로 (Felo)	https://felo.ai/search

챗GPT를 활용하여 창업 아이디어 도출하고, 제대로된 사업계획서를 작성하고자 한다면 무료 버전보다는 유료 버전 사용을 권장한다. 참고로 본 도서에 서술된 모든 프롬프트 및 내용은 보다 좋은 결과물을 얻기 위해 챗GPT 유료 버전을 활용하였다.

{ 생성형 AI 사용 시 유의 사항 }

생성형 AI를 활용하여 창업 아이디어와 사업계획서를 작성할 때는, AI가 제공한 초안을 비판적으로 검토하여 현실성·독창성·데이터 정확성을 점검하고, 최종 의사결정 및 전략 반영은 사람(팀)의 통찰과 경험이 필수적으로 결합되어야 한다.

1. 데이터 · 정보의 정확성 검증

출처 확인

AI가 제시하는 데이터나 통계의 신빙성을 반드시 재확인한다. 출처가 명시되지 않은 정보나 추론된 수치에는 추가 검증이 필요하다.

시장규모 · 경쟁사 정보 등

AI가 제공하는 시장분석 내용이 최신 자료와 일치하는지, 국가·지역적 차이를 반영하고 있는지 확인해야 한다.

2. 창의성 vs 실현 가능성 균형

창의적 아이디어 수집

AI를 통해 독특하거나 파격적인 아이디어를 얻되, 실제 자금·인력·시간 등 사업 제약과 부합하는지 점검한다.

실현 가능성 검토

운영비, 개발 기간, 시장 접근 가능성등 구체적 지표를 AI에 반복 질문 하거나 전문가와 상의해 현실적인 계획으로 조정한다.

3. 보안 · 지식재산권 유의

민감 정보 입력 자제
사업계획서나 창업 아이디어에 관한 핵심 기밀을 AI에 그대로 입력하면 외부로 유출될 위험이 있으므로, 주요 정보는 요약하거나 익명화하여 활용한다.

저작권, 특허 등 지적재산권 이슈
AI가 제시한 문서 · 이미지를 사용하기 전에 저작권 · 특허 충돌이 없는지 확인한다. 기술 아이디어, 제품명 등은 사전 검색 · 분석 후 사용한다

4. 편향된 답변 · 중복 리스크

AI 편향(Bias) 인식
AI가 특정 국가 · 산업 자료에만 기반해 편향된 조언을 할 수 있다. 글로벌 시장을 노린다면 해외 자료나 다른 언어 기반으로도 검토해 본다.

중복 아이디어 체크
AI가 이미 알려진 아이디어나 다른 창업 사례를 '새롭다'고 제안할 수 있다. 사전 시장 조사를 통해 유사 사례가 있는지 다시 확인한다.

5. 최종 결정 시 인간의 통찰력 필수

AI = 보조 도구
AI는 빠른 아이디어 발상이나 자료 정리에는 유용하지만, 사업 성공 여부는 결국 인간의 경험 · 네트워크 · 전문성에 달려 있다.

팀 협업
AI가 제공한 초안을 팀원들과 공유하고, 현장 경험 · 고객 피드백 등 여러 요소를 종합해 최종 방향을 결정한다.

{ AI 시대, 아이디어는 하루면 충분하다 }

한때, 새로운 아이디어를 떠올리고 이를 실행하는 과정은 마치 긴 마라톤과 같았다. 준비에서 실무까지, 몇 주나 몇 달이 아니라 몇 해가 걸리는 일도 흔했다. 하지만 지금은 상황이 달라졌다. AI와 디지털 기술이 발전하면서 누구나 단 24시간이면 아이디어를 만들어내고 시험해볼 수 있게 되었다. 머릿속 상상을 현실로 옮기는 일이 더 이상 꿈이 아닌 시대가 열린 것이다.

과거에는 왜 어려웠을까?

AI가 등장하기 전에는 제품 기획, 디자인, 시장 조사, 테스트까지 모든 단계를 전문가와 팀이 함께하지 않으면 안 되었다. 시제품을 하나 만드는 데도 긴 시간이 걸렸고, 결과 검증을 위해서는 추가적인 자원이 필요했으며, 전문 소프트웨어와 복잡한 장비는 비싸고 배우기도 어려웠다. 이렇듯 누구나 쉽게 쓸 수 있는 기술이 부족했기 때문에 창의적인 발상을 실제로 구현하기가 매우 제한적이었고, 시장 검증에는 초기 자본이 들어가며, 실패 가능성까지 감수해야 했다. 이러한 현실적 제약은 개인 창업자들에게 거대한 부담이 될 수밖에 없었다.

지금은 왜 가능한가?

GPT-4o 같은 생성형 AI는 단순히 텍스트를 만드는 데서 멈추지 않는다. 이제는 보고서, 계획서, 이미지, 동영상, 코드까지 한 번에 처리해주는 다재다능한 도구로 자리매김했다. 디자인부터 제품 구상, 랜딩 페이지 제작까지 과거에는 며칠씩 걸리던 작업을 이제는 몇 번의 클릭으로 몇 분 안에 시각화할 수 있다. 발전된 AI

툴은 막대한 자본 없이도 스타트업이나 개인 창업자가 아이디어를 빠르게 시험하고, 저비용으로 시장 검증과 피드백을 받을 수 있도록 돕는다. 예를 들어, 예전에는 설문 작성과 분석에 며칠씩 걸렸지만 지금은 AI가 몇 분 만에 꽤 만족스러운 결과를 내놓는다. 게다가 랜딩 페이지와 SNS 광고를 통해 즉각적으로 고객 반응을 파악한 뒤, 피드백에 따라 아이디어를 개선하고 다시 시험할 수도 있다.

왜 24시간인가?

오늘날의 AI 기술은 상상을 실행력으로 바꾸어준다. 아이디어를 떠올리고, 간단한 프로토타입을 만들고, 시장의 첫 반응까지 확인하는 데 하루면 족한 시대가 되었다. 물론 제품 종류나 복잡도에 따라 차이가 날 수 있지만, 중요한 것은 "곧바로 시도해볼 수 있다"는 점이다. 이처럼 AI는 더 이상 아이디어가 머릿속에만 맴돌지 않도록, 상상과 현실을 가장 빠르게 이어주는 도구가 되었다.

또한, 시제품을 신속히 완성해 경쟁력을 높이고, 더 넓은 무대에서 기회를 모색할 수 있게 되었다. 혁신 속도도 한층 빨라지며, 새로운 비즈니스 가능성까지 열린다. 여러분의 아이디어는 어떤가? 아직 생각 속에 머무르고 있는가? 그렇다면 단 하루만 투자해 보자. 24시간 뒤면 머릿속에서만 맴돌던 구상이 눈앞에서 구현되어 있을 것이다.

{ 24시간 동안 제품 기획안 끝내기 }

1. 역할 부여하기: 생성형 AI와 TRIZ를 활용한 창업교육 기획

챗GPT를 활용하여 제품 기획 및 테스트 실습을 진행하려면, 기본(표준) 채팅창(프롬프트 입력창)에서 아래와 같이 입력한다. ❶ "[TRIZ전문가이자 창업교육 기획 전문가]로서 이 후 질문에 대해 답변을 해줘. 나는 '생성형 AI와 결합된 창업교육(아날로그+온라인+AI 활용) 워크숍'을 기획하고 싶어. 이 워크숍이 효과적으로 운영될 수 있도록 TRIZ 기법을 활용하여 문제 해결을 도와 줘."라고 입력한 후, ❷ [보내기] 버튼을 클릭한다. 참고로 이 프롬프트 입력 작업은 향후 지속적으로 반복될 예정이므로, 현재의 과정을 기억해 두자.

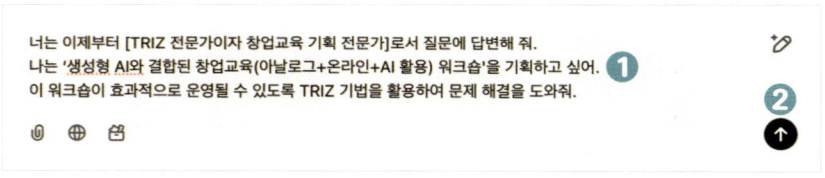

TRIZ에서 대해 간략히 설명하면 다음과 같다. TRIZ(창의적 문제 해결 이론)는 소련의 과학자 겐리히 알츠슐러가 전 세계 특허를 분석한 결과, 창의적 문제 해결에는 일정한 패턴이 존재 한다는 사실을 발견하고 이를 체계화한 방법론이다. 40가지 발명 원리, 모순 해결 기법, 이상적 최종 결과(IFR) 등을 중심으로, 체계적이고 논리적인 접근으로 창의적 솔루션을 도출한다.

이것으로 챗GPT에 대한 역할 부여를 해주었다. 이제부터 챗GPT는 " TRIZ전문가이자 창업교육 기획 전문가 "로서 답변을 하게 된다. 단, 답변의 문장 구성에는 다소 차이는 있을 수 있지만, 기본 맥락은 동일하게 유지된다.

> 질문: 역할 부여 →
>
> 너는 이제부터 [TRIZ 전문가이자 창업교육 기획 전문가]로서 질문에 답변해 줘.
> 나는 '생성형 AI와 결합된 창업교육(아날로그+온라인+AI 활용) 워크숍'을 기획하고 싶어.
> 이 워크숍이 효과적으로 운영될 수 있도록 TRIZ 기법을 활용하여 문제 해결을 도와줘.
>
> ← 역할이 기억됨
> 🧠 메모리 업데이트됨
>
> ← 질문에 대한 답변
> TRIZ 기법을 활용하여 '생성형 AI와 결합된 창업교육 워크숍'의 문제 해결을 구조적으로 접근해 보겠습니다. TRIZ는 창의적인 문제 해결을 위한 체계적인 방법론이므로, 이 기법을 활용해 워크숍의 효과성을 높이는 방안을 제안하겠습니다.

1. 문제를 창의적으로 정하기

창업교육 워크숍을 기획할 때 가장 중요한 것은 해결해야 할 핵심 문제를 명확히 정의하는 일 이다 . TRIZ의 "이상적 최종 결과(IFR)" 개념을 통해, 가장 완벽한 형태의 창업교육을 먼저 상상해 본다. 이상적 최종 결과(IFR) 란, 만들고자 하는 제품이나 서비스가 완벽하게 작동하며, 추가 자원 이나 비용 없이 목표를 달성하는 상태를 말한다. 예를 들어, "최고의 창업교육 워크숍"이란 무엇인가를 묻고, 강사의 개입 없이 자동으로 학습이 이루어지며, AI가 아이디어를 실시간으로 발전시키는 환경을 상상할 수 있다. 다음은 해당 내용에 대한 프롬프트다.

> **Q** TRIZ의 이상적 최종 결과(IFR) 개념을 적용해서 '생성형 AI와 결합된 창업교육(아날로그+온라인+AI 활용) 워크숍'의 가장 이상적인 상태를 정의해 줘.
>
> TRIZ의 이상적 최종 결과(IFR) 개념을 적용한 '생성형 AI와 결합된 창업교육 워크숍'의 이상적인 상태 정의.
>
> **IFR (Ideal Final Result, 이상적인 최종 결과)란?**
>
> TRIZ에서 IFR은 어떠한 문제도 발생하지 않으며, 추가적인 자원이나 비용 없이 목표를 완벽하게 달성하는 상태를 의미한다. 즉, 창업교육 워크숍이 가장

이상적으로 운영되는 상태를 정의하면, 참가자가 최소한의 노력과 비용으로 최대한의 창업 성과를 얻을 수 있는 구조를 의미한다.

이상적인 창업교육 워크숍(IFR)

"참가자가 AI와 창업 경험이 전혀 없어도, 워크숍을 통해 자동으로 최적의 창업 아이디어를 얻고, AI가 이를 시장성 높은 사업으로 발전시켜 실행까지 연결되도록 하는 교육 시스템"

세부적으로 풀어보면

1. 참가자가 창업 경험이나 AI 기술을 몰라도, 워크숍 내에서 스스로 창업 아이디어를 쉽게 도출할 수 있어야 함.

2. AI가 참가자의 창업 스타일과 역량을 분석해, 최적의 창업 모델을 자동으로 추천해 줌.

3. 아이디어가 나오는 즉시, AI가 자동으로 시장 조사, 타겟 고객 분석, BM 수립, 경쟁사 분석을 실행함.

4. 사업계획서, 피치덱, 홍보 콘텐츠, 프로토타입 제작 등이 AI에 의해 자동 생성됨.

5. 참가자는 AI가 제공하는 실행 가이드에 따라 즉각 사업을 현실화할 수 있음.

6. 창업 후 지속적인 AI 코칭 및 네트워크를 통해 성장할 수 있는 시스템이 제공됨.

IFR을 위한 최적의 설계 조건

이상적인 상태를 현실적으로 구현하기 위해, TRIZ 관점에서 주요 원칙을 적용할 수 있다.

1 교육이 없어도 창업이 가능한 상태 (자기 조직화)

- AI가 참가자의 니즈를 분석해 맞춤형 창업 아이디어와 실행 플랜을 자동…

– 생략 –

3. 다양한 아이디어 융합 및 조합하기

이제 챗GPT가 제안한 IFR(이상적 최종 결과) 중 핵심 아이디어를 추출하고, 이를 결합하여 새로운 아이디어를 생성한다. TRIZ의 "결합 원리"를 활용해 기존 아이디어 두 개 이상을 융합함으로써 혁신적인 창업교육 모델을 도출한다. 이때 챗GPT에게 요청할 수 있는 프롬프트는 다음과 같다.

> **Q** IFR(이상적 최종 결과) 중 3개를 선택해서, 이들을 결합하여 더 혁신적인 창업교육 워크숍 아이디어를 5개 제시해 줘.
>
> 선택한 IFR 3개
>
> 1. 교육이 없어도 창업이 가능한 상태 (자기 조직화)
>
> 2. 창업 실패 가능성이 0에 가까운 상태 (자동 최적화)
>
> 3. AI가 지속적인 성장과 성공을 보장하는 상태 (지속적 학습과 개선)
>
> 이 세 가지를 결합하여 더욱 혁신적인 창업교육 워크숍 아이디어 5개를 제시하겠다.
>
> **1. AI 창업 코파일럿 워크숍: "창업 AI가 내 옆에서 실시간 코칭한다"**
>
> 개요: 참가자가 별도의 학습 없이도 AI 코파일럿이 창업 과정을 실시간으로 안내하고 실행을 지원하는 워크숍.
>
> 핵심 아이디어
>
> ● AI가 참가자의 아이디어를 실시간 분석하고 최적의 창업 방향을 제시.
>
> ● 참가자는 단순히 질문하고 실행 버튼만 누르면 자동으로 창업 프로세스 진행.
>
> ● AI가 개인 맞춤형 창업 아이디어를 지속적으로 최적화하며 사업계획서와 MVP를 자동 생성.
>
> - 생략 -

4. TRIZ 기법을 활용하여 아이디어 변형하기

다음 단계로, 앞서 도출된 아이디어를 더욱 창의적이고 혁신적인 방향으로 변형한다. TRIZ의 40가지 발명 원리 중 일부인 분할, 결합, 반전, 자기서비스 원리를 선택하여 아이디어를 재구성해보면 보다 색다른 그림이 나올 것이다. 이를 챗GPT에게 요청하는 프롬프트는 다음과 같다.

> Q 앞서 도출한 창업교육 워크숍 아이디어 1~5번 중 하나를 선택하고, TRIZ의 40가지 발명 원리 중 분할, 결합, 반전, 자기 서비스를 적용해 더 혁신적인 형태로 변형해 줘.

선택한 창업교육 워크숍 아이디어

3. AI 기반 창업 부트캠프: "48시간 안에 AI가 비즈니스 런칭까지 지원"

참가자가 48시간 내에 AI를 활용하여 창업 아이디어 도출 → 시장 검증 → MVP 개발 → 실행까지 경험할 수 있도록 하는 초고속 창업 워크숍.

TRIZ의 40가지 발명 원리 적용을 통한 혁신적 변형

1. [분할 원리 (Segmentation)] - 모듈형 창업 레벨 시스템 도입

기존 문제

참가자마다 창업 경험과 역량이 다르기 때문에 동일한 프로세스를 적용하기 어려움.

해결 방법

- 부트캠프를 3단계 모듈형 레벨 시스템으로 분할하여 맞춤형 학습 가능.
1. 기초 레벨: AI가 창업 아이디어 추천, 시장 조사 자동화.
2. 중급 레벨: AI 기반 MVP 제작 및 비즈니스 모델 자동 생성.
3. 고급 레벨: AI가 투자자료, 마케팅 전략 및 자동 실행 지원.

- 참가자는 자신의 수준에 맞는 단계에서 시작하며, AI가 개별 맞춤 진도를 자동 조정.

● 오프라인에서는 참가자들끼리 협업하고, 온라인에서는 AI가 1:1 맞춤형 학습 및 실행 지원.

2. [결합 원리 (Merging)] – AI와 인간 멘토의 협업 시스템 도입

기존 문제

AI는 데이터 기반으로 최적의 창업 전략을 추천할 수 있지만, 인간의 감성과 창의적 직관이 부족함.

해결 방법

● AI가 참가자의 아이디어를 분석한 후, 가장 적합한 멘토와 자동으로 매칭.

● AI가 기본적인 시장 분석, BM 설계, 실행 전략을 자동 생성 →?멘토는 AI의 분석 데이터를 기반으로 인간적인 피드백 제공.

● 참가자는 AI가 생성한 자료를 바탕으로 멘토와 논의 후 즉시 수정 & 실행 가능.

● AI는 멘토의 피드백을 학습하여 참가자의 창업 스타일에 맞춘 지속적인 최적화 진행.

3. [반전 원리 (Inversion)] – "실패를 먼저 경험하는 창업 시뮬레이션" 도입

기존 문제

많은 창업가가 실행 이후 문제를 경험하며 큰 리스크를 감수해야 함.

해결 방법

● 참가자는 AI가 생성한 창업 아이디어를 실행하기 전에, 가상의 실패를 먼저 경험하는 시뮬레이션을 진행.

● AI가 해당 비즈니스 모델의 가장 약한 부분(예: 시장 경쟁력 부족, 비용 문제, 수익성 부족 등)을 자동 분석하여 가상의 실패 사례를 생성.

– 생략 –

5. TRIZ 기법을 반복 적용하여 아이디어 발전시키기

이후에는 아이디어를 여러 차례 반복 · 검증하며 심층적으로 발전시킨다. TRIZ의 "9-윈도우 기법"을 활용하여 시간(과거-현재-미래)과 공간(상위-시스템-하위) 관점에서 분석한다. "9-윈도우 기법"의 예시는 아래와 같다.

	과거	현재	미래
상위 시스템	기존 창업교육	생성형 AI 활용 교육	AI 자동화 교육
시스템 (본 과정)	강사 중심	AI보조 창업교육	AI 코치 시스템
하위 시스템	강의 교재	챗봇 기반 자료	AI가 자동 교육자료 생성

위와 같이 분석하면 현재 위치와 미래 발전 방향을 파악할 볼 수 있다. 다음과 같은 프롬프트를 챗GPT에게 입력하면 도움이 된다.

> **Q** TRIZ의 9-윈도우 기법을 활용하여, '생성형 AI와 결합된 창업교육 워크숍'을 과거-현재-미래와 상위-시스템-하위 관점에서 분석해 줘.

> **TRIZ의 9-윈도우 기법을 활용한 '생성형 AI와 결합된 창업교육 워크숍' 분석**
>
> TRIZ의 9-윈도우(9-Windows) 기법은 시간(과거-현재-미래)과 시스템 수준(상위-시스템-하위)의 두 가지 축을 활용하여 문제를 분석하는 방법이다.
>
> 9-윈도우 매트릭스 분석
>
> | 시간/시스템 수준 | 상위 시스템(워크숍이 속한 더 큰 시스템) | 시스템(워크숍 자체) | 하위 시스템(워크숍의 구성요소) |
> |---|---|---|---|
> | 과거(과거 창업교육 방식) | 오프라인 위주의 교육, 교수법 중심, 창업은 경험 기반 | 이론 강의 중심, 창업 경험 부족자에게 어려움 | 종이 교재, PPT 자료, 사례 발표, 팀 프로젝트 |
> | 현재 (생성형 AI 적용 창업교육) | 온라인 & 오프라인 결합, AI 도구 활용 증가, 맞춤형 학습 증가 | AI 기반 창업 교육 도입, 실습형 워크숍 증가, AI 자동화 활용 | AI 아이디어 생성, 시장 분석 AI, AI 사업계획서 자동화, AI 피드백 |
> | 미래 (이상적 창업교육 모델) | AI가 창업 프로세스를 자동화, 글로벌 창업 협업, AI 창업 컨설턴트 | AI가 창업 과정 전체를 지원, AI & 인간 멘토 협력, 자동화된 창업 생태계 | AI 기반 창업 실행 플랫폼, 창업 AI 코파일럿, AI 주도형 협업 창업 |
>
> - 생략 -

6. 제품기획 구체화하기

앞 단계에서 도출된 아이디어를 토대로 워크숍의 핵심 구조를 구체화한다. TRIZ의 기능적 분석 기법을 활용하여 기능별 요소를 체계적으로 분류한다. "기능적 분석 기법"의 예시는 아래와 같다.

기능	역할
AI 아이디어 생성기	참가자 맞춤형 창업 아이디어를 빠르게 제공
AI 멘토링	참가자의 아이디어를 검토하고 피드백 제공
오프라인 팀워크	실습 결과를 실제 창업 활동으로 연결

> **Q** TRIZ의 기능적 분석 기법을 활용하여 '생성형 AI와 결합된 창업교육 워크숍'의 핵심 기능을 정리해 줘.

> TRIZ의 기능적 분석(Function Analysis)을 활용한 '생성형 AI와 결합된 창업교육 워크숍' 핵심 기능 정리
>
> **기능적 분석(Function Analysis)이란?**
>
> TRIZ의 기능적 분석은 시스템 내 요소들이 수행하는 기능을 파악하고, 핵심 기능과 불필요한 기능을 정리하여 시스템을 최적화하는 기법이다. 이를 통해 '생성형 AI와 결합된 창업교육 워크숍'의 핵심 기능을 구조적으로 정리하여, 효율적인 워크숍 설계를 돕겠다.
>
> **1. 창업교육 워크숍의 핵심 구성 요소 도출**
>
> TRIZ의 기능적 분석에서는 시스템을 구성하는 주요 요소들을 먼저 정의해야 합니다. '생성형 AI와 결합된 창업교육 워크숍'을 AI 시스템과 참가자 간 상호작용을 중심으로 분석하겠습니다.
>
> **핵심 요소**
>
> **1.참가자** 창업자, 예비창업자, 스타트업 팀
>
> – 생략 –

7. 제품상세 기능 정의하기

이제 워크숍에서 필요한 세부 기능을 정의하고, 각 기능에 AI 및 TRIZ기법을 어떻게 적용할지 결정한다. 예컨대, "AI 코칭 세션은 어느 타이밍에 진행하고, 피드백 체계를 어떻게 구성할지" 등을 구체화하는 것이다. 이와 관련하여 챗GPT에게 다음과 같이 말해볼 수 있다.

> Q 이 워크숍에서 필요한 상세 기능을 정의하고, AI 및 TRIZ를 어떻게 활용할 수 있을지 정리해 줘.

생성형 AI와 TRIZ를 활용한 창업교육 워크숍 상세 기능 정의 및 활용 방안

TRIZ의 기능적 분석을 기반으로, 워크숍에서 필요한 세부 기능을 정리하고, AI 및 TRIZ를 활용하여 워크숍을 효과적으로 운영하는 방법을 설계하겠다.

1. 워크숍의 핵심 목표

- AI를 활용하여 창업 아이디어 발굴 → 시장 검증 → MVP 개발 → 실행 전략 수립까지 단기간에 수행.

- TRIZ 기법을 적용하여 참가자들이 창의적 문제 해결력을 키우고, 창업 아이디어를 최적화.

- AI 자동화 시스템 + 인간적 창의성(멘토링, 피드백) 결합을 통해 효과적인 창업 실행 지원.

2. 워크숍의 상세 기능 정의

기능 카테고리	세부 기능	AI 활용 방안	TRIZ 활용방안
1. 참가자 맞춤형 창업 아이디어 추천)	참가자 맞춤형 창업 아이디어 추천	AI가 데이터 분석 후 맞춤형 창업 아이디어 추천	기능적 분석(FA)으로 아이디어의 강점과 약점 평가
	창업 아이디어 자동 발전	AI가 시장 데이터 및 트렌드를 분석하여 확장 가능한 모델 추천	IFR(이상적 최종 결과) 기법을 활용해 창업 아이디어를 최적화

– 중략 –

2. 시장 검증 및 경쟁 분석	실시간 시장 트렌드 분석	AI가 최신 데이터를 기반으로 시장 기회와 위험 요소 분석	자원 최소화 원리를 적용해 효율적인 시장 검증 방식 설계
	경쟁사 분석 및 차별화 전략 제안	AI가 경쟁사의 성공 요인 분석 및 차별화 요소 자동 추천	반전 원리(Inversion)로 기존 제품/서비스의 문제점을 새로운 기회로 활용
3. 비즈니스 모델(BM) 설계	자동 BM 생성	AI가 Lean Canvas 또는 Business Model Canvas 자동 생성	분할 원리를 활용해 BM의 각 요소를 독립적으로 분석 및 최적화
	수익 모델 및 비용 구조 최적화	AI가 수익 모델별 시뮬레이션 후 최적 방안 추천	결합 원리(Merging)로 기존 BM과 새로운 요소를 융합하여 최적 모델 도출
4. MVP(최소기능제품) 제작 및 실행	AI 기반 MVP 프로토타이핑	AI가 웹사이트, 앱, 서비스 목업 자동 생성	자기 서비스 원리를 활용해 사용자가 쉽게 MVP를 테스트할 수 있도록 설계
	가상 고객 피드백 시뮬레이션	AI가 고객 반응을 예측하고 개선점 제안	실패를 먼저 경험하는 시뮬레이션을 반전 원리로 구현
5. 창업 실행 및 피드백 시스템	사업계획서 및 피치덱 자동 작성	AI가 창업 아이디어 기반으로 투자유치용 자료 자동 생성	TRIZ의 기능적 분석을 적용해 핵심 메시지를 명확히 정리
	지속적인 창업 실행 지원	AI가 맞춤형 실행 플랜과 피드백 제공	TRIZ의 9-윈도우를 적용하여 창업의 현재-미래 발전 방향 예측

3. AI와 TRIZ를 활용한 상세 워크숍 프로세스

이제 위에서 정의한 기능을 워크숍 진행 과정과 연결하여 정리해 본다.

단계	워크숍 진행 내용	AI 활용	TRIZ 적용
1.창업 아이디어 도출 (문제 정의 & 해결책 탐색)	참가자의 관심 분야 분석 & 창업 아이디어 생성	AI가 참가자의 관심사, 역량, 트렌드를 분석하여 맞춤형 아이디어 추천	IFR(이상적 최종 결과) 기법을 사용하여 가장 이상적인 창업 모델 도출

— 생략 —

8. 개발 항목 도출 및 최적화

실제로 워크숍을 운영하기 위해 필요한 프로그램, 콘텐츠, AI 기능 등 구체적인 개발 항목을 나열한다. 우선순위와 구현 가능성을 검토하여 최적화한다. 챗GPT에게 다음처럼 질문할 수 있다.

> **Q** 생성형AI와 결합된 창업교육 워크숍을 성공적으로 운영하기 위해, 필요한 개발 항목(프로그램, 콘텐츠, AI 기능 등)을 정리해 줘.

AI + TRIZ 기반 창업교육 워크숍 성공 운영을 위한 개발 항목 정리

'생성형 AI와 결합된 창업교육 워크숍'을 성공적으로 운영하기 위해 필요한 개발 항목(프로그램, 콘텐츠, AI 기능 등)을 정리한다. 이 개발 항목은 워크숍 프로그램, AI 시스템, 교육 콘텐츠, 운영 지원 시스템으로 나누어 정의 한다.

1. 개발 항목 개요

카테고리	개발항목	설명
프로그램 개발	창업교육 커리큘럼	AI 활용 창업 과정 (아이디어 → 시장 검증 → BM → MVP → 실행)
	AI+TRIZ 창업 문제 해결 세션	TRIZ 문제 해결 기법을 활용한 창업 최적화 과정
AI 기능 개발	AI 기반 창업 아이디어 추천 시스템	참가자 맞춤형 창업 아이디어 자동 생성
	AI 시장 분석 & 경쟁사 분석	실시간 트렌드 및 경쟁사 비교 분석
	AI 자동 비즈니스 모델 생성기	AI 기반 Lean Canvas / BM Canvas 자동 생성
	AI 기반 MVP 제작 & 피드백	AI가 MVP 프로토타입 자동 생성 및 테스트
	AI 창업 실행 가이드	AI가 창업 실행 로드맵과 후속 지원 제공
콘텐츠 개발	AI 창업 교육 콘텐츠 (이론+실습)	AI 창업 실습용 자료, 영상 콘텐츠
	TRIZ 창업 문제 해결 콘텐츠	TRIZ 기법을 창업 문제 해결에 적용하는 교육 자료
운영 시스템 개발	AI 기반 참가자 맞춤 추천 시스템	참가자의 성향 분석 후 맞춤형 프로그램 추천
	AI+멘토 협업 시스템	AI 피드백 + 인간 멘토 피드백을 통합

- 생략 -

9. AI기반 디자인 프롬프트

워크숍 홍보 자료나 시각적 요소를 AI 이미지 생성 도구로 만들고자 할 때 사용할 프롬프트를 작성한다. 다음은 해당 내용에 대한 프롬프트다.

> **Q** AI 이미지 생성 도구를 활용하여 생성형AI와 결합된 창업교육 워크숍의 홍보 이미지를 만들기 위한 프롬프트를 작성해 줘.

AI 이미지 생성 도구를 위한 홍보 이미지 프롬프트

홍보 이미지의 컨셉

- 창의적이고 미래 지향적인 창업교육 워크숍
- AI와 TRIZ가 결합된 혁신적인 교육 프로그램
- 창업 아이디어 발굴 → 시장 검증 → MVP 개발 → 실행까지 AI가 지원하는 프로세스 강조
- 전문적이면서도 친근한 느낌, 몰입감 있는 교육 환경

AI 이미지 생성 프롬프트 (영문 버전)

"A futuristic workshop setting where entrepreneurs are learning with AI-powered tools. The environment is a high-tech innovation hub filled with holographic displays, digital screens showing startup ideas, and AI-driven business analytics. Participants are engaging in brainstorming sessions, while AI-powered assistants visualize market trends and business models in real time. The atmosphere is dynamic, creative, and inspiring, with modern interior design, warm lighting, and a collaborative workspace filled with entrepreneurs. A large interactive display shows the text: 'AI + TRIZ-Powered Startup Workshop' in a sleek, professional font."

AI 이미지 생성 프롬프트 (한국어 버전)

"미래 지향적인 창업 워크숍 공간. AI 도구를 활용하여 창업가들이 혁신적인 아이디어를 개발하고 있다. 공간은 첨단 기술이 접목된 창업 허브처럼 구성되어 있으며, 홀로그램 디스플레이와 디지털 스크린에 다양한 스타트업 아이디어와 시장 분석 데이터가 표시된다. 참가자들은 AI가 실시간으로 제공하는 비즈니스 모델과 시장 트렌드를 분석하며 창업 전략을 구상하고 있다. 전체적인 분위기는 창의적이고 몰입감 있으며, 현대적인 인테리어와 따뜻한 조명이 조화를 이루고 있다. 협업 공간에서는 다양한 배경을 가진 창업가들이 AI 도구를 활용하여 아이디어를 시각화하고 있다. 중앙의 대형 스크린에는 'AI + TRIZ 기반 창업교육 워크숍'이라는 세련된 폰트의 텍스트가 강조되어 있다."

10. AI기반 디자인 이미지 생성

다음은 앞서 작성된 디자인 이미지 생성을 위한 프롬프트를 통해 얻은 이미지(챗GPT DALL-E 기술을 통해 생성)다. 지금 보는 이미지는 영문버전 프롬프트를 입력하여 생성한 것이다.

아래의 이미지는 한글버전 프롬프트를 입력하여 생성한 것이다. 다만, 차이점이

있다면 깨진 한글 이 포함된 이미지가 생성된다는 점이다. 아직까지 이미지 생성 분야에서는 한글이 제대로 표현 되지 않는다. 이 문제는 시간이 지나면 해결될 것 으로 보인다.

다음의 이미지들은 앞서 사용된 디자인 이미지 생성 프롬프트를 AI이미지 생성 도구인 "미드저니" 와 "구글 이미지 FX"를 활용하여 생성한 결과물이다. 이렇듯 AI 이미지 생성 도구들을 활용하면 더욱 다양한 결과물을 얻을 수 있어, 자신이 원하는 최적의 이미지를 얻을 수 있다.

미드저니에서 얻은 결과물

구글 이미지FX에서 얻은 결과물

11. 시장 검증용 랜딩페이지

시장 검증용 랜딩페이지는 고객의 관심도와 반응을 빠르게 파악하여 제품 · 서비스의 시장성을 검증하고, 실제 수요를 예측하기 위해 만든다. 아래는 이에 대한 예시 프롬프트다.

> **Q** 잠재 고객들에게 워크숍의 선호도를 확인할 수 있는 시장 검증용 랜딩페이지 콘텐츠를 구성해 줘.

> **시장 검증용 랜딩페이지 콘텐츠 구성 (AI+TRIZ 기반 창업교육 워크숍 시제품 검증)**
>
> 시장 검증을 위한 랜딩페이지는 잠재 고객(창업 교육 수강 희망자, 스타트업 창업자, 기업 교육 담당자 등)의 관심을 끌고, 워크숍 프로그램의 선호도를 확인하는 것이 목표다. 이를 위해 핵심 가치를 강조하고, AI 및 TRIZ 기반 창업교육의 차별성을 명확히 전달하는 콘텐츠를 구성하겠다.
>
> **1. 랜딩페이지 주요 섹션 구성**

섹션	핵심내용
1. 히어로 섹션 (메인 헤드라인)	AI & TRIZ 기반 창업교육 워크숍의 핵심 가치 전달
2. 문제 제기 & 해결책 (Pain Point + Solution)	기존 창업 교육의 문제점 + AI & TRIZ 가 해결하는 방식
3. 주요 특징 (Key Features & Benefits)	AI 자동화 + 창의적 문제 해결 프로세스
4. 실제 과정 소개 (How It Works)	참가자가 AI 와 함께 창업을 실행하는 단계별 과정
5. 사회적 증명 (Testimonials & 기대 효과)	관심 있는 고객층의 니즈 반영 + 전문가 피드백
6. Call-to-Action (CTA: 사전 신청 or 설문 참여 유도)	참가자의 피드백을 수집하여 시장 검증

1. 히어로 섹션 (Hero Section)

핵심 메시지

"AI와 TRIZ를 활용한 가장 혁신적인 창업교육 워크숍"

"당신의 아이디어를 AI가 자동으로 사업화하고, TRIZ로 문제 해결까지!"

[사전 등록 & 관심 조사] 지금 신청하고, 창업 혁신을 경험하세요!

디자인 요소 추천

- 배경: 미래지향적인 AI 테마 (홀로그램, AI 데이터 분석 UI 등)

- 버튼 CTA: "사전 등록하기" / "설문 참여하고 혜택 받기"

2. 문제 제기 & 해결책 (Pain Point + Solution)

고객이 공감할 문제 (Why 이 워크숍이 필요한가?)

기존 창업 교육의 한계

- 창업 아이디어가 있어도 실행 방법을 몰라서 포기

- 비즈니스 모델을 만들고 검증하는 데 시간과 비용이 많이 듦

- 시장 조사를 해도, 어떤 방향으로 가야 할지 명확하지 않음

AI & TRIZ가 해결하는 방법:

- AI가 당신의 창업 아이디어를 자동으로 발전 & 최적화
- AI가 시장 분석 + 경쟁사 조사 + BM 설계까지 자동화
- TRIZ 기법으로 문제 해결 능력을 극대화하여 성공 확률 증가

(예시 CTA)

"AI + TRIZ로 실패 없는 창업을 경험하세요! 지금 사전 등록하면 50% 할인 혜택 제공!"

3. 주요 특징 (Key Features & Benefits)

AI + TRIZ 기반 창업교육 워크숍이 기존 교육과 다른 점

1) AI가 자동으로 창업 아이디어 발전 & 시장 검증

- AI가 개인 맞춤형 창업 아이디어를 추천하고, 시장 분석을 수행
- 경쟁사 분석 + 차별화 전략까지 자동 생성

2) AI 기반 비즈니스 모델 & MVP 제작 지원

- AI가 Lean Canvas, Business Model Canvas를 자동으로 생성
- 참가자는 아이디어만 넣으면 AI가 실행 가능성을 분석하고 MVP 설계

3) TRIZ 기법을 적용한 창업 문제 해결 프로세스

- 창의적인 문제 해결 방법론 TRIZ를 활용하여 창업 모델 최적화
- 실제 창업가들이 사용하는 문제 해결 방식 실습

4) AI와 인간 멘토의 협업 시스템

- AI가 데이터 기반 분석을 제공하고, 전문가 멘토가 추가 피드백 제공
- AI & 인간 협업으로 창업 성공 확률을 극대화

(예시 CTA)

"이 모든 것을 경험하고 싶다면? 지금 사전 등록하고 창업 혁신을 경험하세요!"

4. 실제 과정 소개 (How It Works)

단계별 창업 실행 과정 설명

Step 1: AI가 당신의 창업 아이디어 분석 & 추천

- AI가 맞춤형 창업 아이디어를 도출하고, 실행 가능성을 분석

Step 2: AI 기반 시장 검증 & 경쟁사 분석

- AI가 시장 데이터를 실시간 분석하여 트렌드 & 경쟁사 비교

Step 3: AI 자동 비즈니스 모델 설계 & MVP 제작

- AI가 비즈니스 모델 & MVP 자동 생성, 참가자는 바로 실행 가능

Step 4: TRIZ 기법을 활용한 창업 최적화

- 참가자는 TRIZ 기법으로 비즈니스 모델의 약점 해결 & 문제 해결

(예시 CTA)

"이 과정을 직접 체험하고 싶다면? 지금 신청하세요!"

– 생략 –

● 랜딩페이지를 무료 만들 수 있는 사이트 ●

윅스 (Wix)	https://ko.wix.com
캔바 (Canva)	https://www.canva.com
슬래시페이지 (Slashpage)	https://slashpage.com/slashpage-kr
웹플로우 (Webflow)	https://webflow.com
프레이머 (Framer)	https://www.framer.com
소프터 (Softr)	https://www.softr.io

12. 랜딩페이지 광고를 위한 SNS별 콘텐츠 구성

앞서 작성된 랜딩페이지 광고를 위한 SNS별 광고 콘텐츠 만들기 요청에 대한 결과이다. 항상 복잡한 프롬프트만 사용하는 것은 아니다. 아래 프롬프트를 챗GPT에게 입력해 보자.

> **Q** 잠재 고객들에게 랜딩페이지 광고를 위한 SNS별 광고 콘텐츠를 만들어 줘.
>
> **AI + TRIZ 기반 창업교육 워크숍**
>
> **SNS별 광고 콘텐츠 (랜딩페이지 트래픽 유도용)**
>
> 잠재 고객(창업가, 스타트업 관계자, 기업 교육 담당자 등)이 랜딩페이지를 방문하여 사전 등록 또는 설문 참여하도록 유도하는 SNS 맞춤형 광고 콘텐츠를 제작하겠다.
>
> **1) 페이스북 광고 콘텐츠**
>
> 타겟: 창업가, 스타트업 관계자, 기업 교육 담당자
>
> **광고 이미지 예시**
>
> ● 배경: 미래지향적인 AI 창업 워크숍 현장 (홀로그램 데이터, 창업가들 협업 중인 모습)
>
> ● 텍스트:
>
> "AI와 TRIZ가 결합된 창업교육, 지금 경험해보세요!"
> "AI가 당신의 창업 아이디어를 자동으로 발전시키고, TRIZ가 문제 해결까지"
> "50% 할인! 지금 사전 등록하고 혁신적인 창업을 시작하세요!"
>
> **CTA 버튼**
>
> [지금 사전 등록하기]
>
> [무료 창업 AI 테스트 진행하기]
>
> **2) 인스타그램 광고 콘텐츠 (피드 & 스토리)**

타겟: 20~40대 창업 희망자, 스타트업 창업자

이미지 스타일

스타일 1: AI & 창업가 협업 이미지

스타일 2: "Before & After" (창업 전후 비교)

스타일 3: 네온 블루 & 퍼플 컬러 + 모던 UI

텍스트 예시 (짧고 강렬하게!)

"AI가 창업 아이디어를 자동 분석해드립니다!"
"창업, 이제 혼자 고민하지 마세요! AI가 시장 분석 & MVP 제작까지!"
"사전 등록하면 최대 50% 할인!"
"AI + TRIZ = 실패 없는 창업! 지금 체험해보세요!"

스토리용 CTA 버튼

[사전 등록하기]

[무료 창업 AI 테스트 진행

3) 링크드인 광고 콘텐츠

타겟: 스타트업 창업자, 기업 교육 담당자, VC 투자자

전문가적 톤 & 데이터 중심 메시지

" AI + TRIZ로 창업 성공 확률을 높이세요!"
"AI 기반 창업 교육, 기존 대비 70% 더 빠른 시장 검증!"
"TRIZ 기법으로 창업 문제를 해결하고, AI로 실행하세요."
"스타트업 관계자라면, 이 혁신적인 창업 교육을 놓치지 마세요!"

랜딩페이지 링크 포함

[지금 사전 등록하고, AI 창업 리포트를 받아보세요!]

– 생략 –

13. 비즈니스 모델 캔버스 작성하기

만약 선택한 아이템으로 사업을 진행하려면 비즈니스모델을 구상하고 만들어 보아야 한다. 다음은 이에 대한 프롬프트다.

> **Q** 위 아이템으로 사업을 진행할 수 있게 최적의 비즈니스 모델을 비즈니스 모델 캔버스 방식으로 정리해 줘.

AI + TRIZ 기반 창업교육 워크숍 비즈니스 모델 캔버스 (BMC)

AI와 TRIZ를 결합한 혁신적인 창업교육 워크숍을 실제 사업화 할 수 있도록 비즈니스 모델 캔버스(Business Model Canvas, BMC) 형식으로 정리해 보도록 한다.

구성요소	내용
1. 고객 세그먼트 (Customer Segments)	예비 창업자 (창업을 원하는 직장인, 대학생, 스타트업 초기 창업자) 스타트업 창업자 (시장 검증 및 BM 최적화가 필요한 스타트업) 창업지원 기관 & 액셀러레이터 (예비 창업자 지원 프로그램 도입)
2. 가치 제안 (Value Proposition)	AI 가 창업 아이디어 도출 → 시장 검증 → BM 설계 → MVP 제작 → 실행까지 자동화 TRIZ 문제 해결 기법을 적용하여 창업 리스크 최소화
3. 채널 (Channels)	온라인: 랜딩페이지, SNS(페이스북, 링크드인, 인스타그램, 유튜브) 오프라인: 창업지원센터, 스타트업 이벤트, 기업 교육 네트워크
4. 고객 관계 (Customer Relationships)	AI 기반 맞춤형 창업 컨설팅 (AI 챗봇 & 온라인 가이드) 창업 후속 지원 (AI 기반 실행 가이드 & 멘토링)
5. 수익 모델 (Revenue Streams)	B2C: 창업 교육 참가비 (온라인 강의 / AI 기반 창업 프로그램) B2B: 기업 대상 AI + TRIZ 기반 창업 교육 프로그램 제공 구독 모델: AI 창업 코칭 시스템 월간/연간 구독
6. 핵심 자원 (Key Resources)	AI 창업 플랫폼 (창업 아이디어 추천, 시장 분석, BM 생성 등) 창업 교육 콘텐츠 (AI 활용 창업, TRIZ 문제 해결, 실습 프로그램) 네트워크 (창업 멘토, AI 전문가, 기업 교육 파트너)
7. 핵심 활동 (Key Activities)	AI 기반 창업 프로세스 개발 및 개선 AI + TRIZ 기반 창업 교육 콘텐츠 제작 워크숍 운영 (온-오프라인 창업 교육 제공)
8. 핵심 파트너 (Key Partnerships)	창업지원기관 (정부 창업 지원 프로그램, 스타트업 액셀러레이터) AI 기술 파트너 (AI 개발 기업, AI 솔루션 제공업체) 온라인 교육 플랫폼 (유데미, 클래스 101, 패스트캠퍼스 등과 협업)
9. 비용 구조 (Cost Structure)	AI 시스템 개발 및 유지보수 콘텐츠 개발 (강의 제작, TRIZ 교육 자료) 등

14. 사업계획서 작성하기

사업을 구체적으로 진행하기 위해서는 원페이지 개요보다 좀 더 세부적인 실행가능한 사업계획서가 필요하다. 챗GPT에게 다음과 같이 질문해 보자.

> **Q** 위 아이템으로 사업을 진행할 수 있게 사업계획서를 작성해 줘.

> **AI + TRIZ 기반 창업교육 워크숍 사업계획서**
>
> **1. 사업 개요**
>
> - 사업명: AI + TRIZ 기반 창업교육 워크숍
> - 사업 형태: 교육 서비스 + AI 기반 창업 지원 플랫폼
> - 설립 목표: AI 자동화와 TRIZ 문제 해결 기법을 결합하여 창업 아이디어 발굴 → 시장 검증 → BM 설계 → MVP 제작 → 실행까지 지원하는 혁신적인 창업 교육 서비스 제공
> - 주요 고객층: 예비 창업자, 스타트업 창업자, 기업 교육 담당자, 창업지원기관
>
> **2. 사업 배경 및 필요성**
>
> **1) 시장 분석**
>
> - 창업교육 시장은 매년 성장 중이며, 특히 AI 기반 창업 지원과 "혁신적 문제 해결 교육(TRIZ)"에 대한 수요가 증가하고 있음.
> - 전통적인 창업교육 방식은 실제 창업 실행력 부족, 시장 검증 어려움, 실행 과정에서 발생하는 문제 해결 미흡 등의 한계를 가짐.
> - AI 기반 창업 지원 및 자동화 시스템은 창업 리스크를 최소화하고, 빠르게 실행할 수 있는 환경을 조성할 수 있음.
>
> **2) 해결하고자 하는 문제**
>
> **기존 창업 교육의 한계**

- 창업 아이디어 발굴이 어려움
- 비즈니스 모델 설계 및 시장 검증 과정이 복잡함
- 창업 후 실행력 부족으로 인해 실패 확률이 높음

AI + TRIZ 솔루션 제공

- AI가 자동으로 창업 아이디어 생성 & 시장 검증 → BM 설계 → MVP 제작까지 지원
- TRIZ 기법으로 창업 과정에서 발생하는 문제를 해결
- AI 기반 맞춤형 창업 로드맵 제공 → 창업 실행력 향상

3. 제품 및 서비스 개요

1) 핵심 서비스

구성요소	내용
AI 창업 아이디어 추천 시스템	AI가 창업자의 관심사 & 시장 트렌드 분석 후 맞춤형 창업 아이디어 추천
AI 시장 분석 & 경쟁사 분석	AI가 실시간 데이터 분석을 통해 시장 검증 & 경쟁사 비교
AI 자동 비즈니스 모델 생성	AI 기반 Lean Canvas, Business Model Canvas 자동 생성
AI 기반 MVP 제작 & 실행 가이드	AI가 웹사이트, 앱, 프로토타입 제작 지원
TRIZ 문제 해결 교육 & 실습	창업 과정에서 발생하는 문제를 TRIZ 기법으로 해결하는 실습 프로그램

– 중략 –

5. 시장 전략

1) 시장 접근 방식 (Go-To-Market Strategy)

1단계: 랜딩페이지를 활용한 사전 등록 & 시장 검증

2단계: SNS 광고 (페이스북, 링크드인, 인스타그램, 유튜브) 활용

3단계: 창업지원기관, 기업 교육 시장 공략

– 생략 –

15. 제품개발계획 & 출시일

시장 출시 시점을 언제로 잡을지는 매우 중요한 의사결정이다. 다음은 시장 출시를 위한 제품개발 계획을 표형식으로 작성하고, 언제 출시하는 것이 마케팅적으로 가장 적합한지에 대한 요청 결과이다. 다음은 해당 내용에 대한 프롬프트다.

> **Q** 시장 출시를 위한 제품 개발 계획을 표 형식으로 작성해 주고, 몇 월에 출시하는 것이 마케팅적으로 가장 좋은지 제안해 줘.

> 최적의 출시 시점은 9월~11월 출시를 추천한다. 연말 창업 트렌드 & 목표 설정 시즌, 연말 예산 활용 & 기업 교육 수요 증가로 마케팅 효과를 극대화 할 수 있다.

제품 개발 계획 (Product development plan)

단계	주요목표	핵심활동	예상기간
1.시장 조사 & 아이디어 검증	고객 니즈 분석 & MVP 기획	- 랜딩페이지 운영 - 설문조사 & 사전 등록 데이터 분석	2개월
2.MVP 개발 (최소 기능 제품)	AI 창업 아이디어 추천 & 시장 분석 기능 개발	- AI 알고리즘 개발 (아이디어 추천) - AI 기반 시장 검증 기능 구현 - UI/UX 디자인 프로토타입 제작	4개월
3.내부 테스트 & 초기 고객 피드백	초기 버전의 기능 테스트 및 개선	- AI 성능 테스트 & 오류 수정 - 초기 고객(β 테스트 그룹) 모집 - 고객 피드백 수집 및 반영	5개월
4.정식 제품 개발 & 확장	완성도 높은 창업교육 AI 플랫폼 개발	- AI 비즈니스 모델 자동 생성 기능 추가 - AI 기반 MVP 제작 기능 개발 - TRIZ 문제 해결 교육 콘텐츠 제작	7개월
5.마케팅 캠페인 & 사전 홍보	고객 유입 극대화 & 브랜드 인지도 확보	- SNS 광고 캠페인 (페이스북, 링크드인, 유튜브) - 스타트업 컨퍼런스 발표 - 창업지원 기관과 협력 추진	10개월
6. 공식 런칭 (시장 출시)	공식 제품 출시 & 서비스 시작	- AI 창업교육 플랫폼 정식 오픈 - 유료 고객 확보 & 첫 번째 창업 교육 진행	12개월

16. 브랜드 런칭 전략

마지막으로 이 아이템에 대한 고유한 브랜드를 만들고 시장에 알리는 전략을 수립한다. 아주 짧은 프롬프트이지만, 브랜드 런칭 전략에 대하여 개괄적으로 작성해 준다.

> **Q** 위 아이템의 브랜드 런칭 전략을 수립해 줘.

AI + TRIZ 기반 창업교육 워크숍 브랜드 런칭 전략

1. 브랜드 포지셔닝 (Brand positioning)

브랜드 핵심 메시지 (Brand core message)

"AI의 자동화 + TRIZ의 창의적 문제 해결! 창업 실패를 줄이고, 더 빠르게 실행할 수 있는 창업 교육!"

브랜드 USP (Unique selling proposition: 차별화 포인트)

1. AI 기반 창업 자동화: 창업 아이디어 생성 → 시장 검증 → BM 설계 → MVP 제작까지 AI가 지원

2. TRIZ 문제 해결 기법 적용: 창업 과정에서 발생하는 문제를 논리적으로 해결하여 실패 리스크 최소화

3. B2C + B2B 확장 가능: 개인 창업자와 기업 교육 시장 모두 공략 가능

4. 데이터 기반 창업 교육: AI가 실시간으로 시장 트렌드를 분석하고, 맞춤형 실행 로드맵 제공

주요 타겟 고객층 (Target Audience)

타겟	특징 & 니즈
예비 창업자	창업 경험이 없지만, 빠르게 실행하고 싶은 사람
스타트업 창업자	비즈니스 모델을 정교화하고 시장 검증을 하고 싶은 창업가
기업교육 담당자	AI + 혁신적인 창업 트레이닝을 사내 교육으로 도입하려는 기업
창업지원 기관 & 액셀러레이터	창업가를 위한 새로운 교육 콘텐츠를 제공하려는 기관

– 중략 –

4. 채널별 마케팅 전략

1) 디지털 마케팅 (B2C & 스타트업 창업자 대상)

채널	전략
SNS 마케팅 (페이스북, 인스타그램, 틱톡, 유튜브 쇼츠)	- 짧고 강렬한 창업 혁신 메시지 전달 - "AI가 당신의 창업을 돕습니다!" Before & After 콘텐츠 제작
랜딩페이지 & 퍼널 마케팅	- 사전 등록 유도 (무료 AI 창업 테스트 제공) - 이메일 마케팅 & 웨비나 초청
커뮤니티 마케팅	- 창업 관련 커뮤니티 (네이버 카페, Reddit, 슬랙 그룹)에서 AI 기반 창업 사례 공유
SEO & 블로그 콘텐츠	- "AI 창업이란?" "TRIZ를 활용한 창업 성공 사례" 등의 키워드로 검색 트래픽 확보

2) B2B 마케팅 (기업 & 창업기관 대상)

채널	전략
기업 교육 시장 공략	- AI + TRIZ 기반 창업 교육 패키지 제공 (HRD팀 대상 제안서 제작)
창업지원 기관 협력	- 정부 창업지원 프로그램과 협력하여 AI 창업 트레이닝 제공
컨퍼런스 & 네트워크 이벤트	- AI & 스타트업 행사에서 창업 교육 세션 운영
B2B 이메일 마케팅	- 창업팀 & 기업 담당자 대상으로 맞춤형 제안 메일 발송

- 생략 -

지금까지 챗GPT의 기본 사용법을 통해 창업에 필요한 아이디어 도출, 상품 기획 및 디자인, 랜딩페이지와 사업계획서 작성, 그리고 브랜드 런칭 전략 수립 방법을 살펴보았다. 앞으로는 보다 다양하고 전문적인 방식으로 챗GPT를 실무에 적용하는 방법을 세부적으로 다룰 것이다.

{ 목차 }

006 프롤로그
007 작가소개
008 추천사
010 이 책은
012 이 책에서 사용된 챗GPT에 대하여
013 챗GPT 기본 메뉴
020 생성형 AI 사용 시 유의 사항
022 AI 시대, 아이디어는 하루면 충분하다
024 24시간 동안 제품 기획안 끝내기

PART 01. 당신의 아이디어가 세상을 바꾼다

058 **01. 창업 아이디어와 사업계획서**
058 **01-1. 창업 아이디어에 대한 10가지 오해와 진실**
058 창의력은 타고 나는 것이다?
058 독창적인 아이디어야 성공한다?
059 한번에 완벽한 아이디어를 떠올려야 한다?
059 시장이 너무 포화되어 있다?
059 아이디어 발상은 시간이 많이 걸린다?
060 실패하면 끝이다?
060 창업 아이디어는 완전히 개인적인 노력으로만 가능하다?
060 많은 자본이 있어야만 실행 가능한 아이디어를 생각할 수 있다?
061 전문가가 아니라면 좋은 아이디어를 떠올릴 수 없다?
061 성공적인 창업 아이디어는 큰 문제를 해결해야 한다?
061 **01-2. 문제 해결은 최고의 창업 아이디어**
062 문제 정의
062 실질적 해결책
062 가치 제안
063 **01-3. 창업 아이디어가 중요한 이유**
063 다음 날도 기대하게 만드는 아이디어
064 사람들의 대화에 스며드는 아이디어
064 '왜'라는 질문에 답할 수 있는 아이디어
064 창업자를 살아있게 만드는 아이디어

- 065 **01-4. 자아 탐색, 창업의 시작은 자신으로부터**
- 065 창업을 시작하려는 이유와 동기
- 066 ◆ 미션 1. 창업 이유와 동기 작성하기
- 068 ◆ 미션 2. 목표 작성하기
- 068 ◆ 미션 3. 나의 SWOT 분석하기
- 069 ◆ 미션 4. 창업 아이디어 방향 설정하기
- 070 **01-5. 사업계획서와 창업 아이디어는 하나**
- 070 아이디어는 시작점이자 방향이다
- 070 사업계획서는 아이디어를 현실로 만드는 도구다
- 071 두 요소를 통합하는 것이 성공의 열쇠다
- 073 훌륭한 아이디어는 계획과 만나야 빛난다

- 074 **02. 창업 아이디어 발상을 위한 프롬프트**
- 074 **02-1. AI는 진화하지만, 본질은 변하지 않는다**
- 074 달라지는 것들: 가변적 요소
- 075 달라지는 않는 것들: 불변 요소
- 076 **02-2. 프롬프트란 무엇인가?**
- 077 맥락과 의도를 전달하는 도구로서 프롬프트
- 077 AI를 잘 쓰기 위한 설계(Design)로서 프롬프트
- 078 창의적 커뮤니케이션 거점을 위한 프롬프트
- 083 **02-3. 프롬프트 역량 강화를 위한 필요한 것**
- 085 **02-4. 메타 스킬(Meta-Skills)을 키우자**
- 086 자기 인식
- 086 학습 방법 설계
- 087 비판적 사고
- 087 문제 해결 프로세스 설계
- 088 창의적 확장
- 089 시스템적 사고
- 090 커뮤니케이션 · 협업 능력
- 090 자기 주도적 피드백 루프
- 091 **02-5. 창업의 관점을 확장하는 12가지 핵심 포인트**
- 097 **02-6. 창업 아이디어 발상을 위한 프롬프트 단계**
- 098 기초(Basic) 단계
- 099 기초 확장 단계
- 104 중급(Intermediate) 단계
- 107 고급(Advanced) 단계
- 110 ◆ 고급 확장: 메가 프롬프트
- 112 ◆ 활용 사례: 창업 아이디어 발굴

114 　02-7. 소크라테스 산파술 프롬프트 자문자답

118 　03. 프롬프트로 아이디어에 날개 달기
118 　03-1. AI 브레인스토밍 테크닉
118 　　◆ 역할 기반 브레인스토밍
119 　　◆ 제약 조건 활용
120 　　◆ 시나리오 기반 발상
121 　　◆ 키워드 조합
122 　　◆ 빠른 아이디어 생성
122 　　◆ 고객 중심 아이디어 발상
123 　　◆ 트렌드 기반 아이디어 발상
123 　　◆ 문제 중심 접근
124 　　◆ 아이디어 융합
125 　　◆ 역발상
125 　　◆ 유추적 사고
126 　　◆ 극단적 사고
126 　　◆ 연관성 강제 결합법
127 　　◆ 미래 회고
127 　　◆ 무작위 입력법
129 　03-2. 창업자를 위한 SPARKLE7-레이어 프롬프트
137 　03-3. AI와 함께 아이디어 100개 만들기
140 　03-4. 프롬프트 프레임워크로 아이디어 현실화하기
153 　03-5. AI를 활용한 아이디어 심층 평가 및 검증
153 　　◆ AI 기반 고객 페르소나 생성
154 　　◆ 경쟁사 딥다이브 분석
154 　　◆ 규제 환경 분석
154 　　◆ 기술 로드맵 작성
155 　　◆ 시나리오 기반 리스크 분석
155 　　◆ 실습: 나만의 창업 아이디어 선정 매트릭스 만들기

PART 02. 챗GPT와 사업계획서 작성하기

164 　04. 사업계획서의 이해
165 　04-2. 생성형 AI를 활용한 사업계획서의 장점
166 　04-3. 기존 방식과 AI를 활용한 사업계획서의 비교

- 168　**05. 챗GPT로 사업계획서 작성하기**
  - 168　05-1. 챗GPT로 혁신적인 사업계획서 작성하기
    - 168　◆ 문제 정의를 넘는 문제의 재구성
    - 169　◆ 고객 세분화가 아닌 고객의 숨겨진 욕망 탐구
    - 170　◆ 경쟁 분석을 뛰어넘는 생태계 시뮬레이션
    - 171　◆ 솔루션 설계가 아닌 경험 설계
    - 172　◆ 실행 계획에서 실시간 시뮬레이션으로 확장
  - 173　05-2. 사업계획서 무작정 따라 하기
    - 173　◆ 키워드 중심의 사업계획서 작성하기
    - 174　◆ 세부지침 제공 후 사업계획서 작성하기
    - 175　◆ 고객, 문제, 솔루션 작성 후 사업계획서 작성하기
    - 176　◆ 사례 기반의 사업계획서 작성하기
    - 177　◆ 데이터 기반의 사업계획서 작성하기
    - 178　◆ 시뮬레이션 기반의 사업계획서 작성하기
    - 179　◆ 프레임워크 기반의 사업계획서 작성하기
  - 180　05-3. 초보자를 위한 사업계획서 작성 POINT
    - 180　P: Product (아이템 정의)
    - 181　O: Orientation (고객·시장 방향성)
    - 182　I: Intelligence (경쟁·분석)
    - 182　N: Navigation (실행·로드맵)
    - 183　T: Treasury (재무·수익 계획)
  - 185　05-4. 구조 강화를 위한 유형별 프롬프트 가이드
  - 187　05-5. PSST 방식에 대한 사업계획서 구조의 이해
  - 189　05-6. PSST 방식의 사업계획서 준비 사항
  - 190　05-7. PSST 방식의 사업계획서 작성
    - 193　문제 인식(Problem) 파트
    - 195　실현 가능성(Solution) 파트
    - 197　성장 전략(Scale-UP) 파트
    - 198　팀 구성 및 역량(Team) 파트
    - 199　창업 아이템 개요

- 200　**06. 사업계획서 분석하기**
  - 200　06-1. 사업계획서 분석/개선/검증/자가 진단
  - 201　06-2. PSST(창업 패키지) 사업계획서 분석 프로세스
    - 202　◆ 문제(Problem) 정의 핵심 질문 프롬프트
    - 203　◆ 실현 가능성(Solution) 핵심 질문 프롬프트
    - 205　◆ 성장 전략(Scale-up) 핵심 질문 프롬프트

207	◆ 팀 구성(Team) 핵심 질문 프롬프트
208	**06-3. 목적 중심의 사업계획서 분석 프로세스**
209	◆ 평가 기준 기반 검토
209	◆ 경쟁사 분석 및 비교
210	◆ 핵심 메시지 중심 검토
211	◆ 독자 관점에서 검토
212	◆ 시각적 요소 검토
212	◆ 실행 계획 · 로드맵 검토
213	◆ 사용자 경험(UX) 테스트
214	◆ 사업의 지속 가능성 검토
215	◆ 리스크 평가 및 대응 전략 수립

216	**07. 사업계획서 작성을 위한 고급 스킬**
216	**07-1. 맞춤형 설정**
220	**07-2. 프레임워크 방식으로 사업계획서 업그레이드**
220	문제 및 아이디어 초기 정의와 탐색
221	◆ 탐구 - 확장 - 수렴: 구조 기반 프롬프트 전략
223	◆ 4D (Discover - Define - Design - Deliver) 프레임워크
225	◆ 디자인 씽킹(Design Thinking) 프레임워크
226	시장 검증 및 빠른 개선
227	비즈니스 모델 구조화 및 전략적 차별화
228	◆ 비즈니스 모델 캔버스 프레임워크
229	◆ 블루오션 전략 프레임워크
230	**07-3. 키워드 중심으로 사업계획서 업그레이드**
231	◆ 키워드의 역할과 목적
232	챗GPT 프롬프트 해석 방식: 해석 과정의 3단계 구조
233	챗GPT의 문장 생성 원리
234	프롬프트와 사례: 스타일을 재구성하는 방법
236	**07-4. 피드백 반영을 통한 프롬프트 업그레이드**
236	◆ 1단계: 피드백 수집
236	◆ 2단계: 피드백 분석 및 정제
237	◆ 3단계: 프롬프트 재설계
237	◆ 4단계: 챗GPT를 통한 프롬프트 재실행
238	◆ 5단계: 개선된 결과 검토 및 추가 보완
239	◆ 6단계: 예시 상황 시나리오
239	**07-5. 법률 및 윤리적 검토**
242	**07-6. 시각화 · 발표 자료 연계**
242	◆ 1단계: 발표 목적 및 청중 정의

- 242 ◆ 2단계: 핵심 메시지 및 스토리라인 설계
- 242 ◆ 3단계: 시각화 기법 활용
- 243 ◆ 4단계: 챗GPT를 통한 슬라이드 구성 가이드 요청
- 243 ◆ 5단계: 발표 연습 및 QA 시뮬레이션
- 244 ◆ 6단계: 최종 자료 검증
- 244 ◆ 7단계: 예시 상황 시나리오

246 08. 써머리 노트: 창업에 필요한 기초 지식
- 246 **08-1. 고객 문제를 정의하는 방법**
- 248 **08-2. 고객 문제를 해결하는 문장 만들기**
- 248 1. 기본 문장 구조
- 249 2. 한 문장 정리를 위한 방법론
- 221 3. 한 문장 정리를 위한 워크시트
- 252 **08-3. 고객 가치 제안을 쉽게 정의하는 방법**
- 252 1. 고객 가치 제안의 기본 구조
- 252 2. 고객 가치 제안 작성 방법론
- 254 3. 단계별 작성 가이드
- 255 4. 더 간단하게 정리하는 방법
- 255 5. 연습을 위한 템플릿 작성하기
- 256 **08-4. 초기 시장 선택의 기본 원칙**
- 260 **08-5. 구체적인 초기 시장 진입 전략 방법**
- 260 1. 구체적인 초기 시장 진입 전략 수립 프로세스
- 263 2. 초기 시장 진입 전략을 위한 KPI 수립
- 264 **08-6. 효과적인 초기 메시지 즉효약 방식**
- 264 1. 초기 메시지의 기본 공식
- 264 2. 즉효약 방식: 3단계 메시지 작성법
- 265 3. 간단히 따라 할 수 있는 템플릿
- 266 4. 즉효 전략: 효과를 높이는 추가 팁
- 267 5. 현실적인 메시지 테스트 계획
- 268 **08-7. 수익 모델 최적화와 혁신적인 결합 방안**
- 269 ◆ 다른 업종의 수익 모델을 가져오는 방법
- 270 ◆ 수익 모델 최적화를 위한 실행 프로세스
- 271 ◆ 창의적인 수익 모델 결합을 위한 도구와 프레임워크

- 274 **용어사전**
- 278 **부록**

PART 01

당신의 아이디어가 세상을 바꾼다

"미래를 예측하는 가장 좋은 방법은 미래를 창조하는 것이다."
- 피터 드러커 -

머릿속에 번뜩이는 작은 아이디어가, 누군가에게 새로운 가능성과 희망이 될 수 있다. 이 파트에서는 그 아이디어를 어떻게 정의하고, 시장에서 통할 수 있도록 구체화해 나가는 방법을 이야기한다. 문제를 바라보는 관점부터 해답을 찾는 사고방식까지, 독자가 가진 열정과 통찰이 합쳐졌을 때, 비로소 "세상을 바꾸는 씨앗"이 싹튼다. 피터 드러커의 말처럼, 우리가 직접 미래를 '만들어' 나가겠다는 마음가짐으로 출발해보자. 준비한 아이디어가 큰 변화를 일으킬 수 있다는 사실은, 지금의 작은 시도에서부터 시작된다.

01 창업 아이디어와 사업계획서

01-1. 창업 아이디어에 대한 10가지 오해와 진실

창업 아이디어 발상이 어렵다는 문제에 대해 흔히 가지고 있는 고정관념은 다음과 같다. 이러한 생각을 점검하고 관점을 전환해 보면 새로운 시각을 가질 수 있다.

▶ 창의력은 타고 나는 것이다?

창업 아이디어는 천재적인 창의력이 있는 사람들 만이 생각해낼 수 있다?

창의력은 연습과 도구를 통해 개발할 수 있으며, 체계적인 접근으로 누구나 아이디어를 발굴 할 수 있다. 발명 왕 토마스 에디슨은 "**더 나은 방법이 나올 때까지 찾아 보라!**"라고 말했다. 이렇듯 창의력은 타고 나는 것이 아니라, 꾸준한 노력과 경험을 통해 길러지는 것이다.

▶ 독창적인 아이디어야 성공한다?

세상에 없던 완전히 새로운 아이디어만이 성공할 수 있다?

기존 아이디어를 개선하거나 조합하는 방식으로도 충분히 성공할 수 있다. 예를 들어, 우버나 에어비앤비도 기존 자원을 새로운 방식으로 활용한 대표적인 사례이다. 애플의 창업자 스티브 잡스는 "**창조라는 것은 그냥 여러 가지 요소를 하나로 연결하는 것이다.**"라고 말했다. 이렇듯 창의력은 다양한 경험을 새로운 것으로 연결할 때 발현되는 것이다.

▶ 한번에 완벽한 아이디어를 떠올려야 한다?

처음부터 완벽한 사업 아이디어를 생각해내야 한다?

아이디어는 초기 단계에서 완벽하지 않아도 된다. 실행과 검증 과정을 통해 점진적으로 다듬을 수 있다. 실리콘밸리 벤처 투자자인 가이 가와사키는 "**아이디어는 쉽다. 실행이 어려울 뿐**"이라고 말했다. 이렇듯 아이디어는 실행하며 개선해 나가는 과정에서 발전되는 것이다.

▶ 시장이 너무 포화되어 있다?

이미 모든 좋은 아이디어는 누군가 실행에 옮겼기 때문에 새로운 기회가 없다?

시장의 틈새를 찾아내거나 특정 고객군의 문제를 깊이 탐구하면 새로운 기회를 발견할 수 있다. 현대 경영의 대가인 톰 피터스는 "**틈새시장을 파고 들어가라! 그렇지 않으면 밀려난다.**"라고 조언했다. 즉, 틈새시장을 공략함으로써 경쟁을 피하고 독자적인 위치를 확보할 수 있다는 것이다.

▶ 아이디어 발상은 시간이 많이 걸린다?

좋은 아이디어를 떠올리려면 많은 시간이 필요하다?

창의적 아이디어 발상 도구와 생성형AI를 사용하면 짧은 시간에도 효율적으로 아이디어를 도출할 수 있다. 에이브러햄 링컨은 "**시간은 한정적인 자원이다. 어떻게 사용하느냐에 따라 미래가 달라진다.**"라고 말했다. 즉, 효율적인 방법을 통해 시간을 절약하면서도 효과적인 아이디어를 발굴할 수 있다는 것이다.

▶ 실패하면 끝이다?

실패한 아이디어는 가치가 없다?

실패한 아이디어도 피드백을 통해 더 나은 아이디어로 전환할 수 있다. 실패는 학습의 기회로 삼아야 한다. 미국의 소설가이자 극작가인 트루먼 카포티는 "**실패는 성공에 풍미를 더하는 양념이다.**"라고 말했다. 이렇듯 실패를 두려워하지 말고, 이를 통해 배운 점을 반영하여 개선해 나가야 한다.

▶ 창업 아이디어는 완전히 개인적인 노력으로만 가능하다?

창업 아이디어는 개인적으로 깊이 고민해야만 나온다?

다양한 관점과 협력을 통해 아이디어를 발전시킬 수 있다. 팀 브레인스토밍, 커뮤니티 피드백, AI 도구 활용 등을 통해 집단지성을 활용하자. 아프리카 속담 "**혼자 가면 빨리 갈 수 있지만, 함께 가면 더 멀리 갈 수 있다.**"는 말처럼 협력은 창업 아이디어 도출에도 중요한 역할을 한다.

▶ 많은 자본이 있어야만 실행 가능한 아이디어를 생각할 수 있다?

좋은 창업 아이디어는 실행하기 위해 많은 자본이 필요하며, 초기 자본이 없다면 아이디어 발상이 무의미하다?

초기에는 자본이 적게 들어가거나 없는 상태에서도 검증 가능한 작은 실험(MVP: Minimum Viable Product)으로 시작할 수 있다. 고객의 반응을 확인하며 점진적으로 확장하는 방식도 가능하다. 린 스타트업의 창시자 에릭 리스는 "**작게 시작해서 빠르게 실패하고, 빠르게 배우고, 다시 시도하라.**"라고 강조했다.

▶ 전문가가 아니라면 좋은 아이디어를 떠올릴 수 없다?

창업 아이디어는 특정 분야에서 전문가만이 도출할 수 있다?

외부인의 관점은 오히려 새로운 문제를 발견하거나 기존 방식의 한계를 넘어서는 창의적인 해결책을 제시할 수 있다. 초보자의 시각을 활용해 문제를 단순화하거나 새롭게 접근할 수 있다. 알버트 아인슈타인은 "문제를 발생시켰을 때와 똑같은 의식수준으로는 어떤 문제도 해결할 수 없다."고 강조했다.

▶ 성공적인 창업 아이디어는 큰 문제를 해결해야 한다?

창업 아이디어는 반드시 사회적, 기술적 또는 경제적으로 큰 문제를 해결해야만 가치가 있다?

작은 문제, 불편함 또는 특정 니치(niche) 시장의 요구를 해결하는 아이디어도 충분히 성공적일 수 있다. 예를 들어, 작은 일상적인 불편함을 해결하는 제품이나 서비스도 많은 사람들에게 큰 가치를 제공할 수 있다. 고대 그리스의 저명한 정치가이자 연설가인 데모스테네스는 "작은 기회로부터 종종 위대한 업적이 시작된다."라고 말했다. 거창한 문제를 찾아야 한다는 부담감에서 벗어나, 현실적이고 실행 가능한 아이디어를 탐구할 수 있다.

01-2. 문제 해결은 최고의 창업 아이디어

창업 아이디어의 본질은 단순히 새로운 것을 만드는 데 있지 않으며, 그 핵심은 "문제를 해결할 수 있는가"에 달려 있다. 성공적인 창업 아이디어는 고객의 문제를 이해하고, 그 문제를 해결할 수 있는 명확한 해결책을 제시하며, 고객에게 실질적인 가치를 제공해야 한다.

▶ 문제 정의

"사람들은 1/4인치 드릴을 사는 것이 아니라, 1/4인치 구멍을 원한다."는 시어도어 레빗의 말처럼, 창업 아이디어의 출발점은 고객의 문제를 명확히 정의하는 데 있다. 해결하고자 하는 고객의 고충(Pain point)을 구체적으로 파악해야 한다. 고객이 어떤 불편함을 겪고 있으며, 그 문제를 해결하지 못해 어떤 어려움을 겪고 있는지 정확하게 이해하는 것이 첫 번째 단계이다.

▶ 실질적 해결책

"고객에게 더 가까이 다가가라. 너무 가까워서 고객 스스로가 알아채기도 전에 그들이 필요로 하는 것을 미리 말해 줄 만큼."이라는 스티브 잡스의 말처럼, 아무리 좋은 아이디어라도 현실에서 작동하지 않는다면 의미가 없다. 창업 아이디어는 고객의 문제를 실질적으로 해결할 수 있는 구체적인 방안을 담고 있어야 한다. 단순히 '가능성'에 그치지 않고, 실제로 작동하며 고객이 체감할 수 있는 효과를 제시해야 한다.

▶ 가치 제안

"성공은 기능을 제공하는 것이 아니라, 고객의 문제를 해결하는 방법을 배우는 것이다."는 에릭 리스의 말처럼, 해결책은 고객에게 의미 있는 가치를 제공해야 한다. 문제 해결 자체로 끝나는 것이 아니라, 고객의 삶을 더 편리하고 효율적이며 즐겁게 만들어야 한다. 이때 '가치'란 단순히 기능적 이점에 국한되지 않고, 고객이 느끼는 정서적·실용적 만족까지도 포괄한다.

창업 아이디어는 실행 가능성이 뒷받침되지 않으면 무의미하다. 물론, 좋은 아이디어가 곧바로 성공을 보장하는 것은 아니다. 결국, 시장과 고객이라는 현실적인 접점에서 의미를 지니는 아이디어만이 성공할 수 있다. 이는 창업자가 자신의 아이디어를 꾸준히 검증하고 개선하며, 실제로 구현할 수 있는 형태로 발전시킬 때 비로소 실현된다.

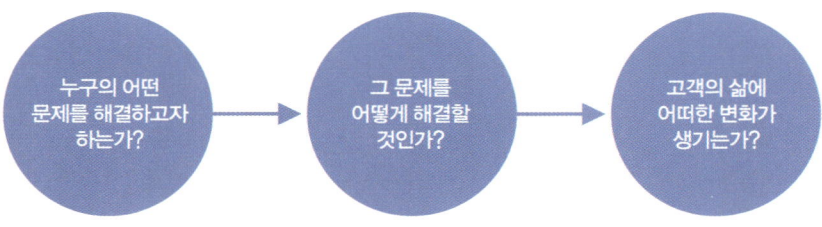

01-3. 창업 아이디어가 중요한 이유

창업 아이디어는 단순히 "무엇을 할 것인가"의 문제를 넘어선다. 그것은 마치 영화의 첫 장면과 같다. 첫 장면이 지루하면 관객은 금방 자리를 떠난다. 창업도 마찬가지다. 아이디어는 곧 고객, 동료, 그리고 투자자들에게 "이 이야기를 끝까지 보고 싶다"고 느끼도록 만드는 시작점이다.

다음 날도 기대하게 만드는 아이디어

창업은 긴 마라톤과도 같아서 매일매일 에너지가 필요하다. 뻔한 아이디어나 애매한 방향성은 창업자를 지치게 만든다. 반면, 진짜 하고 싶은 아이디어가 있다면 피곤한 몸을 일으켜 새벽 5시에라도 컴퓨터 앞에 앉게 된다. 예를 들어, "기술과 인간의 연결을 통해 더 나은 미래를 만들어 가자."라는 아이디어는 단순한 도구 개발을 넘어 사람들의 삶을 바꾸는 상상을 하게 만든다.

▶ 사람들의 대화에 스며드는 아이디어

좋은 아이디어는 마치 전염성이 강한 이야기와 같다. 예를 들어, "출근길에 3분 만에 배울 수 있는 새로운 지식을 알려주는 서비스"라는 아이디어를 들어보면 사람들은 이렇게 반응한다.

"그거 나도 써보고 싶다."
"내 친구도 꼭 필요할 것 같은데?"

이처럼 사람들의 머릿속에 자리 잡는 아이디어는 자연스럽게 퍼져나가며 지지자를 만든다. 이들은 단순히 고객으로 그치지 않고, 아이디어의 전도사가 된다.

▶ '왜'라는 질문에 답할 수 있는 아이디어

창업을 하다 보면 수없이 "왜 이걸 하느냐"는 질문을 하게 된다. 이때 답을 못 하면 스스로도 흔들리기 쉽다. 그러나 진짜 중요한 이유를 담고 있는 아이디어는 질문을 받을수록 더 강해진다.

"혼자 사는 사람들이 건강한 식사를 하기 어려운 문제를 해결하고 싶다."
"학생들이 간단한 방식으로 자기 진로를 찾을 수 있도록 돕고 싶다."

이런 답은 단순히 사업 논리를 넘어 창업자의 진정성을 드러낸다. 그것이 사람들이 진짜로 공감하는 순간이다.

▶ 창업자를 살아있게 만드는 아이디어

무엇보다 중요한 것은, 좋은 아이디어가 창업자를 살게 만든다는 점이다. 하루가 끝난 뒤 스스로에게 "내가 정말로 의미 있는 일을 하고 있는가?"라는 질문을 던질 때, 답할 수 있는 자신감을 준다. 자신감은 돈이나 명예로는 살 수 없는 것이다. 좋은 창업 아이디어는 당신의 동력이고, 주변 사람들에게 전해질 에너지이며, 창업

자체를 하나의 스토리로 만드는 힘이다. 그 힘은 뻔하지 않고, 삶과 닿아 있는 현실적인 것에서 나온다.

01-4. 자아 탐색, 창업의 시작은 자신으로부터

창업은 사업 운영을 넘어, 자신의 비전과 강점을 구체화하는 과정이다. 성공하려면 아이디어뿐 아니라 가치관을 명확히 해야 한다.

▶ 창업을 시작하려는 이유와 동기

창업은 단순히 새로운 사업을 시작하는 행위를 넘어, 자신의 내면을 깊이 이해하고 개인의 가치를 구체적인 비즈니스 형태로 구현하는 여정이다. 창업을 결심하게 되는 동기는 사람마다 천차만별이며, 이는 창업 과정에서 지속적인 동기 부여와 방향성 설정에 결정적인 영향을 미친다. 창업의 여정을 시작하기 전, 다음과 같은 질문들을 통해 자신의 내면을 면밀히 탐색해 보자.

창업을 통해 이루고 싶은 것은 무엇인가?
창업을 통해서 돈을 버는 것은 기본이다. 이는 단순한 재정적 목표를 넘어, 개인의 삶에서 추구하는 의미와 목적을 반영해야 한다. 예를 들어, 사회적 문제 해결, 개인적 성장, 혹은 창의적 표현 등 다양한 측면에서 자신만의 목표를 설정할 수 있다.

어떤 문제를 해결하고 싶으며, 그것이 왜 중요한가?
문제 해결의 대상과 그 중요성은 창업의 방향성을 결정짓는다. 자신이 진정으로 해결하고자 하는 문제가 무엇인지, 그리고 그것이 자신과 타인에게 어떤 영향을 미치는지를 명확히 이해하는 것이 중요하다.

창업이 내 삶에 어떤 변화를 가져올 것인가?
창업은 단순한 직업적 변화 뿐만 아니라, 개인의 삶 전반에 걸친 변화를 수반한다. 시간 관리, 재정적 안정성, 인간관계 등 다양한 측면에서 창업이 미칠 영향을 깊이 고민해보아야 한다.

창업을 통해 개인적인 목표나 꿈을 실현하고 싶은가?
창업이 개인의 꿈과 목표를 실현하는 수단이 될 수 있다. 자신의 열정과 흥미를 비즈니스로 연결함으로써, 일상의 만족감과 성취감을 높일 수 있다.

생계 마련을 위해 창업을 선택한 것인가?
생계 유지를 위한 창업은 현실적인 필요에서 비롯된다. 이 경우, 안정적인 수익 모델과 지속 가능한 비즈니스 전략이 필수적이다.

라이프스타일을 비즈니스로 확장하고 싶은가?
라이프스타일을 비즈니스로 확장하는 것은 개인의 삶이 반영된 방식을 비즈니스 모델로 구현하는 것을 의미한다. 이는 건강한 삶을 추구하는 웰니스 비즈니스, 지속 가능한 소비를 지향하는 친환경 사업 등 다양한 형태로 나타날 수 있다.

◆ 미션 1. 창업 이유와 동기 작성하기

1. 창업을 시작하려는 이유는 무엇인가?

2. 나의 삶에서 가장 중요하게 생각하는 가치는 무엇인가?

3. 창업을 통해 어떤 목표를 이루고 싶은가?

[예시]

이수민 씨는 자신의 라이프스타일을 기반으로 웰니스 센터를 창업했다. 단순한 수익 창출이 아닌, 건강하고 균형 잡힌 삶을 다른 사람들과 공유하고자 하는 마음이 그녀의 창업 동기였다. 이런 뚜렷한 목표 의식은 고객과의 소통을 강화하고, 차별화된 프로그램을 개발하는 원동력이 되었다.

◆ 미션 2. 목표 작성하기

창업을 통해 이루고 싶은 목표 3가지 작성해 보기

1. _____
2. _____
3. _____

◆ 미션 3. 나의 SWOT 분석하기

강점과 약점 5개씩 작성하기, 단점 보완을 위한 외부 리소스나 협력 방안을 생각해 보자.

강점 내가 잘하는 것, 전문성, 경험 작성하기	**약점** 보완해야할 부분이나, 부족한점 작성하기
기회 주변에서 발견할 수 있는 창업 기회 요인은 무엇이 있는가?	**위협** 외부에서 나의 사업에 영향을 줄 수 있는 요소는 무엇이 있는가?

[예시]

박민수 씨는 소프트웨어 개발에 강점을 가지고 있었지만, 시장의 요구를 제대로 파악하지 못했다. 그는 고객 인터뷰와 시장 조사를 통해 고객의 실제 문제를 이해하고, 이를 해결할 수 있는 소프트웨어 솔루션을 개발하여 성공적인 사업을 구축하였고, 이 과정에서 자신의 기술적 역량을 시장의 구체적인 니즈와 연결시킴으로, 경쟁력 있는 제품을 만들어낼 수 있었다.

강점과 약점이 왜 중요한가?

강점은 경쟁에서 우위를 점할 수 있는 핵심 자산이다. 약점은 미리 파악하고 보완할 수 있다면 사업 실패 가능성을 줄일 수 있다. 특히, 창업 초기에는 자신의 강점에 집중하며 약점을 외부 리소스나 팀 빌딩을 통해 보완하는 것이 중요하다.

창업아이디어 방향 설정

자아 탐색을 통해 자신을 깊이 이해한 후, 다음 단계는 창업 아이디어의 방향성을 설정하는 것이다. 이는 자신의 강점과 역량이 시장의 요구와 어떻게 부합하는지를 파악하고, 이를 통해 창업 아이디어의 구체적인 방향을 정립하는 과정이다. 이 단계에서는 자아 탐색을 통해 얻은 통찰을 바탕으로 실질적인 비즈니스 가치를 창출하는 데 중점을 둔다.

◆ 미션 4. 창업 아이디어 방향 설정하기

1. 나의 강점과 시장의 문제를 연결해 보자

---

2. 고객이 진짜 필요로 하는 것을 나의 역량으로 어떻게 해결할 수 있을까?

01-5. 사업계획서와 창업 아이디어는 하나

창업을 시작하는 모든 여정은 아이디어에서 시작되지만, 그 아이디어를 현실로 구현하는 핵심 도구는 사업계획서이다. 사업계획서와 창업 아이디어는 마치 몸과 마음처럼 분리될 수 없는 관계이며, 성공적인 창업을 위해, 두 요소는 유기적으로 결합하고 보완되어야 한다.

▶ 아이디어는 시작점이자 방향이다

창업 아이디어는 사업의 출발점이다. 시장에서 아직 해결되지 않은 문제를 파악하고, 이를 독창적으로 해결할 방안을 제안하는 것이 아이디어의 핵심이다. 하지만 훌륭한 아이디어는 그것 만으로 충분하지 않다. 왜냐하면 실행 가능한 계획으로 구체화되지 않는 아이디어는 공허한 상상에 그칠 수 있기 때문이다.

▶ 사업계획서는 아이디어를 현실로 만드는 도구다

사업계획서는 아이디어를 실행 가능한 계획으로 체계화한 문서다. 아이디어가 고객의 문제를 해결할 수 있도록 구체적인 실행 방안을 제시하고, 그 실행이 성공적으로 이루어지기 위한 자원, 팀, 재무 계획 등을 포함한다. "**사람들이 더 건강한 식사를 손쉽게 제공받을 수 있다면?**"이라는 아이디어가 있다면, 이를 구체적으로 풀어내는 것이 사업계획서의 역할이다. 사업계획서가 포함해야 할 요소들은 다음과 같다.

1. 문제 정의
해결하려는 문제는 무엇인가?

2. 솔루션 제안
해당 문제를 어떻게 해결할 것인가?

3. 시장 분석
경쟁자는 누구이고, 어떤 기회가 존재하는가?

4. 재무 계획
수익 모델은 무엇이며, 자금은 어떻게 조달할 것인가?

5. 실행 계획
실행에 필요한 자원과 단계는 무엇인가?

▶ 두 요소를 통합하는 것이 성공의 열쇠다

아이디어는 사업계획서를 통해 더 구체화되고, 계획은 아이디어의 독창성을 기반으로 차별화 된다. 이 과정에서 창업자는 다음의 두 가지를 반드시 염두에 두어야 한다. 첫 번째는 실현 가능성이다. 아이디어가 실제로 구현 가능한지 여부를 계획서에서 증명해야 한다. 두 번째는 창의성 유지. 실행 가능성을 강조하되, 아이디어의 독창성과 경쟁력을 잃지 않아야 한다.

생성형 AI를 활용하면 아이디어와 사업계획서를 효율적으로 연결할 수 있다. 고객의 문제를 구체화하고, 페르소나를 설정 할 수 있다. 트렌드와 데이터를 분석하여 실행 전략 보완 할 수 있다. 투자자 설득을 위한 가독성 높은 문서를 작성할 수 있다.

"퇴직 후에도 활용 가능한 기술 교육 프로그램"이라는 아이디어를 구상했다고 가정해 보자. 이를 사업계획서에 반영하여 다음과 같은 구조로 구체화할 수 있다.

1. 문제
중년층 퇴직자의 기술 공백

2. 솔루션
AI 기반 맞춤형 교육 프로그램

3. 시장 분석
 증가하는 퇴직 연령층과 기술 교육의 수요

4. 재무 계획
월 구독료 모델 도입

5. 실행 계획
고객 리서치 → 프로토타입 제작 → 초기 고객 테스트 → 서비스 개발 → 확장

▶ 훌륭한 아이디어는 계획과 만나야 빛난다

창업 아이디어는 사업의 출발점이자 방향을 제시하며, 사업계획서는 그 아이디어를 실행 가능한 구체적 계획으로 전환하는 도구다. 이 둘이 유기적으로 맞물릴 때 창업의 성공 가능성은 배가된다. 계획과 아이디어의 결합은 단순한 실행을 넘어 혁신을 창출한다. 구체적인 사례는 다음과 같다.

1. 에어비앤비(Airbnb)
아이디어: 남는 공간을 여행자에게 빌려주자.

계획: 호스트와 게스트 모두를 보호하는 결제 시스템 구축, 신뢰도 평가 시스템 도입, 보험 정책 수립 등 체계적인 사업 계획을 통해 실현 가능한 비즈니스 모델로 발전.

2. 배달의 민족
아이디어: 종이 메뉴판을 스마트폰으로 옮기자.

계획: 음식점 데이터베이스 구축, 배달기사 네트워크 확보, 결제 시스템 개발, 독특한 마케팅 전략 등 치밀한 실행 계획을 통해 성공적인 서비스로 성장.

3. 당근마켓
아이디어: "동네 중고거래를 더 쉽고 안전하게"라는 컨셉.

계획: 위치기반 서비스 도입, 매너온도 시스템 개발, 사기 거래 방지 정책 수립 등 구체적인 실행 방안을 통해 신뢰할 수 있는 플랫폼으로 발전.

이러한 성공적인 스타트업들의 공통점은, 혁신적인 아이디어로 시작했지만 철저한 사업계획을 통해 실현 가능성을 높이고, 지속적인 피드백과 개선을 통해 계획을 발전시켰다는 점이다.

02 창업 아이디어 발상을 위한 프롬프트

 **02-1. AI는 진화하지만, 본질은 변하지 않는다**

생성형 AI 기술은 지금 이 시간에도 빠른 속도로 진화하고 있다. 하지만, 여기에서도 달라지는 것과 달라지지 않는 것들이 있다. 구제적인 내용은 다음과 같다.

▶ 달라지는 것들: 가변적 요소

◆ 인터페이스 사용법

새로운 모델이 나오면 명령어(프롬프트) 구성 방식, API 버전, UI/UX가 달라질 수 있다.

◆ 기능과 성능

파라미터가 더 많아지고(작아지고), 멀티모달(이미지 · 음성) 지원, 실시간 데이터 연동 등 기능적 업그레이드가 지속적으로 이뤄진다.

◆ 가격 정책과 비즈니스 모델

기업들이 경쟁적으로 출시하면서 구독형, 토큰 과금 등 요금제가 수시로 변동될 수 있다.

▶ 달라지는 않는 것들: 불변 요소

◆ AI 활용의 기본 철학

"어떻게 의도(목적)를 명확히 전달하고, AI의 출력을 비판적으로 검토·활용할 것인가"하는 부분은 근본적으로 변하지 않음.

◆ 도메인 지식의 중요성

AI가 아무리 발전해도, 인간이 그 분야를 깊이 이해하고 알맞은 질문(프롬프트)과 검증을 해야 최적의 결과를 얻을 수 있음.

◆ 프롬프트 설계 원리

역할(Role), 맥락(Context), 구체적 예시(Examples), 스타일(Style), 형식(Format) 등 "명확한 요구사항 제시"의 기본 원리는 기술이 업그레이드가 되어도 유효함.

◆ 창의·비판적 사고

AI가 제안한 결과물을 사람이 어떻게 해석하고, 어떠한 의사 결정을 내리는지와는 상관없이 결과는 인간이 판단해야 함.

AI 기술은 비약적으로 발전하겠지만, 기본 원리와 활용 방식에 대한 체계적 이해는 오래 가는 자산이 된다. 빠르게 달리는 자동차안에서 가까이 있는 사물들을 보면, 너무 빠르게 스쳐 지나가기 때문에 현기증이 나지만, 멀리있는 사물은 풍광 그대로를 느낄 수 있다. AI 기술의 빠른 변화 속에서도, 근본을 이해하고 큰 방향을 보는 시각이 진정한 경쟁력이 될 것이다.

02-2. 프롬프트란 무엇인가?

프롬프트는 생성형 AI에게 원하는 결과를 얻기 위한 "제2의 언어"이며, "질문" 그 이상의 것이다. 새로운 언어를 배운다는 생각으로 접근해야 한다. 언어가 달라지면 사물에 대한 사고체계 및 접근 방식이 달라진다. 우리가 평상시 사용하는 말과 패턴으로 입력하게 되면 내가 원하는 정보를 받지 못할 확률이 매우 높다. 왜냐하면 AI는 내 의도를 명확하게 알아차리지 못하기 때문이다. 필자 또한, AI가 어떻게 정보를 처리해서 나에게 이야기 해줄지 알 수 없기 때문이다.

프롬프트의 구조를 그림으로 설명한 예

또한, 프롬프트는 사용자와 AI간의 연결 통로 '인터페이스'라고 정의할 수 있다. 그렇기 때문에 많은 사용과 테스트를 해볼 시간이 필요하다. 제2외국어를 배우는 가장 빠른 방법이 해당국가의 사람들과 이야기를 많이 해보는 것이라고 한다. 이 논리는 프롬프트에도 똑같이 적용된다. 프롬프트의 본질을 크게 3가지 관점에서 바라볼 수 있다.

▶ 맥락과 의도를 전달하는 도구로서 프롬프트

AI 모델(예시 챗GPT)은 단순히 "**질문 = 답**" 형태로만 동작하지 않는다. 우리가 이 답변을 어디에, 어떻게 쓸지, 어느 정도 수준으로, 어떤 형식으로 활용할지 미리 지정해 주어야, 그 맥락과 의도에 맞춰보다 정교한 답을 얻을 수 있다.

◆ 맥락과 의도가 포함되지 않은 프롬프트

프롬프트 표시

Q 창업 아이템 추천해 줘.

Q 30대 직장인 대상으로 창업할 아이디어가 뭐가 있을까?

Q 요즘 뜨는 창업 아이템은?

◆ 맥락과 의도를 포함한 프롬프트

Q 나는 30대 직장인 남성을 대상으로 한 창업 아이템을 찾고 있어. 목표는 고객이 쉽게 활용할 수 있는 디지털 서비스를 제공하는 것이야. 시장 트렌드에 맞고 경쟁이 덜 치열한 아이디어 3가지를 제안해 줘. 아이디어마다 주요 특징과 타깃 고객에게 매력적으로 보일 이유도 함께 설명해 줘."

[실습]
위에서 설명한 프롬프트 중 2개의 프롬프트를 챗GPT에 입력해 보고 그 차이점을 느껴보자. 무엇이 보이는가?

▶ AI를 잘 쓰기 위한 설계(Design)로서 프롬프트

AI는 무궁무진한 데이터를 학습했지만, 사용자가 원하는 특정 방향이 무엇인지는 스스로 판단하기 어렵다. 프롬프트는 사용자가 원하는 목적에 초점을 맞춰 AI의 사고 범위와 답변 형식을 설계하는 장치다.

예를 들어 "00시장분석을 해 줘"라고 요청하면 AI는 산업 전반에 대한 정보를 나열할 뿐, 사용자가 필요로 하는 특정 시장 정보는 제공하지 못할 가능성이 높다. 이를 개선하기 위해, 사용자 의도를 반영한 설계로 다음을 포함할 수 있다.

- **목적** 50대 남성 소비자 대상의 건강식품 시장 트렌드 파악

- **범위** 한국(국내)의 2020년부터 2025년까지

- **형식** 핵심 트렌드 3가지와 해당 트렌드에 대한 주요 기업 사례를 표로 작성

이렇게 설계하면 AI는 방대한 데이터를 특정 방향으로 좁혀 분석하고, 사용자가 원하는 형식에 맞춰 답을 제공한다.

[실습]
분석해 보고 싶은 정보에 대하여 목적, 범위, 형식을 입력하고 챗GPT에게 데이터를 받아 보자.

창의적 커뮤니케이션 거점을 위한 프롬프트

"창의적 커뮤니케이션 거점"이란, 사용자가 AI와 소통하면서 새로운 아이디어를 발굴하거나 기존의 문제를 창의적으로 해결하기 위해 시작되는 출발점을 의미한다. 이를 통해 사용자는 AI와 협력하여 단순히 정보를 얻는 데 그치지 않고, 상호작용을 통해 창의적이고 실질적인 해결책을 도출할 수 있다. 이러한 거점은 다음과 같은 역할을 한다.

◆ 아이디어 발굴의 출발점

AI와 대화를 통해, 사용자가 미처 생각하지 못한 새로운 관점이나 독창적인 아이디어를 도출할 수 있는 공간이 된다.

> **Q** 20대 여성 고객을 대상으로 한 지속 가능한 소비 플랫폼을 창업하려고 해. 고객의 관심을 끌 수 있는 독특한 서비스 3가지를 제안해 줘.

◆ 문제 해결의 시작점

AI와 커뮤니케이션을 통해 복잡한 문제를 단순화하고, 실행 가능한 해결책을 찾는 과정이 시작 된다.

> **Q** 내 창업 아이디어는 "AI 기반 맞춤형 운동 프로그램"이야. 실행 가능성을 평가할 수 있는 방법 3가지를 제안해 줘.

◆ 창의성 촉진과 협업의 장

프롬프트를 통해 사용자는 AI에게 다양한 아이디어와 시나리오를 요청함으로써 창의성을 극대화할 수 있다.

> **Q** 내 창업 아이디어는 "친환경 도시 농업 플랫폼"인데, 고객 경험을 강화할 수 있는 요소를 추가하고 싶어. 창의적인 제안을 3가지 해 줘.

◆ 창업 과정에서의 실용적인 도구

프롬프트를 활용하면 창업 아이디어를 구체화하고 실행 가능한 계획으로 발전시키는 데 필요한 실질적인 조언을 받을 수 있다.

Q 내 사업계획서에 "시장 분석" 부분을 작성하고 있어. 국내 AI 기반 교육 서비스 시장의 주요 트렌드와 주요 경쟁 업체 정보를 간략히 정리해 줘.

◆ 프롬프트가 중요한 이유

AI가 창업의 도구로 자리 잡는 시대, 프롬프트는 단순한 프롬프트가 아니라 스타트업 창업자가 아직 보지 못한 전략적 자원이며, 기업의 성장을 도와주는 비밀 병기이다.

◆ 프롬프트는 대화이며, 답이 아닌 질문이다

프롬프트는 단순히 "AI가 결과물을 만들어내는 시작점"이 아니다. 그것은 창업자 자신에게 던지는 질문이다.

"이 문제를 해결하려면 무엇이 필요한가?"

"이 고객의 니즈를 정말 이해하고 있는가?"

"내가 이 비즈니스의 본질을 제대로 파악하고 있는가?"

프롬프트는 AI와의 대화 속에서 창업자가 자신의 생각을 구조화하고 문제를 재구성하게 만든다. 이 과정에서 창업자는 단순히 결과물을 얻는 것이 아니라, 스스로에게 가장 중요한 질문을 던지는 훈련을 하게 된다.

◆ 프롬프트는 스타트업의 역량을 복제한다

대부분의 스타트업은 초기 인력과 자원이 부족하다. 모든 일을 창업자나 소수의 팀원이 감당해야 한다. 이때 프롬프트는 팀의 능력을 복제하고 확장하는 역할을 한다.

예를 들어, 마케팅 전문가가 없는 팀이라도 프롬프트를 통해 **"우리 제품의 타깃 고객에게 어필할 마케팅 메시지를 만들어 줘."**라고 AI에 요청하면, 초기 초안을 얻을 수 있다. 프롬프트는 창업자가 마치 한 명의 마케팅 전문가, 데이터 분석가, 기획자가 되어 작업할 수 있게 돕는다. 그것은 단순히 도구가 아니라, 창업자가 가진 아이디어와 역량을 증폭시키는 복제기다.

◆ 프롬프트는 아이디어를 탐험하는 지도다

스타트업의 가장 큰 위험은 자신의 아이디어를 고착화 하거나, 정해진 방식으로만 문제를 바라보는 것이다. 프롬프트는 고정관념을 깨는 도구다. 예를 들어, "**30대 직장인을 위한 서비스 아이디어를 제안해 줘.**"라는 단조로운 형식의 프롬프트 대신, "2030년 미래의 30대 직장인이 겪을 새로운 문제를 상상하고, 이를 해결할 제품을 기획해줘"라는 프롬프트를 던질 수 있다.

AI는 창업자가 미처 보지 못한 가능성을 열어준다. 창업자가 가진 단 하나의 아이디어를 중심으로 하는 것이 아니라, 무한한 가능성을 실험하고 탐험할 수 있는 지도가 된다.

◆ 프롬프트는 모르는 것을 '모른다'고 말하게 한다

스타트업은 모든 것을 알 필요는 없다. 하지만 모르는 것을 인정하고, 배우는 과정이 중요하다. 프롬프트는 창업자가 자신이 가진 지식의 빈틈을 메울 수 있는 기회를 준다. 예를 들어, "**우리 비즈니스 모델의 약점은 무엇인가?**"라는 질문을 던지면 AI는 경쟁사 분석, 시장 트렌드, 리스크를 기반으로 새로운 관점을 제공한다. AI가 제공하는 답변을 통해 창업자는 자신의 부족한 점을 보완하고, 이를 통해 더 강력한 전략을 세울 수 있다.

◆ 프롬프트는 창업자의 생각을 '보이는' 것으로 만든다

스타트업의 아이디어는 머릿속에 머무를 때가 많다. 프롬프트는 이 아이디어를 구체적인 텍스트, 이미지, 또는 데이터로 변환한다. 이는 단순히 생각을 정리하는 것이 아니라, 팀과 투자자, 고객과 소통할 수 있는 명확한 언어를 제공한다. 예를 들어, **"우리 서비스의 핵심 가치를 명확히 설명해 줘."**라는 프롬프트는 단순한 슬로건이 아니라, 고객의 문제와 해결책, 제품의 차별성을 한 문장으로 정리할 수 있게 한다. 프롬프트는 창업자의 모호한 생각을 구체적인 형태로 가시화하는 마법의 도구다.

◆ 프롬프트는 실패를 안전하게 실험할 수 있게 한다

스타트업의 또 다른 큰 부담은 실패에 대한 두려움이다. 하지만 프롬프트는 안전한 실패를 가능하게 한다. AI를 통해 다양한 시나리오를 실험하거나, 기존 전략의 리스크를 미리 분석하면 창업자는 실패의 위험을 낮출 수 있다. 예를 들어, **"우리 제품의 가격 전략이 시장에서 어떻게 반응할지 가상 시뮬레이션을 만들어 줘."**라는 프롬프트는 고객 반응을 예측하는 데 도움을 준다. 실패를 반복하더라도 프롬프트를 수정하면 새로운 방향성을 얻을 수 있다.

◆ 프롬프트는 창업의 사고 방식을 바꾼다

프롬프트는 단순히 AI를 작동시키는 도구가 아니다. 그것은 창업자가 문제를 정의하는 방식, 아이디어를 확장하는 방법, 그리고 실행을 계획하는 사고 과정 자체를 변화시킨다. 결국, 프롬프트는 스타트업의 성공을 위해 창업자와 함께하는 숨겨진 동료이며, 창의성과 실행력을 동시에 증폭시키는 혁신의 파트너다. 프롬프트는 당신의 또 다른 창업 멤버다. 그러므로 자신의 첫 번째 투자자로 활용하자.

02-3. 프롬프트 역량 강화를 위한 필요한 것

첫 번째: 명확한 목표 설정 능력

무엇을 얻고 싶은 지 구체화하자. "간단히 요약해 달라"는 것인지, "비즈니스 모델을 제안해 달라"는 것인지, "구체적 통계 분석을 해 달라"는 것인지 목적을 분명히 해야 한다. 목적이 분명하면, AI가 답변을 생성할 때 스스로 쓸데없는 범위를 줄이고 정확도를 높일 수 있다. 그리고 맥락·배경 설명을 구체적으로 하자. "어떤 상황에서, 어떤 제한사항이 있는지"를 충분히 서술하면, AI의 답변이 훨씬 현실적이고 실무 지향적이 된다.

두 번째: 도메인(산업 분야) 이해 및 배경지식

해당분야의 기본 개념을 숙지하자. 교육 분야라면 학습 목표·교수법, 스타트업이면 BM(비즈니스 모델)·MVP·투자 단계 등에 대한 뜻을 알고 있어야 한다. AI는 특정 주제에 대한 광범위한 지식을 가지고 있지만, 사용자도 최소한의 맥락·용어를 이해하고 있어야 적확한 질문을 할 수 있다. 데이터 또는 사례를 제시하자. AI에 실제 사례, 부분 데이터, 구체적 수치를 제공하면, 더 정교한 맞춤 답변을 얻게 된다. 이를 위해선 도메인 내에서 "어떤 데이터가 의미 있고, 어떤 요소가 핵심 지표인지"를 파악하는 능력이 필요하다.

세 번째: 논리적·구조적 사고

질문을 세분화하자. 한 번에 광범위한 질문을 하기보다는, 단계별(원인 → 해결책, 현황 → 전망) 질문을 통해 정교한 답변을 이끌어낸다. "**시장 분석 → 경쟁사 조사 → 차별화 포인트 → 실행 방안**" 순으로 쪼개어 프롬프트를 작성한다. 그리고 마인드맵·체계화 스킬을 익히자. "**문제 상황 → 근본 원인 → 해결책 → 실행 단계**" 등 체계적 구조를 미리 구상해 두면, AI에게도 그 구조대로 답변을 주문할 수 있다.

네 번째: AI 모델의 작동 방식 이해

AI를 효과적으로 활용하려면 명확한 지시와 반복적인 조정이 필수다. 챗GPT 같은 언어 모델(LLM)은 입력된 문맥을 분석해 다음 단어를 예측한다. 기능(Function), 표현 방식(Expression), 구조(Structure) 등을 구체적으로 설정할수록 원하는 답변을 얻기 쉽다. 또한, 한 번의 질문으로 끝내기보다 반복 질문(Iteration)과 피드백 루프를 활용해 AI 출력을 점진적으로 다듬는 것이 중요하다. AI는 수정할수록 정교해진다는 점을 기억하자.

다섯 번째: 문제 해결·창의적 사고 훈련

발산적 사고와 수렴적 사고능력을 키우자. 아이디어를 풍부하게 뽑아내는 "발산적 질문"과, 핵심만 정리·결정하는 "수렴적 질문"을 적절히 혼합해야 한다. 초반에는 "이 분야에서 가능한 모든 해법 제시" → 후반에는 "그중 가장 유망한 것 1~2개로 압축"하여 단계별 진행해 보자. 그리고 실험정신을 키우자. "이 질문에 이런 답이 나올까?"를 테스트하며, 프롬프트 구조를 다양하게 시도해 보는 실험적 태도가 필요하다. 실패하거나 엉뚱한 답이 나오더라도, 왜 그런 결과가 나왔는지를 파악하고 프롬프트를 수정해가면서 노하우를 축적한다.

여섯 번째: 언어적 표현력과 커뮤니케이션 역량

정확하고 간결한 문장을 구사하자. 프롬프트는 "문어체" 또는 "구어체"를 막론하고 명확하게 작성되어야 한다. 장황하거나 중의적 표현은 AI가 해석하기 어렵고, 결과가 흐려질 수 있다. 그리고 지시·요청 사항 나열하자. "무엇을, 왜, 어떤 형식으로, 어느 분량으로" 해달라고 구체적으로 명시하면 AI가 헷갈릴 수 있는 여지가 줄어든다. "2~3페이지 분량, 표와 목록을 사용, 3가지 예시 포함"과 같이 형식을 제시하자.

일곱 번째: 도전적 목표 & 품질 평가

"점수 매기기" 또는 "목표 대비 만족도 체크"하기. 스스로나 AI에게 "이 프롬프트가 100점 만점에 몇 점?"이라고 평가하게 하거나, 목표 대비 어떤 점이 부족했는지 짚어보게 하면 개선에 도움이 된다. "90점 미만이면 다시 재작성" 같은 루틴을 걸어두는 것도 방법이다. 또한, 외부 피드백과 협업을 활용하는 것도 좋은 방법이다. 다른 팀원(디자이너, 개발자, 마케터 등)과 함께 프롬프트 내용을 협의하거나, 추가 아이디어를 제시 받으면, 더욱 다채로운 프롬프트를 구성할 수 있다. 피드백을 통해 놓치고 있던 요소를 반영해 맞춤형 질문을 만들게 된다.

02-4. 메타 스킬(Meta-Skills)을 키우자

창업 과정에서 사업 아이디어를 발전시키고 이를 현실로 구현하려면 다양한 전문 기술(개발, 디자인, 마케팅 등)이 필요하다. 그러나 기술 자체보다 더 중요한 것은 이 기술들을 얼마나 빠르고 정확하게 학습하고, 활용하며, 문제를 해결할 수 있는가? 에 대한 부분이다. 이를 가능하게 하는 능력이 바로 메타 스킬이다. 메타 스킬은 특정 기술 자체가 아니라, 기술을 배우고 적용하는 상위 차원의 능력을 말한다.

예를 들어, 새롭게 프로그래밍 언어를 배울 때 단순히 "이 언어를 잘 사용 해야지"라고 생각하는 것이 아니라, "어떻게 학습 전략과 사고 방식을 동원해 빠르게 이해하고 문제를 해결할까?"를 고민하는 태도가 메타 스킬이다. 창업자는 메타 스킬을 통해 시장 변화나 기술 트렌드의 빠른 변동에도 쉽게 적응할 수 있다. 다음의 메타 스킬과 실천 방법을 살펴보고, 이를 자신의 창업 상황에 적용해 보자.

▶ 자기 인식

자기 인식은 "나는 어떻게 배우고, 어디에서 어려움을 느끼는가?"를 파악하는 능력이다. 창업자는 짧은 기간 안에 다양한 업무를 수행해야 하므로, 자신의 강점과 취약점을 정확히 아는 것이 필수적이다. 이는 시간과 자원을 효율적으로 배분하는 데 큰 도움이 된다.

[예시]

- **학습 습관 파악**
  학습이나 업무를 항상 마감 직전에 몰아서 처리한다면, 이를 "주 단위"로 쪼개어 미리 준비할 수 있는 계획을 세우기.

- **성과 피드백 활용**
  프로젝트가 끝난 후 "의사결정이 늦어진 이유는 무엇인가?", "협업에서 갈등이 생긴 지점은 어디인가?"를 점검하고 개선 포인트를 정리하기.

예시를 충분히 이해했다면, 이제 "나는 어떻게 배우고, 어디에서 어려움을 느끼는가?"에 대해 작성해 보자.

▶ 학습 방법 설계

학습 방법 설계는 새로운 기술이나 지식을 빠르고 깊이 있게 습득하기 위한 전략을 설계하는 능력이다. 창업 환경에서는 항상 새로운 트렌드가 등장하므로, 효과적인 학습 전략은 빠른 적응력을 높여준다.

[예시]

- **피라미드 학습법**
  개념의 큰 그림을 먼저 이해하고 → 세부 이론을 학습한 후 → 응용 문제를 풀어보는 순서를 통해 전체적인 맥락을 놓치지 않도록 하기.

- **페이스메이커 활용**
  스터디 파트너와 매일 1시간씩 배운 내용을 서로 설명하며 질문을 주고받아 학습 동기를 높이기.

- **파인먼 기법 (Feynman Technique)**
  새롭게 배운 내용은 어린아이에게 가르치듯 정리하며, 부족한 부분이 있다면, 명확히 파악하기.

▶ 비판적 사고

비판적 사고는 정보를 접했을 때 근거와 맥락을 따져보고 자신의 판단 기준을 확립하는 능력이다. AI가 제공하는 답변이 점점 정교해지고 있지만, 그 내용이 반드시 "정답"은 아니기 때문에, 이를 구분하고 활용하는 능력이 필요하다.

[예시]

- **신뢰성 평가**
  AI가 제공한 정보와 통계 수치의 신뢰도를 꼼꼼히 평가하기.

- **대안 비교**
  하나의 해결책만 수용하지 말고, 다양한 해결책을 비교하고 장단점을 분석하기.

- **가정 점검**
  "이전 성공사례가 내 상황에도 동일하게 적용될 수 있을까?"와 같은 질문을 던져 맹신을 피하기.

▶ 문제 해결 프로세스 설계

문제를 구조화하고 해결책을 단계적으로 실행, 검증, 재평가하는 능력이다. 창업 초창기에는 복잡한 문제들을 짧은 시간 안에 해결해야 하므로 체계적인 문제 해결 프로세스가 필수이다.

[예시]

- 단계별 브레인스토밍
  ① 문제 정의
  ② 원인 분석
  ③ 해결안 나열
  ④ 최적안 선정
  ⑤ 실행 및 검증
  ⑥ 재평가

- 우선순위 매트릭스
  모든 문제를 한꺼번에 해결하기는 어렵다. "비즈니스 임팩트가 큰가?", "시급한가?" 같은 기준으로 우선순위를 정하기.

창의적 확장

창의적 확장은 아이디어를 폭넓게 발산하고, 기존 문제를 새로운 각도에서 재발견하는 능력이다. 창업자는 제한된 자원 안에서 혁신적인 아이디어를 찾아야 하므로 창의적 사고는 필수적이다.

[예시]

- SCAMPER 기법
  Substitute(대체), Combine(결합), Adapt(응용), Modify(변경), Put to another use(다른 용도), Eliminate(제거), Rearrange(재배열). 관점에서 아이디어를 변형해 보기.

[예시]

- 마인드 맵

아이디어를 시각적으로 정리해가면서 새로운 연결점을 발견하자.

마인드 맵의 예시

▶ 시스템적 사고

시스템적 사고는 문제를 개별 요소로만 보지 않고 전체적인 관계와 상호작용을 통해 파악하는 능력이다. 창업 성공을 위해서는 복잡한 시장 환경과 다양한 변수를 고려하는 시스템적 사고가 필수적이다.

[예시]

- 인과 지도 활용
  문제의 원인과 결과를 선형적으로 보지 않고, 다양한 요소들이 서로 영향을 주고받는 구조를 시각화하여 분석. 예: 고객 만족도가 높아지면 브랜드 신뢰도가 상승하고, 이는 다시 매출 증가로 이어지는 순환 구조를 파악.
- 한 가지 해결책이 전체 시스템에 미치는 영향은 무엇인가를 고려하며 전략을 설계.

▶ 커뮤니케이션·협업 능력

커뮤니케이션·협업 능력은 팀원, 이해관계자, AI와도 효과적으로 소통하며 시너지를 창출하는 능력이다. 창업 현장에서 성공적인 프로젝트는 결국 다양한 사람들의 협업으로 이루어진다.

[예시]

- **역할 분담의 명확화** 팀원들의 강점을 고려해 각자에게 적합한 업무를 배분
- **정기적 공유** 진행 상황을 짧은 주기로 공유해 문제를 빠르게 발견하고 해결
- **AI 협업 활용** 시장 조사, 데이터 분석 등에서 AI를 협력자로 활용한 효율성 증가

◆ 자신이 창업자라고 생각하고, 작성하기

▶ 자기 주도적 피드백 루프

자기 주도적 피드백 루프는 본인의 행동과 결과물을 점검하며, 지속적으로 개선하는 능력이다. 창업 과정에서는 외부 피드백을 기다리지 않고 스스로 점검하는 습관이 필요하다. 메타 스킬을 적극적으로 익히고 실천하면, 어떤 환경에서도 흔들리지 않는 창업자가 될 수 있다.

[예시]

- 미니 OKR

  1~2주 단위로 목표(Objective)와 핵심 결과(Key Results)를 설정하고, 정기적으로 성과를 평가하기.

- 결과 기록

  작은 성과와 실패 경험도 기록해 반복되는 실수를 줄이고 성공 사례를 강화하기.

◆ 미니 OKR 작성: 이 책을 읽는 나의 목표 및 핵심 결과 작성하기

목표 (Objective)	핵심 결과 (Key Results)

02-5. 창업의 관점을 확장하는 12가지 핵심 포인트

창업자는 끊임없이 새로운 아이디어를 발굴하고, 이를 실행 가능한 모델로 구체화하며, 빠르게 변화하는 시장에 적응해야 한다. 그러나 단순히 창의적인 아이디어를 내는 것만으로는 부족하다. 문제를 다각도로 정의하고, 미래를 예측하며, 실행 가능한 해결책을 도출하고, 윤리적 기준과 고객 관점을 통합하는 종합적 사고가 필요하다.

창업자의 관점을 넓히고 창의적이면서도 실행력 있는 아이디어를 설계하기 위한 **"4단계와 12가지 핵심 포인트"**를 제안한다. 이 포인트는 창업자가 문제를 정의하는 초기 단계부터 실행과 피드백, 윤리적 검토까지의 전 과정을 체계적으로 따라갈 수 있도록 설계되었다.

각 단계와 포인트는 실질적인 실행을 지원하기 위해 이론적 배경과 구체적인 활용 방법을 포함한다. 이를 통해 창업자는 새로운 관점을 얻고, 더 나은 의사결정을 내리며, 지속 가능한 비즈니스를 설계할 수 있다.

1단계: 문제 정의와 관점 확장의 기초

창업의 시작은 문제 정의에서 비롯된다. 그러나 문제를 단순히 하나의 관점에서 바라보는 것이 아니라, 거시적 트렌드와 미시적 디테일, 그리고 도전적 질문을 통해 관점을 폭넓게 확장해야 한다. 이 과정에서 경쟁사의 강점과 약점을 분석해 차별화된 기회를 찾는 것도 중요하다.

거시적 관점과 미시적 관점의 병렬 사용

거시적 관점은 산업 트렌드, 사회적 변화, 기술 발전과 같은 큰 흐름을 파악하는 데 초점을 두며, 미시적 관점은 특정 고객의 페인 포인트나 일상적인 문제를 세부적으로 분석하는 데 중점을 둔다. 두 관점을 병렬적으로 활용하면 문제의 본질을 더 깊이 이해할 수 있다.

Q 프롬프트 예시

1인 가구 도시락 문제를 헬스케어 AI와 지속 가능성(거시적) 관점과 고객의 일일 식단 구성 비용(미시적) 관점에서 각각 분석해 줘.

도전적 질문법 활용

도전적 질문법은 기존 솔루션의 한계를 비판적으로 검토하고, 제약 조건을 제거한 상태에서 새로운 해결책을 도출하는 방식이다. 이를 통해 창의적이고 혁신적인 아이디어를 얻을 수 있다.

Q 프롬프트 예시

예산과 기술 제약이 전혀 없다면, 1인 가구의 도시락 문제를 가장 혁신적으로 해결할 수 있는 방법 3가지를 제안해 줘.

경쟁 기반 관점

경쟁 기반 관점은 경쟁사의 강점과 약점을 분석하여 시장에서 차별화된 기회를 포착하는 데 중점을 둔다. 이를 통해 기존 경쟁사와는 다른 고객 가치를 제안할 수 있다. 포터의 5가지 힘(Porter's Five Forces)과 SWOT 분석은 경쟁 기반 관점을 도출하는 데 유용한 도구이다.

Q 프롬프트 예시

우리와 유사한(우리의 서비스를 구체적으로 설명해주어야 한다.) 1인 가구 도시락 서비스 경쟁사의 강점과 약점을 나열하고, 이들이 놓치고 있는 고객 니즈 3가지를 분석해 줘.

2단계: 미래 지향적이고 다차원적인 사고

창업 아이디어는 현재 뿐만 아니라 미래의 변화와 연결될 때 더 큰 가능성을 가진다. 동시에 문제를 산업, 기술, 고객 관점에서 다차원적으로 확장해야 창의적인 해결책을 도출할 수 있다. 글로벌 트렌드와 지역적 특수성을 연결하는 관점도 포함해야 한다.

미래 시나리오 기반 사고법

미래 시나리오 기반 사고는 현재의 문제를 미래의 기술, 사회적 변화, 시장 동향과 연결하여 장기적이고 확장 가능한 해결책을 설계하는 데 초점을 둔다.

Q 프롬프트 예시

5년 후 AI 기술이 대중화된 상황에서, 1인 가구 도시락 서비스가 성공하기 위해 필요한 주요 요소와 리스크를 분석해 줘.

다차원적 아이디어 확장

다차원적 아이디어 확장은 문제를 다양한 관점(예시 기술, 고객, 시장)에서 반복적으로 확장한 후 이를 통합하여 실행 가능한 모델로 발전시키는 방식이다.

Q 프롬프트 예시

1인 가구 도시락 서비스를 각각 건강, 편리성, 지속 가능성 관점에서 확장 가능한 아이디어 3가지를 제시해 줘.

글로벌 vs 로컬 관점

글로벌 트렌드와 로컬 시장의 특수성을 연결하는 접근법은 글로벌 성공 사례를 현지화하여 시장 적합성을 높이는 데 효과적이다.

Q 프롬프트 예시

글로벌 도시락 서비스 성공 사례 2개를 분석하고, 이를 한국 1인 가구 고객의 니즈에 맞게 현지화 할 방법을 제안해 줘.

3단계: 실행력 중심 사고로 수렴

창의적인 아이디어를 실행 가능성 중심으로 좁히는 단계다. 이를 위해 시스템 전체를 고려한 관점을 적용하며, 필요한 자원과 목표를 명확히 설정한다.

실행 중심 사고

실행 중심 사고는 다양한 아이디어 중 실행 가능성이 높은 모델을 선택하고, 이를 실현하기 위한 구체적인 단계를 설계하는 데 초점을 둔다.

Q 프롬프트 예시

1인 가구 도시락 서비스를 실행 가능한 단계로 좁히기 위해, 초기 실행 모델을 제안하고 이를 3단계 실행 계획으로 세분화해 줘.

시스템적 관점

시스템적 관점은 문제를 개별 요소가 아닌 전체 생태계 내에서의 상호작용을 통해 해결하려는 접근법이다. 이를 통해 문제를 더 포괄적으로 이해하고 해결책을 설계한다.

Q 프롬프트 예시

1인 가구 도시락 서비스가 고객, 식재료 공급망, 배달 네트워크와 통합되기 위해 필요한 시스템 설계 방안을 제시해 줘.

4단계: 창업 생태계와 인간 중심 사고 통합

창업은 혼자서 이루어질 수 없다. 고객과 팀원의 관점을 반영하며, 윤리적 책임을 고려해 지속 가능하고 신뢰받는 비즈니스를 설계하는 것이 필요하다.

공감적 관점

공감적 관점은 고객의 감정과 니즈를 깊이 이해하고 이를 해결책에 반영하는 데 초점을 둔다. 고객의 정서적 경험을 고려한 해결책은 고객 충성도를 높이는 데 기여한다.

Q 프롬프트 예시

1인 가구 도시락 서비스를 사용하는 고객의 주요 불편함과 감정적 니즈를 분석하고, 이를 개선하기 위한 서비스 설계를 제안해 줘.

협업과 팀 역학 관점

협업과 팀 역학 관점은 팀원 간의 강점과 약점을 파악하여 역할을 분담하고, 주기적인 피드백과 소통을 통해 시너지를 창출하는 데 중점을 둔다.

Q 프롬프트 예시

팀원의 역할 분담을 최적화하기 위해 각자의 강점을 활용한 업무 구조를 제안하고, 정기적인 피드백 루프를 설계해 줘.

윤리적 관점

윤리적 관점은 창업 아이디어가 환경, 데이터 프라이버시, 공정 노동 등 윤리적 기준을 충족하는지 초점을 둔다. 이를 통해 신뢰받는 브랜드 이미지를 구축할 수 있다.

Q 프롬프트 예시

1인 가구 도시락 서비스의 윤리적 기준을 충족하기 위해 환경 지속 가능성, 데이터 프라이버시, 공정 노동 관점에서 개선 가능한 방안을 제시해 줘.

자기주도적 피드백 루프

자신의 행동을 돌아보는 데 그치지 않고, 비즈니스 실험을 수행하며 결과를 분석하고 개선 사항을 적용하는 체계적 루틴이다.

Q 프롬프트 예시

이번 도시락 서비스 테스트 결과(시작부터 진행과정 결괏값까지 자세하게 입력)에서 부족했던 점을 분석하고, 이를 개선하기 위한 다음 단계 목표와 구체적 실행 방안을 제시해 줘.

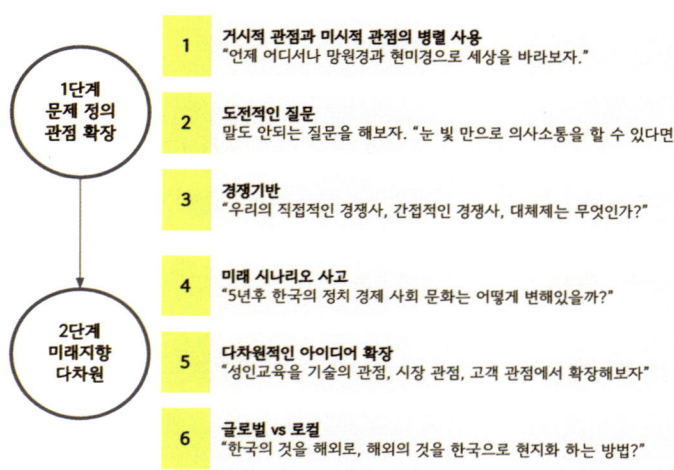

● 4단계와 12가지 핵심 포인트 프로세스 ●

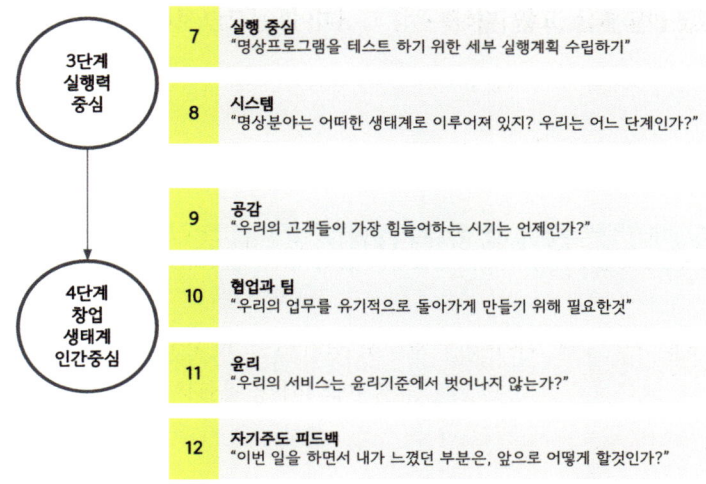

02-6. 창업 아이디어 발상을 위한 프롬프트 단계

창업 아이디어 발상을 위한 프롬프트 구성은 기초, 중급, 고급 단계로 나누어 제안할 수 있다. 다음은 그 프레임워크와 활용 가이드이다.

기초(Basic) 단계: 아이디어 발상의 틀을 잡고, 간단한 문제 정의와 확장형 질문을 통해 "무엇을 할 것인가?"에 대한 개념을 잡는다.

중급(Intermediate) 단계: 특정 산업 분야, 사용자 페르소나, 시장 트렌드 등 더 구체적인 맥락을 반영하여 아이디어를 검증·발전시킨다.

고급(Advanced) 단계: 아이디어에 대한 실행 가능성, 수익 모델 검토, SWOT, 경쟁사 분석 등 현실 적용 요소를 심층 분석해 최적화된 아이디어를 도출한다.

🔹 기초(Basic) 단계

기초 단계에서는 아이디어의 범위를 넓게 설정하고, 문제를 정의하며 발상을 확장할 수 있는 질문을 도출한다.

1. 아이디어 범위 설정

- **역할(Who)** 챗GPT를 혁신적인 아이디어를 발굴하는 전문가로 역할 부여하기.

- **목적(What)** 새로운 제품 혹은 서비스를 구상하는 데 필요한 아이디어 찾기.

- **핵심 프롬프트** 기존에 잘 알려지지 않았지만 해결 가능한 문제나 불편함을 생각해 보고, 창의적인 발상 5가지를 제시하기.

2. 문제 정의 및 확장

- **역할(Who)** 챗GPT를 문제 해결 전문가로 역할주기.

- **목적(What)** 창업을 준비 중인 사람들이 자주 겪는 문제를 진단하고, 그중 해결 가치가 높은 문제 찾기.

- **핵심 프롬프트** 스타트업 창업 과정에서 자주 발생하는 문제와, 이를 해결하기 위한 잠재적 아이디어를 3가지씩 제시하기.

3. 사고 확장형 질문

- **핵심 프롬프트** 학생, 직장인, 예비 창업자 등 다양한 타깃을 설정하고, 각 타깃별로 느낄 수 있는 문제 상황과 해결 아이디어를 한 줄로 정리 요청하기.

▶ 기초 확장 단계

역할(Role) 창업과 사업계획서 작성과 관련된 구체적인 역할을 설정한다. 각 역할은 전문성을 강조하며, 작업의 방향성을 명확히 설정하는 데 도움을 준다.

역할	설명
스타트업 컨설턴트	창업 전략과 아이디어 발굴 전문가
시장 조사 분석가	시장 트렌드 및 경쟁 분석 전문가
제품 혁신가	제품 또는 서비스 혁신 아이디어 전문가
비즈니스 전략가	사업 모델 개발 및 실행 계획 전문가
재무 기획 전문가	재무 계획 및 수익 구조 설계 전문가
마케팅 전문가	고객 타겟팅과 시장 진입 전략 전문가
피치덱 디자이너	투자 유치를 위한 피치덱 작성 전문가
고객 경험 디자이너	고객 경험 설계 및 서비스 개선 전문가
그로스 해커	빠른 성장을 위한 전략 설계 전문가
지속 가능성 어드바이저	지속 가능성 중심의 비즈니스 전문가

작업(Task) AI에게 요구하는 구체적인 작업을 정의한다. 명확한 작업 지침은 효과적인 결과를 얻는 데 필수적이다.

작업	설명
시장 문제 발견	특정 시장에서 해결되지 않은 문제를 발견
창업 아이디어 제안	창의적인 창업 아이디어 제안
시장 트렌드 분석	시장의 주요 트렌드 및 성장 가능성 분석
비즈니스 모델 캔버스 작성	비즈니스 모델 캔버스 작성
사업계획서 요약본 작성	사업계획서의 요약본 작성
재무 계획 수립	비용 구조 및 수익 예측 계획 작성
시장 진입 전략 설계	시장 진입 전략 설계
제품 설명 작성	서비스 또는 제품의 세부 설명 작성
핵심 지표 정의	성과를 측정할 핵심 지표(KPI) 정의
피치덱 준비	투자자 대상 프레젠테이션 자료 작성

형식(Format) 결과물이 제공될 형식을 명확히 지정한다. 형식은 작업의 목적과 활용 방식을 결정한다.

형식	설명
표	데이터를 정리하고 비교하기 위한 표 형식
목록	간단한 아이디어 나열을 위한 리스트 형식
요약	주요 내용을 요약하여 간결하게 전달
엑셀	재무 계획 및 데이터 분석을 위한 엑셀 형식
PPT(파워 포인트)	발표 자료 또는 피치덱 형식
마크다운	간결한 문법으로 정리하고 협업을 돕는 텍스트 형식
보고서	심층적인 분석 및 세부 계획 보고서
캔버스 템플릿	비즈니스 모델 캔버스 템플릿 활용
타임라인	작업 일정 및 계획을 시각적으로 표현
플로우 차트	아이디어 또는 비즈니스 프로세스를 시각화

◆ 예시 프롬프트

Role (역할)	Task (작업)	Format (형식)
스타트업 컨설턴트 창업 전략과 아이디어 발굴 전문가 **시장조사분석가** 시장 트렌드 및 경쟁 분석 전문가	**창업아이디어 제안** 창의적인 창업 아이디어 발굴 **시장트렌드분석** 시장의 주요 트렌드 분석	**목록** 간단한 아이디어 나열 **테이블** 데이터 비교를 위한 표 **요약** 간결하게 요약된 결과

- **스타트업 컨설턴트(역할)로 친환경 제품 창업 아이디어 3개 발굴하기**
- **형식** 목록으로 작성하기

Q 프롬프트

스타트업 컨설턴트 역할로 친환경 제품 시장을 위한 창업 아이디어 3개를 목록 형식으로 작성해 줘.

> **Q** 스타트업 컨설턴트 역할로 친환경 제품 시장을 위한 창업 아이디어 3개를 목록 형식으로 작성해 줘.

1. 친환경 포장재 솔루션

- 생분해성 소재(옥수수 전분, 해조류 기반)로 제작된 포장재를 개발 및 공급하는 스타트업.
- 기존 플라스틱 포장재를 대체할 수 있는 다양한 크기와 형태의 제품 제공.
- 기업 맞춤형 디자인 및 브랜드 협업을 통한 마케팅 전략 강화.

2. 제로웨이스트 라이프스타일 구독 서비스

- 친환경 생활용품(재사용 가능한 빨대, 대나무 칫솔, 천연 세제 등)을 매월 정기 배송하는 구독 서비스.
- 고객의 소비 패턴에 맞춘 맞춤형 제품 추천 및 지속가능한 사용 가이드 제공.
- 포장부터 배송까지 탄소 배출을 최소화한 시스템 도입.

3. 업사이클링 패션 브랜드

– 생략 –

☑️ **기초 단계 프로 팁** 무작정 아이디어 나열하기보다는 문제나 불편함을 먼저 정의한 후 아이디어를 구체화하도록 프롬프트를 작성한다. 관련 없는 답이 나오면 "더 구체적인 문제 해결 방식으로 제시해 달라"고 프롬프트를 재요청한다.

- **마케팅 전문가(역할)로 구독형 커피 서비스를 위한 시장 진입 전략 개발하기**
- **형식** 표로 작성하기

> **Q** 프롬프트

마케팅 전문가 역할로 구독형 커피 서비스를 위한 시장 진입 전략을 주요 지표와 타임라인이 포함된 표 형식으로 작성해 줘.

Q 마케팅 전문가 역할로 구독형 커피 서비스를 위한 시장 진입 전략을 주요 지표와 타임라인이 포함된 표 형식으로 작성해 줘.

구독형 커피 서비스의 시장 진입 전략을 단계별 주요 지표와 타임라인을 포함한 표로 정리했습니다. 확인해보세요.

표 형식이 아닐 때도 있음

구독형 커피 서비스 시장 진입 전략

단계		주요 지표	타임라인
1	시장 조사 및 타겟 설정	잠재 고객 분석, 경쟁사 분석, 시장 규모 파악	0~2개월
2	브랜드 및 제품 개발	브랜드 아이덴티티 확립, 제품 라인업 구성, 공급망 구축	2~4개월
3	초기 마케팅 및 런칭	초기 고객 확보(구독자 수), SNS 팔로워 수, 웹사이트 방문자 수	4~6개월
4	확장 및 최적화	구독자 유지율, 재구독률, 고객 만족도 조사 결과	6~12개월

- **제품 혁신가(역할)로 소셜 미디어 광고의 혁신적인 아이디어 제안하기**
- **형식** 요약으로 작성하기

Q 프롬프트

제품 혁신가 역할로서 소셜 미디어 광고를 개선하기 위한 혁신적인 아이디어를 요약 형식으로 작성해 줘.

Q 제품 혁신가 역할로서 소셜 미디어 광고를 개선하기 위한 혁신적인 아이디어를 요약 형식으로 작성해 줘.

1. AI 기반 맞춤형 광고 생성

- 고객의 관심사와 행동 데이터를 분석해 실시간으로 개인화된 광고 콘텐츠 제작.

- 소비자의 구매 여정 단계에 맞춘 최적의 메시지와 디자인 자동 적용.

2. 인터랙티브 쇼핑 광고

● 광고 내에서 제품을 360도 회전하거나 색상·옵션을 직접 변경해볼 수 있는 인터랙티브 기능 도입.

● 즉시 구매 가능하도록 소셜 미디어 플랫폼 내 결제 기능 연동.

3. AR(증강현실) 체험형 광고

– 생략 –

- **스타트업 멘토(역할)로 음식 배달 서비스 비즈니스 모델 캔버스 작성하기**
- **형식** 캔버스 템플릿으로 작성하기

Q 프롬프트

스타트업 멘토로서 음식 배달 서비스의 비즈니스 모델 캔버스를 캔버스 템플릿 형식으로 작성해 줘.

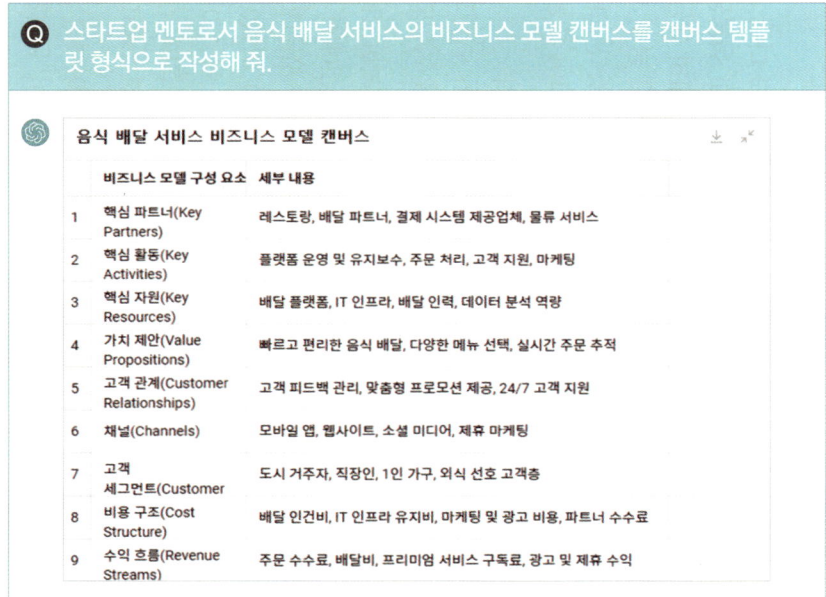

▶ 중급(Intermediate) 단계

중급 단계에서는 특정 산업 혹은 고객 군, 트렌드 등을 반영해 아이디어를 보다 구체화한다.

1. 세분화된 고객 페르소나 적용

- **역할(Who)** 챗GPT를 혁신적인 시장 조사 전문가로 역할 부여하기.
- **목적(What)** 특정 고객 군(예시 20대 여성, 40대 직장인, 시니어 세대 등)에 맞춰 적합한 아이디어 찾기.
- **핵심 프롬프트** 20대 직장인 여성으로서, '퇴근 후 학습'이나 '커리어 전환'에 관심이 많다고 가정했을 때, 이들의 필요를 해결해 줄 수 있는 서비스 아이디어를 세 가지와 각 아이디어의 핵심 가치와 잠재 시장 규모 제안하기.

> **Q** 20대 여성에게 있어, '퇴근 후 학습'이나 '커리어 전환'에 관심이 있다고 가정했을 때, 관계의 필요를 해결해 줄 수 있는 서비스 아이디어를 세 가지 제안하고, 각 아이디어의 핵심 가치와 시장 규모를 판단해 줘.

퇴근 후 학습과 커리어 전환에 관심이 많은 20대 직장인 여성을 위한 서비스 아이디어를 제안하고, 각 아이디어의 핵심 가치와 잠재 시장 규모를 정리했습니다.

계속해서 학습하고 전환해 보세요.

	서비스 아이디어	핵심 가치	잠재 시장 규모(추정)
1	맞춤형 온라인 커리어 코칭 플랫폼	개인의 경력 목표에 맞춘 1:1 커리어 코칭 및 경력 개발 로드맵 제공	약 5조 원 (온라인 교육 및 코칭 시장 성장률 반영)
2	퇴근 후 단기 집중 스킬업 클래스	짧은 시간에 실무 중심의 스킬을 익힐 수 있는 온·오프라인 강의 제공	약 3조 원 (직장인 대상 단기 교육 시장 확대 추세)
3	여성 전용 커뮤니티 기반 네트워킹 앱	유사한 목표를 가진 여성들과의 네트워킹 및 정보 공유로 커리어 성장 지원	약 2조 원 (여성 중심 커뮤니티 및 소셜 네트워킹 시장 기반)

2. 시장 트렌드 + 경쟁사 분석 적용

- **역할(Who)** 챗GPT를 스타트업 액셀러레이터 전문가로 역할 부여하기.

- **목적(What)** 현재 시장 트렌드, 경쟁자들의 전략, 특허 동향 등을 참고하여 경쟁 우위를 갖출 수 있는 아이디어 찾기.

- **핵심 프롬프트** 최근 3년간 급성장 중인 (예시 헬스케어, 에듀테크, 푸드테크) 분야의 시장 데이터를 바탕으로, 아직 경쟁이 심하지 않은 니치(niche) 시장 아이디어를 3가지와 각 아이디어가 해결할 문제와 예상되는 경쟁사를 간단히 분석하기.

> **Q** 최근 3년간 급성장 중인 (예시 헬스케어, 에듀테크, 푸드테크) 분야의 시장 데이터를 바탕으로, 아직 경쟁이 심하지 않은 니치(Niche) 시장 아이디어 3가지와 각 아이디어가 해결할 문제와 예상되는 경쟁사를 간단히 분석해 줘.

최근 3년간 헬스케어, 에듀테크, 푸드테크 분야는 급성장하고 있습니다. 이러한 성장세 속에서 경쟁이 덜한 니치 시장을 공략할 수 있는 세 가지 아이디어를 제안하고, 각 아이디어가 해결할 문제와 예상되는 경쟁사를 간단히 분석해 보겠습니다.

1. 초개인화 헬스케어 데이터 분석 서비스

- 해결할 문제: 개인의 건강 상태와 생활 습관에 맞춘 맞춤형 건강 관리의 필요성이 증가하고 있습니다. 그러나 현재의 헬스케어 서비스는 일반화된 정보를 제공하는 경우가 많아, 개인별 특성을 충분히 반영하지 못하고 있습니다.

- 예상 경쟁사 분석: 현재 헬스케어 데이터 분석 시장은 성장 중이며, 일부 기업들이 개인 맞춤형 서비스를 제공하고 있습니다. 그러나 초개인화된 데이터 분석 서비스를 전문적으로 제공하는 기업은 아직 많지 않아, 경쟁이 비교적 덜한 편입니다.

2. AR/VR 기반 실습형 에듀테크 플랫폼

- 생략 -

3. 문제 해결 프로세스 제안

- **핵심 프롬프트** 제안된 아이디어 중 하나를 선택한 뒤, 이 아이디어를 프로토타입으로 옮기기 위한 단계별 프로세스(아이디어 검증, MVP 개발, 시장 테스트 등)를 구체적으로 나열하기.

> **Q** 푸드테크, 이 아이디어를 프로토타입으로 옮기기 위한 단계별 프로세스(아이디어 검증, MVP 개발, 시장 테스트 등)를 구체적으로 작성해 줘.

프로토타입 개발을 위한 단계별 프로세스

1단계: 아이디어 검증 (0~2개월)

- 시장 조사

  - 주요 타겟층(20~40대 직장인, 건강관리 관심층)의 식단 관리 니즈 파악.

  - 경쟁 서비스(마이핏, 눔 등) 분석 및 차별화 요소 도출.

- 고객 인터뷰 및 설문조사

  - 잠재 사용자 대상 인터뷰 및 설문조사 실시.

  - 개인 맞춤형 식단 추천의 중요도와 유료 서비스 수용 가능성 확인.

- 기시장 타당성 분석

  - 시장 규모, 성장 가능성, 트렌드 분석을 통해 시장 진입 전략 수립.

2단계: MVP(Minimum Viable Product) 개발 (2~5개월)

- 핵심 기능 정의

  - AI 기반 맞춤형 식단 추천(체중, 건강 상태, 알레르기, 식습관 반영).

  - 영양 정보 제공 및 칼로리 · 영양소 분석.

  – 생략 –

☑ **중급 단계 프로 팁** 구체적인 지표(시장 규모, 경쟁사 수, 성장률 등)를 포함하여 프롬프트를 작성하면, 더욱 현실적인 아이디어를 도출해 준다. 역할 설정(전문가, 컨설턴트, 사용자 등)을 다르게 적용하여 같은 주제에 대해서도 다양한 관점의 답변을 얻을 수 있다.

▶ 고급(Advanced) 단계

고급 단계에서는 아이디어를 실제로 구현하고, 비즈니스 모델을 구체화하면서 사업성·차별화 전략·리스크 등을 심층 분석한다.

1. 비즈니스 모델 캔버스 기반 확장

- **역할(Who)** 비즈니스 모델 전문가이자 벤처투자 심사 역할 부여하기.

- **목적(What)** 비즈니스 모델 캔버스(고객 군, 가치 제안, 채널, 수익구조, 핵심 활동 등)를 기준으로 아이디어를 체계적으로 검토하고 고도화하기.

- **핵심 프롬프트** 다음 아이디어를 비즈니스 모델 캔버스의 요소별로 자세히 분석 요청하기.

    - 고객 군
    - 가치 제안
    - 채널/고객 관계
    - 핵심 활동
    - 핵심 자원
    - 파트너십
    - 비용 구조
    - 수익 구조

> **Q** 다음 아이디어를 비즈니스 모델 캔버스의 각 요소별로 자세히 분석해 줘.
> - 고객 군
> - 가치 제안
> - 채널/고객 관계
> - 핵심 활동
> - 핵심 자원
> - 파트너십
> - 비용 구조
> - 수익 구조
>
> 또한, 각 요소에서 고려해야 할 리스크와 해결 방안을 함께 제시해 줘.

비즈니스 모델 캔버스 분석

1. 고객 군 (Customer Segments)

- 주요 타겟층

– 건강 관리 및 다이어트에 관심 있는 20~40대 직장인.

– 특정 질환(당뇨, 고혈압 등)으로 식단 관리가 필요한 사람.

– 헬스/피트니스 마니아 및 운동을 즐기는 사람.

– 바쁜 일정으로 간편한 식단 관리가 필요한 1인 가구.

- 리스크

– 특정 연령대나 취향에 편중된 서비스 제공 가능성.

- 해결 방안

– 다양한 연령과 관심사를 반영한 개인화 옵션 강화.

– 초기 사용자 피드백을 통해 고객 세분화 및 타겟 조정.

2. 가치 제안 (Value Propositions)

- 핵심 가치

– 생략 –

2. 재무 및 수익 모델 시뮬레이션

- **역할(Who)** 재무 전문가 역할 부여하기.

- **목적(What)** 초기 투자금 대비 예상되는 매출·비용·손익분기점 등을 분석하고, 단기·중장기 관점에서 수익 모델을 점검하기.

- **핵심 프롬프트** 아이디어를 실제 사업으로 전개했을 때, 첫 1년차와 3년차 기준으로 예상 매출·비용·손익분기점(BEP) 시점을 간략히 추정해 줘. 추정 근거와 가정(예시 월간 성장률, 시장 점유율)은 논리적으로 설명하기.

> **Q** 아이디어를 실제 사업으로 전개했을 때, 첫 1년차와 3년차 기준으로 예상 매출·비용·손익분기점(BEP) 시점을 간략히 추정해 줘. 추정 근거와 가정(예시 월간 성장률, 시장 점유율)은 논리적으로 설명하기.

AI 기반 식단 추천 앱의 1년차 및 3년차 기준 예상 매출, 비용, 순이익과 손익분기점 도달 예상 사용자 수를 추정한 결과를 제공했습니다.

구분	예상 매출(원)	예상 비용(원)	예상 순이익(원)	손익분기점 도달 예상 사용자 수
1 1년차	290016674	137005002	153011672	-
2 3년차	5498977387	1699693216	3799284171	-
3 손익분기점(BEP)	-	-	-	7143

AI 기반 식단 추천 앱 1년차 및 3년차 재무 추정

3. SWOT 및 차별화 전략 심층 분석

- **역할(Who)** 전략 컨설턴트 역할 부여하기.

- **목적(What)** 아이디어의 장단점을 명확히 파악하고, 경쟁 우위를 확보하기 위한 차별화 전략을 마련하기.

- **핵심 프롬프트** 다음 아이디어의 SWOT 분석(강점, 약점, 기회, 위협)을 수행하고, 각 요소를 보완하거나 극대화하기 위한 차별화 전략을 3가지 이상 제안하기.

> **Q** 다음 아이디어의 SWOT 분석(강점, 약점, 기회, 위협)을 수행하고, 각 요소를 보완하거나 극대화하기 위한 차별화 전략을 3가지 이상 제안하기.
>
> ### SWOT 분석
>
> **1. 강점 (Strengths)**
> - AI 기반 개인 맞춤형 식단 추천으로 차별화된 서비스 제공.
> - 데이터 기반 건강 관리(체중, 영양소 섭취, 운동 기록 등) 기능 통합.
> - 간편한 UX/UI 디자인으로 지속적 사용 유도.
>
> **2. 약점 (Weaknesses)**
> - 초기 사용자 확보 및 신뢰성 부족.
> - AI 추천 정확도에 대한 신뢰 부족.
> - 개인정보 보호 및 데이터 보안 우려.
>
> **3. 기회 (Opportunities)**
> - 건강 및 웰니스 시장 성장과 개인 맞춤형 건강 관리 수요 증가.
> - 헬스케어 IoT 디바이스와 연동을 통한 서비스 확장 가능성.
>
> – 생략 –

◆ 고급 확장: 메가 프롬프트

메가 프롬프트는 단계적이고 체계적인 작업 진행에 적합하다. 창업자의 장기적인 계획이나 복잡한 프로젝트 설계에 유용하다.

Simulate Persona(인물 시뮬레이션) AI에게 특정 역할(인물)을 맡도록 요청한다.

예시

스타트업 멘토, 데이터 분석가, UX 디자이너

Task(작업 정의) AI가 수행해야 할 구체적인 작업을 명시한다.

예시

사업계획서의 요약본 작성, 친환경 제품 시장에 대한 아이디어 발굴

Steps to Complete Task(작업 수행 단계) 작업을 완료하기 위한 단계나 절차를 제공한다.

예시

1. 문제를 정의한다. 2. 시장 조사를 수행한다. 3. 아이디어를 제안한다.

Context/Constraints(맥락 및 제한 조건) 작업에 필요한 배경 정보와 제한 조건을 명시한다.

예시

대상 고객은 20~30대 직장인, 결과는 200단어 이내로 작성

Goal(목표 설정) 작업의 최종 목적을 정의한다.

예시

투자자를 설득하기 위한 피치덱 작성, 시장 진입 전략 개발

Format Output(결과물 형식 지정) 결과물을 전달할 형식을 지정합니다.

예시

표 형식, 요약 형식, PPT 슬라이드 형식

◆ 활용 사례: 창업 아이디어 발굴

- **Simulate Persona** 스타트업 컨설턴트 역할.

- **Task** 3가지 창업 아이디어 작성.

- **Steps**
  - 시장 트렌드 분석
  - 고객 페인포인트 정의
  - 솔루션 제안

- **Context** 목표 고객은 30대 초반 직장인, 아이디어는 자기계발 중심.

- **Goal** 투자 유치를 위한 창의적인 아이디어 개발.

- **Format Output** 목록 형식.

> **Q** 창업 아이디어 발굴
> Simulate Persona: 스타트업 컨설턴트 역할
> Task: 3가지 창업 아이디어 작성
> Steps:
> - 시장 트렌드 분석
> - 고객 페인포인트 정의
> - 솔루션 제안
> Context: "목표 고객은 30대 초반 직장인", "아이디어는 자기계발 중심"
> Goal: 투자 유치를 위한 창의적인 아이디어 개발
> Format Output: 목록 형식

🌀 30대 초반 직장인 대상 자기계발 중심 창업 아이디어

1. AI 기반 맞춤형 커리어 성장 플랫폼

- 시장 트렌드 분석

- 직장인들의 경력 전환 및 스킬업 수요 증가.

- AI 기술을 활용한 개인화 서비스 확산.

- 고객 페인포인트

- 무분별한 정보로 인해 효율적인 경력 개발 방법을 찾기 어려움.

- 개인별 역량에 맞춘 경력 로드맵 부재.

- 솔루션 제안

- AI가 개인의 경력, 스킬, 관심 분야를 분석해 맞춤형 경력 개발 로드맵 제공.

- 업계 전문가와의 멘토링 연결 및 실무 중심의 온라인 강의 추천.

- 경력 목표 달성을 위한 실시간 진척도 추적 기능 제공.

2. 마이크로 러닝 기반 퇴근 후 자기계발 앱

- 시장 트렌드 분석

- 짧은 시간에 집중적으로 학습할 수 있는 마이크로 러닝 콘텐츠 인기.

- 직장인의 퇴근 후 자기계발 수요 증가.

- 고객 페인포인트

- 긴 강의나 학습 콘텐츠에 대한 집중력 부족.

- 바쁜 일정으로 장시간 학습이 어려움.

- 솔루션 제안

- 루 10~15분 만에 끝낼 수 있는 짧고 핵심적인 강의 콘텐츠 제공

― 생략 ―

☑ **고급 단계 프로 팁** 실제 투자심사위원 또는 전문가 시뮬레이션으로 질문을 세분화하면, 창업 아이디어에 대해 냉철한 평가를 받게 되어 실행력 높은 아이디어를 검증할 수 있다. 데이터나 지표(가설 포함)와 함께 '왜 그렇게 가정했는지'에 대한 설명을 구체적으로 요구하자.

02-7. 소크라테스 산파술 프롬프트 자문자답

자신이 선택한 창업 아이템에 대해 탐구를 시작해 보자. 이 아이템이 고객과 시장에 가져올 변화를 진정으로 이해하고, 그 가능성을 명확히 하기 위해 스스로에게 중요한 질문을 던져보자. 소크라테스 산파술 프롬프트는 당신의 내면에 이미 존재하는 통찰을 발견하고, 실행 가능한 방향으로 구체화하는 데 목적이 있다. 먼저, 지금 이 순간 당신이 가장 답을 찾고 싶은 질문은 무엇인가? 다음의 질문을 그대로 챗GPT 프롬프트에 입력해도 된다.

◆ 탐구의 시작

무지 선언과 문제 정의

현재의 가정을 점검하고, 진정으로 탐구해야 할 문제를 설정해 보자.

Q 프롬프트 예시

이 창업 아이템에 대해 당신은 무엇을 알고 있다고 생각합니까? 그러나 무엇이 여전히 불분명하다고 느끼나요?

Q 프롬프트 예시

이 아이템이 성공하기 위해 가장 중요한 질문은 무엇인가요?

Q 프롬프트 예시

왜 이 질문을 해결하는 것이 당신에게 중요하다고 생각하나요?

◆ 탐구의 본질

정의와 본질을 규명하기

창업 아이템의 본질과 문제의 핵심을 명확히 정의하자.

Q 프롬프트 예시

이 창업 아이템의 핵심 가치는 무엇이라고 생각하나요? 이 가치가 당신의 경험과 어떻게 연결되나요?

Q 프롬프트 예시

고객이 겪고 있는 문제를 한 문장으로 정의한다면, 당신은 어떻게 표현할 것인가요?

Q 프롬프트 예시

당신이 설정한 문제 정의가 틀릴 가능성은 무엇인가요? 왜 그렇게 생각하나요?

◆ 대화의 확장

관점의 다양화

다양한 시각과 접근법을 통해 문제를 더 넓게 심층적으로 이해하자.

Q 프롬프트 예시

고객의 입장에서 이 아이템을 본다면, 그들은 무엇을 기대하고 두려워할까요?

Q 프롬프트 예시

이 아이템을 다른 산업이나 트렌드와 연결하면 어떤 통찰을 얻을 수 있을까요?

Q 프롬프트 예시

이 아이템이 지금 해결하지 못하는 문제를 해결하려면 어떤 대안을 상상할 수 있을까요?

◆ 수렴의 단계

진리 탐구

논리적이고 실현 가능한 결론을 도출하자.

Q 프롬프트 예시

지금까지의 답변을 바탕으로, 가장 신뢰할 만한 해결책은 무엇인가요?

> **Q 프롬프트 예시**

이 결론이 당신의 기존 가정과 어떻게 조화를 이루나요? 또 어떻게 충돌하나요?

> **Q 프롬프트 예시**

이 해결책을 실행으로 옮기기 위해 지금 당장 해야 할 가장 중요한 일은 무엇인가요?

◆ 재검토와 교정

통찰의 검증

도출된 결론과 해결책의 약점을 점검하고 보완하자.

> **Q 프롬프트 예시**

이 결론이 틀렸다면 그 이유는 무엇일까요? 어떤 조건이 바뀌면 이 결론이 실패할 가능성이 있을까요?

> **Q 프롬프트 예시**

이 아이템의 약점은 무엇이며, 이를 극복하기 위해 어떤 방안을 고려해야 하나요?

> **Q 프롬프트 예시**

다른 사람에게 이 아이템의 가치를 설득하려면 어떤 점을 강조하고, 무엇을 더 준비해야 할까요?

살펴본 것처럼 소크라테스의 산파술을 활용한 질문은 창업자가 자신의 아이템에 대해 더 깊이 성찰하고, 문제의 본질과 가능성을 탐구하며, 실행 가능한 방향성을 스스로 도출하도록 돕는 강력한 도구다. 이러한 대화 과정을 통해 창업자는 아이템에 대한 자신감을 강화하고, 약점을 보완하며, 더 나은 전략을 설계할 수 있다. 결국, 정답은 외부에 있는 것이 아니라 창업자 자신의 내면에 있음을 깨닫게 하는 것이 이 프롬프트 구조의 궁극적인 목적이다.

> **Q 탐구의 시작: 무지 선언과 문제 정의**
> 현재의 가정을 점검하고, 진정으로 탐구해야 할 문제를 설정해 보자.
> 프롬프트 예시
> 1) 이 창업 아이템에 대해 당신은 무엇을 알고 있다고 생각합니까? 그러나 무엇이 여전히 불분명하다고 느끼나요?
> 2) 이 아이템이 성공하기 위해 가장 중요한 질문은 무엇인가요?"
> 3) 왜 이 질문을 해결하는 것이 당신에게 중요하다고 생각하나요?

AI 기반 맞춤형 커리어 성장 플랫폼에 대한 탐구 질문

1. 이 창업 아이템에 대해 당신은 무엇을 알고 있다고 생각합니까? 그러나 무엇이 여전히 불분명하다고 느끼나요?

- 알고 있는 것

- 30대 초반 직장인은 경력 성장과 자기계발에 높은 관심을 가지고 있음.

- AI 기술을 활용한 개인화 서비스가 시장에서 빠르게 성장 중임.

- 전문가 멘토링, 맞춤형 교육 콘텐츠 제공은 수요가 높음.

- 불분명한 것

- 고객이 실제로 어떤 방식의 커리어 개발을 선호하는지(자격증, 실무 스킬, 경력 전환 등).

- AI 기반 추천 서비스에 대한 신뢰도와 만족도는 어떠한지.

- 고객이 지불할 의향이 있는 서비스 가격대와 수익 모델의 적정성.

2. 이 아이템이 성공하기 위해 가장 중요한 질문은 무엇인가요?

- 핵심 질문

- 고객이 실제로 개인화된 커리어 성장 서비스를 통해 어떤 문제를 해결하길 원하는가?

- AI 추천 기능이 사용자에게 얼마나 신뢰성과 효용성을 제공할 수 있는가?

– 생략 –

03 프롬프트로 아이디어에 날개 달기

03-1. AI 브레인스토밍 테크닉

AI 브레인스토밍은 창업자의 한계를 깨고 혁신적인 아이디어를 이끌어내는 강력한 도구다. 예상치 못한 조합과 통찰을 제공하며, 창의적 사고를 극대화한다.

◆ 역할 기반 브레인스토밍

AI에게 다양한 전문가 역할을 부여하여 다각도의 아이디어 얻는다.

Q 프롬프트 예시

챗GPT 너는 이제 다음 5가지 역할을 맡게 된다.

1) 실리콘밸리의 성공한 스타트업 창업자.

2) 베테랑 벤처 캐피탈리스트.

3) 트렌드 분석가.

4) 사용자 경험 전문가.

5) 기술 혁신가. 각 역할의 관점에서 '미래의 원격 의료 서비스'에 대한 혁신적인 스타트업 아이디어를 제안하기.

각 아이디어에 대해 다음 사항을 포함해 설명하기.

- 서비스의 핵심 가치 제안
- 타겟 고객층과 그들의 구체적인 니즈

- 주요 기술적 요소와 혁신점
- 수익 모델 및 성장 전략
- 예상되는 도전 과제와 극복 방안

[프로 팁]

1) 역할을 선정할 때, 해당 분야와 직접적으로 관련된 전문가 뿐만 아니라, 다른 산업의 전문가 역할도 포함시켜 보다 다양한 시각을 얻을 수 있다.

2) 각 역할별 제안을 받은 후, 이들 아이디어를 종합하여 더욱 발전된 형태의 아이디어를 만들어낼 수 있다.

◆ 제약 조건 활용

특정 제약을 설정하여 AI가 창의적 해결책을 찾도록 유도한다.

Q 프롬프트 예시

초기 투자금 5000만원으로 시작할 수 있는 B2B SaaS 스타트업 아이디어를 제안해 줘. 다음 조건을 모두 충족해야 한다.

1) 개발 인력 2명으로 6개월 내에 MVP 출시가 가능할 것.

2) 월 고정 운영비가 300만원 이하일 것.

3) 첫 해에 100개 이상의 기업 고객 확보가 가능할 것.

4) 고객 확보를 위한 대규모 마케팅 예산이 필요하지 않을 것.

5) 구독형 모델로 안정적인 수익 창출이 가능할 것.

각 아이디어에 대해 다음 사항을 포함해 상세히 설명해 줘.

- 서비스의 핵심 기능과 가치 제안
- 구체적인 타겟 기업 고객군
- MVP 개발 계획 및 주요 기능
- 초기 고객 확보 전략
- 6개월, 1년, 3년 차의 예상 매출 및 손익 계획

[프로 팁]

1) 제약 조건을 설정할 때, 재무적 제약, 시간적 제약, 인력 제약, 기술적 제약 등 다양한 측면을 고려한다.

2) 처음에는 강한 제약을 두고, 점차 제약을 완화하면서 아이디어의 확장 가능성을 탐색할 수 있다.

3) 서비스의 핵심 가치 제안.

4) 타겟 고객층과 그들의 구체적인 니즈.

◆ 시나리오 기반 발상

가상의 미래 시나리오를 설정하고 그에 맞는 아이디어를 생성한다.

Q 프롬프트 예시

2030년, 다음과 같은 상황을 가정해 봐.

- 전 세계 인구의 30%가 메타버스에서 하루 4시간 이상을 보낸다.
- 대부분의 직장인이 주 4일 근무제를 채택하고 있다.
- AI가 많은 단순 업무를 대체하여 창의적 직종의 수요가 크게 증가했다.
- 기후 변화로 인해 친환경 기술과 서비스에 대한 수요가 폭발적으로 늘어났다.
- 개인의 건강 데이터를 실시간으로 모니터링하는 것이 일반화되었다.

이러한 환경에서 성공할 수 있는 새로운 비즈니스 모델을 5가지 제안해 줘. 각 아이디어에 대해 다음 사항을 포함해 설명해 줘

1) 비즈니스 모델의 개요와 핵심 가치 제안.

2) 이 비즈니스가 2030년 시나리오에서 성공할 수 있는 이유.

3) 주요 고객층과 그들의 페인 포인트.

4) 필요한 핵심 기술과 자원.

5) 예상되는 사회적, 경제적 영향.

6) 잠재적인 위험 요소와 대응 전략.

[프로 팁]

1) 다양한 미래 시나리오를 설정하여 여러 가지 가능성을 탐색한다.

2) 현재의 트렌드를 바탕으로 합리적인 미래 예측을 하되, 때로는 과감한 가정을 통해 파격적인 아이디어를 유도할 수 있다.

◆ 키워드 조합

무작위로 선택된 키워드들을 조합하여 예상치 못한 아이디어를 도출한다.

ⓠ 프롬프트 예시

다음 키워드들을 조합하여 혁신적인 스타트업 아이디어를 5가지 제안해 줘. '블록체인', '정신 건강', '반려동물', '재활용', 'AI' '요가'.

각 아이디어에 대해 다음 사항을 자세히 설명해 줘.

1) 스타트업의 사업 모델 개요.

2) 각 키워드가 어떻게 비즈니스에 통합되었는지.

3) 핵심 고객층과 그들의 니즈.

4) 주요 수익원.

5) 필요한 핵심 기술과 자원.

6) 기존 시장이나 서비스와의 차별점.

7) 초기 마케팅 및 고객 확보 전략.

8) 잠재적인 사회적 영향.

[프로 팁]

1) 키워드 선정 시 다양한 분야(기술, 사회 이슈, 산업 분야 등)에서 골고루 선택한다.

2) 처음에는 관련성 없어 보이는 키워드 조합에서도 연결점을 찾으려고 노력한다.

3) 생성된 아이디어를 바탕으로 추가적인 브레인스토밍을 진행하여 아이디어를 발전시킬 수 있다.

◆ 빠른 아이디어 생성

짧은 시간 내에 많은 아이디어를 생성하는 방식이다.

❓ 프롬프트 예시

'도시 교통 체증 문제'를 해결할 수 있는 아이디어를 최대한 많이 나열해 줘. 아이디어의 실현 가능성은 고려하지 말고, 가능한 한 다양하고 창의적인 아이디어를 제시해 줘.

[프로 팁]
1) 생성된 아이디어 중 가능성 있는 것들을 선별하여 더 깊이 발전시킨다.
2) 여러 번 반복하여 다양한 각도에서 아이디어를 탐색한다.

◆ 고객 중심 아이디어 발상

특정 고객 그룹의 니즈에 초점을 맞춘 아이디어를 생성한다.

❓ 프롬프트 예시

Z세대 대학생들이 가장 많이 고민하는 주제 5가지를 나열하고, 각 고민을 해결할 수 있는 모바일 앱 아이디어를 제안해 줘. 각 아이디어에 대해 다음 사항을 포함해 설명해 줘.

1) 고민의 구체적인 내용과 그 원인.

2) 앱의 주요 기능과 사용 시나리오.

3) 이 앱이 어떻게 사용자의 문제를 해결하는지 설명.

4) 유사 앱과의 차별점.

5) 수익화 방안.

6) 초기 사용자 확보 및 바이럴 전략.

[프로 팁]
1) 특정 고객 그룹에 대한 심층적인 이해가 선행되어야 한다.
2) 고객의 표면적인 요구 사항뿐만 아니라 근본적인 니즈를 파악하려 노력한다.

◆ 트렌드 기반 아이디어 발상

최신 트렌드를 반영한 아이디어를 생성한다.

ⓠ 프롬프트 예시

2025년 유망할 것으로 예상되는 기술 트렌드 5가지를 나열하고, 각 트렌드를 활용한 새로운 B2B SaaS 서비스 아이디어를 제안해 줘. 각 아이디어에 대해 다음 사항을 포함해 설명해 줘.

1) 활용된 기술 트렌드와 그 특징.

2) 서비스의 핵심 가치 제안.

3) 주요 타겟 기업군과 그들의 페인 포인트.

4) 주요 기능 및 사용 시나리오.

5) 기존 솔루션과의 차별점.

6) 예상되는 도입 장벽과 극복 방안.

7) 수익 모델 및 가격 책정 전략.

8) 초기 고객 확보 전략.

[프로 팁]
1) 트렌드 분석 시 기술적 트렌드 뿐만 아니라 사회, 경제, 환경적 트렌드도 함께 고려한다.
2) 단기적 트렌드와 장기적 트렌드를 구분하여 분석한다.

◆ 문제 중심 접근

특정 문제에 초점을 맞추어 해결책을 모색하는 방식이다.

ⓠ 프롬프트 예시

현재 존재하는 문제 중 해결되지 않은 것은 무엇인가요? '노인 고립' 문제에 대해 다음과 같은 해결책을 제시해 줘.

1) 기술을 활용한 해결책.

2) 커뮤니티 기반 해결책.

3) 정책적 해결책.

4) 비즈니스 모델을 통한 해결책.

5) 교육/인식 개선을 통한 해결책.

각 해결책에 대해 다음 사항을 포함해 설명해 줘.
- 해결책의 구체적인 실행 방안
- 예상되는 효과와 한계점
- 필요한 자원과 협력 파트너
- 실행 시 예상되는 어려움과 극복 방안

[프로 팁]
1) 문제의 근본 원인을 파악하려 노력한다.
2) 다양한 이해관계자의 관점에서 문제를 바라본다.

◆ 아이디어 융합

서로 다른 아이디어나 개념을 결합하여 새로운 아이디어를 창출한다.

Q 프롬프트 예시

다음 세 가지 성공적인 비즈니스 모델을 결합하여 새로운 스타트업 아이디어를 제안해 줘.

1) 에어비앤비의 공유 경제 모델.

2) 넷플릭스의 구독 기반 스트리밍 서비스.

3) 인스타그램의 소셜 미디어 플랫폼.

이 세 가지 모델의 핵심 요소를 창의적으로 조합하여 완전히 새로운 서비스를 구상해 줘. 다음 사항을 포함해 설명해 줘.
- 새로운 서비스의 개요와 핵심 가치 제안

- 각 비즈니스 모델에서 차용한 요소와 그 이유
- 주요 타겟 고객층과 그들의 니즈
- 수익 모델 및 운영 방식
- 이 서비스가 가져올 수 있는 사회적, 경제적 영향

[프로 팁]
1) 단순히 기존 모델을 조합하는 것이 아니라, 각 모델의 핵심 가치를 이해하고 이를 새로운 맥락에서 재해석하려 노력한다.
2) 다양한 산업과 분야의 성공 사례를 지속적으로 연구하고 분석한다.

◆ 역발상

문제나 상황을 반대로 생각하여 새로운 관점의 아이디어를 도출한다.

Q 프롬프트 예시

'고객 만족도를 높이는 방법' 대신 '고객 만족도를 떨어뜨리는 방법'에 대해 10가지 아이디어를 제시해 줘. 그리고 각 아이디어의 정반대 개념을 활용하여 혁신적인 고객 서비스 개선 방안을 도출해 줘.

프로 팁
- 고정 관념에서 벗어나 새로운 시각으로 문제를 바라볼 수 있다.
- 당연하게 여겼던 것들에 대해 재고할 기회를 제공한다.
- 예상치 못한 혁신적 아이디어를 발견할 수 있다.

◆ 유추적 사고

다른 분야나 자연에서 영감을 얻어 새로운 아이디어를 창출한다.

Q 프롬프트 예시

자연계의 '공생' 현상에서 영감을 받아, 서로 다른 업종 간의 협력을 통해 만들 수 있는 새로운 비즈니스 모델을 5가지 제안해 줘. 그리고 각 아이디어에 대해 협력하는 업종, 시너지 효과, 그리고 이 모델이 해결할 수 있는 사회적 문제를 설명해 줘.

[프로 팁]
1) 전혀 다른 분야의 원리를 적용하여 혁신적인 해결책을 찾을 수 있다.
2) 복잡한 문제를 새로운 관점에서 단순화할 수 있다.
3) 직관적이고 창의적인 사고를 촉진한다.

◆ 극단적 사고

현실적 제약을 무시하고 극단적인 상황을 가정하여 아이디어를 발상한다.

Q 프롬프트 예시

모든 사람이 텔레파시 능력을 갖게 되는 세상을 가정해 보고, 이러한 환경에서 새롭게 필요해질 제품이나 서비스 아이디어를 10가지 제안해 줘. 각 아이디어에 대해 구체적인 사용 시나리오와 잠재적 시장 규모를 설명해 줘.

[프로 팁]
1) 기존의 제약에서 벗어나 완전히 새로운 아이디어를 도출할 수 있다.
2) 미래의 급격한 변화에 대비한 혁신적 아이디어를 얻을 수 있다.
3) 현재 기술의 한계를 뛰어넘는 아이디어를 구상할 수 있다.

◆ 연관성 강제 결합법

서로 관련이 없어 보이는 개념을 강제로 연결하여 새로운 아이디어를 만든다.

Q 프롬프트 예시

우산, 블록체인, 반려동물이라는 세 가지 키워드를 모두 포함하는 새로운 제품 또는 서비스 아이디어를 5가지 제안해 줘. 그리고 각 아이디어에 대해 제품/서비스의 주요 기능, 타겟 고객, 그리고 이 아이디어가 해결할 수 있는 문제를 설명해 줘.

[프로 팁]
1) 전혀 예상치 못한 혁신적인 아이디어를 얻을 수 있다.
2) 창의적 사고를 자극하고 고정 관념을 깰 수 있다.
3) 서로 다른 분야를 융합한 새로운 비즈니스 모델을 발견할 수 있다.

◆ 미래 회고

미래의 특정 시점에서 현재를 돌아보는 방식으로 아이디어를 발상한다.

Q 프롬프트 예시

2030년에서 현재를 돌아본다고 가정해보세요. '2025년도 가장 혁신적인 스타트업 10선'이라는 기사를 작성해 줘. 각 스타트업의 비즈니스 모델, 성공 요인, 그리고 사회에 미친 영향을 포함해 설명해 줘.

[프로 팁]
1) 장기적 관점에서 아이디어의 가치와 영향을 평가할 수 있다.
2) 현재의 제약에서 벗어나 더 자유롭게 사고할 수 있다.
3) 미래 트렌드를 예측하고 선제적으로 대응하는 아이디어를 얻을 수 있다.

◆ 무작위 입력법

무작위로 선택된 단어나 개념을 활용하여 새로운 아이디어를 만들어낸다.

Q 프롬프트 예시

다음 무작위로 선택된 5개의 단어를 모두 활용하여 새로운 모바일 앱 아이디어를 3가지 제안해 줘. '달팽이', '우주', '요가', '바코드', '재활용'. 각 아이디어에 대해 앱의 주요 기능, 타겟 사용자, 그리고 이 앱이 어떤 문제를 해결하는지 설명해 줘.

[프로 팁]
1) 예상치 못한 연결을 통해 독창적인 아이디어를 얻을 수 있다.
2) 고정 관념에서 벗어나 자유로운 사고를 할 수 있다.

3) 다양한 분야의 개념을 결합하여 새로운 가치를 창출할 수 있다.

이러한 다양한 아이디어 발상 기법을 활용하면 더욱 창의적이고 혁신적인 창업 아이디어를 발굴할 수 있다. 각 기법은 상황과 목적에 따라 선택적으로 사용하거나 여러 기법을 조합하여 사용할 수 있다. 지금까지 살펴본 아이디어 발상 기법을 정리하면 다음과 같다.

15가지 아이디어 발상 기법 핵심 요약

1. **역할 기반** AI에게 여러 전문가 역할을 부여해 다양한 시각으로 아이디어 받기.

2. **제약 조건** 예산, 인력 등 제한을 걸어 창의적 해결책 찾기.

3. **시나리오** 미래 가상 상황을 설정하고, 그 환경에서 유망할 아이디어 구상.

4. **키워드 조합** 무작위 키워드 연결로 예측 못했던 새로운 아이디어.

5. **빠른 아이디어 생성** 실현 가능성은 무시하고 양을 우선 늘려서 발상.

6. **고객 중심** 특정 타겟 고객의 문제에서 출발해 아이디어 도출하기.

7. **트렌드 기반** 기술·사회 트렌드를 반영한 미래형 아이디어.

8. **문제 중심** 이미 존재하는 문제를 해결하는 방식으로 접근.

9. **아이디어 융합** 성공 모델 여러 개를 합쳐 새로운 BM(비즈니스 모델) 만들기.

10. **역발상 하기** 만족도를 떨어뜨리는 방법처럼 역발상으로 새 아이디어 찾기.

11. **유추적 사고** 자연·타 업계 사례에서 영감을 받아 창업 아이디어로 전환.

12. **극단적 사고** 아주 극단적인 가정(예: 모든 이가 텔레파시 사용)으로 발상 폭 넓히기.

13. **연관성 강제 결합법** 서로 무관해 보이는 개념을 강제로 섞기.

14. **미래 회고** 미래 시점에서 현재를 돌아보며, "이때 이런 스타트업이 떴다"식으로 아이디어 구상하기.

15. **무작위 입력** 무작위로 뽑은 단어(우주, 요가, 반려동물 등) 결합하기.

03-2. 창업자를 위한 SPARKLE7-레이어 프롬프트

SPARKLE7-레이어 프롬프트는 창업 아이디어를 다각도로 조망하는 독창적인 7단계 프롬프트 구조다. 각 레이어(Layer)마다 특정 질문과 요구상을 포함해, AI가 보다 깊이 있고 균형 잡힌 답변을 내놓도록 유도한다.

레이어 (Layer)	주요 질문
1. Strategy	왜 이 비즈니스를 지금 시작해야 하는가?
2. Problem	시장에서 해결해야 할 문제는 무엇인가?
3. Audience	우리 고객은 누구이며, 시장 특성은 어떤가?
4. Resources & Revenue	어떤 자원·역량이 필요하고, 수익 구조는 무엇인가?
5. Key Differentiation	경쟁사와 무엇이 다른가? 우리 USP는?
6. Liabilities & Risks	내외부 리스크와 대처 방안은?
7. Expansion & Evolution	장기적으로 어떻게 확장·성장할 것인가?

◆ 레이어1. Strategy (전략)

창업에서 가장 먼저 고민해야하는 질문, "우리는 왜 이 비즈니스를, 지금 해야 하는가?" 차별화 전략을 수립하기 위해, 시장 타이밍, 기술 진화, 사회적 흐름 등을 분석한다.

AI에게 역할과 목적을 지시하는 방법

- **역할(Who)** 스타트업 전략가이자 재무 전문가 등 복수의 역할 부여하기.

- **목적(What)** "우리는 B2B SaaS분야에서 연매출 10억을 목표로 한다."처럼 구체적으로 설정하기.

❓ 프롬프트 예시

너는 '스타트업 전략가' 겸 '재무 전문가'다. B2B SaaS 스타트업을 시작하려고 할 때, 현시점에서 전략적 기회가 있는 이유를 3가지로 정리해 줘. 또한, 이 사업이 기존 시장과 어떻게 다른 지 간단한 분석도 부탁해.

 *위 프롬프트에 대한 답변*

 B2B SaaS 스타트업의 전략적 기회 3가지

1. 디지털 전환(Digital Transformation) 가속화

- 기회 요인

— 전 세계 기업들이 디지털 전환(DX)을 필수 전략으로 채택하고 있음.

— 특히 중소기업(SMB)부터 대기업까지 클라우드 기반 서비스 도입이 빠르게 증가하고 있음.

— 원격근무, 협업툴, 자동화 솔루션 등 효율성과 생산성 향상을 위한 B2B SaaS 수요가 급증함.

- 전략적 기회

— 특정 산업(제조업, 물류, 금융 등)에 특화된 SaaS 솔루션으로 차별화 가능.

— 업무 프로세스를 자동화하거나 데이터 기반 의사결정을 지원하는 맞춤형 솔루션 제공.

- 기업 맞춤형 디자인 및 브랜드 협업을 통한 마케팅 전략 강화.

2. 구독형 비즈니스 모델의 안정성과 지속성

- 기회 요인

— 생략 —

[실습]

1) 직접 AI에 위 프롬프트 입력해 답변 받기.

2) 답변에서 마음에 드는 전략 요소를 골라, 다음 레이어에서 이어서 질문하기.

◆ 레이어2. Problem (문제 정의)

시장·사용자가 겪는 구체적 문제를 정의해야, 명확한 가치를 창출할 수 있다. "단순히 ~가 불편 하다"는 관점보다 구체적 맥락(원인, 문제의 크기, 영향)을 파악하는 것이 중요하다. 문제 정의를 구체화하는 방법으로 5Why기법과 시장 데이터를 확인해 볼 수 있다.

Q 프롬프트 예시

우리가 진출하려는 중소기업 HR 소프트웨어 시장에서 가장 해결이 시급한 문제 2~3가지를 제시해 줘. 각 문제가 해결되지 않을 경우, 어떤 손실이 발생하는지도 간략히 설명해 줘.

◎ 중소기업 HR 소프트웨어 시장의 시급한 문제와 손실

1. 비효율적인 인재 채용 및 관리 프로세스

● 문제점

– 중소기업은 체계적인 인재 채용 및 인사 관리 시스템이 부족함.

– 수작업 또는 엑셀 중심의 채용 프로세스로 인해 지원자 관리, 서류 검토, 일정 조율 등이 비효율적임.

– 조직 문화와 잘 맞는 인재를 채용하기 위한 데이터 기반 분석 도구가 부족함.

● 문제가 해결되지 않을 경우 손실

– 우수 인재 확보 실패로 인해 업무 생산성이 저하됨.

– 비효율적인 채용 과정으로 채용 비용(광고, 면접, 교육 등)이 증가함.

– 생략 –

[실습]

1) AI 답변에서 제시된 문제 중, 가장 해결 가치가 높아 보이는 것을 선택.

2) 해당 문제를 '왜?'라는 질문으로 다시 파고들어, 문제 원인과 결과를 더 구체적으로 정의.

◆ 레이어3. Audience (목표 고객/시장)

고객 페르소나 설정하기, 연령, 직업, 소득, 더 나아가 성향(소비 취향, 의사결정 스타일)까지 세분화 하자. 최종 사용자가 기업인지 개인인지, B2B인지 B2C인지 명확히 구분해야 한다. 또한, 시장의 규모와 경쟁강도를 파악해야 한다.

ⓠ 프롬프트 예시

해결해야 할 문제를 '직장인들의 커리어 전환'이라고 볼 때, 이 시장에서 가장 유력한 고객 페르소나를 2~3가지로 설정하고, 각각의 시장 규모와 주요 경쟁 업체를 간단히 조사해 줘.

---

1. 30대 초반 직장인 '김지수'

- 특징

  - 연령: 30~34세.

  - 경력: 5~7년 차직무: 대기업 또는 중견기업의 사무직.

  - 니즈: 현재 직무에 대한 만족도 저하로 새로운 분야로의 커리어 전환 희망.

  - 행동: 온라인 강의 수강, 자격증 취득, 네트워킹 모임 참여 등 적극적인 자기계발 활동.

- 시장 규모

  - 국내 30대 초반 직장인 인구는 약 200만 명으로 추산되며, 이 중 약 20%가 커리어 전환에 관심이 있다고 가정하면, 약 40만 명의 잠재 고객이 존재합니다.

- 주요 경쟁 업체

  − 생략 −

[실습]

1) AI가 제안한 페르소나를 보고, 실제 사업과 맞는지 검토.

2) 경쟁사 정보를 바탕으로 차별화 방향은 5레이어에서 진행.

◆ 레이어4. Resources & Revenue (자원 및 수익성)

필요한 자원(인력, 기술, 파트너십 등)을 식별하고 자원별로 비용 추정치를 파악하여, 초기 투자규모 산정에 활용한다. 수익 모델과 재무 계획을 수립한다.

ⓠ 프롬프트 예시

아이디어 실행을 위해 필요한 핵심 자원(인력·기술·파트너십)을 3가지 이상 나열하고, 대략적인 초기 비용을 추정해 줘. 또한, 수익 모델은 구독형과 1회 결제 모델 중 어느 쪽이 유리한지 간단히 비교해 줘.

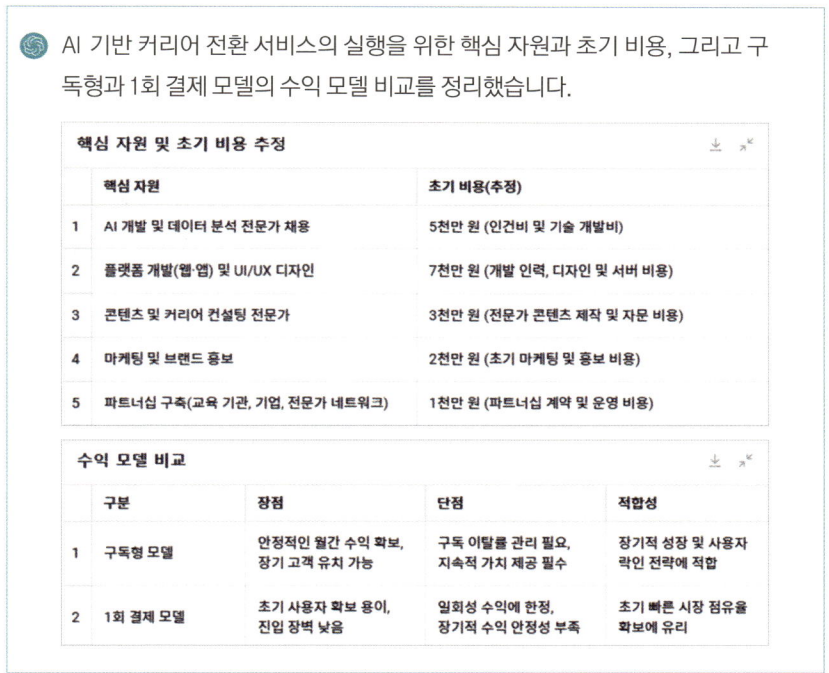

[실습]

1) AI가 제시한 비용 추정을 기반으로, 실제 예산과 맞춰보기.

2) 더 구체적이고 사실적인 수치를 얻기 위해 재 프롬프트로 세부 질문(예시: 월간 개발자 인건비 평균은?) 추가.

◆ 레이어5. Key Differentiation (핵심 차별성)

경쟁사가 해결하지 못하는 문제, 고객 경험 측면의 만족도, 가격 경쟁력 등 경쟁사 분석과 "우리 서비스를 단 한 문장으로 설명했을 때, 왜 고객이 선택해야 하는가?" USP(Unique Selling Proposition)를 설정한다. 이를 기반으로 차별화를 위한 구체적 접근법을 시도한다.

Q 프롬프트 예시

현재 시장에 있는 경쟁사 2~3곳을 간단히 비교하고, 그들이 놓치고 있는 '틈새'는 무엇인지 찾아줘. 그리고 우리 서비스가 내세울 수 있는 USP 한 문장을 작성해 줘.

---

1. 주요 경쟁사 비교

구분	패스트캠퍼스	커리어월렛
주요 서비스	다양한 직무 스킬 향상을 위한 온라인 강의 제공	AI 기반 자기소개서 작성 및 커리어 관리 플랫폼
타겟 고객	직무 능력 향상을 원하는 직장인 및 구직자	주로 20대 초반의 취업 준비생 및 초기 경력자
강점	다양한 분야의 전문 강의, 실무 중심 커리큘럼	AI를 활용한 맞춤형 자기소개서 작성 지원
약점	커리어 전환에 특화된 맞춤형 서비스 부족	경력직 또는 커리어 전환을 고려하는 직장인 대상 서비스 부족

2. 경쟁사들이 놓치고 있는 틈새

● 개인 맞춤형 커리어 전환 지원 부족: 현재 서비스들은 일반적인 직무 교육이나 취업 지원에 초점을 맞추고 있어, 개인의 경력과 목표에 맞춘 커리어 전환 지원이 미흡합니다.

— 생략 —

[실습]

1) AI가 제안한 경쟁사 비교 자료 확인 → 정말로 차별화할 수 있는지 검증.

2) USP 문장을 보고, 팀원들과 브랜드 방향성을 논의하기.

◆ 레이어6. Liabilities & Risks (약점 및 리스크 관리)

내부 · 외부별로 리스크 발생 가능성과 사업 영향도를 매트릭스로 평가 후 대응전략 수립한다.

Q 프롬프트 예시

우리가 추진 중인 아이디어에 가장 큰 위험 요소 3가지를 (1) 발생 가능성, (2) 사업 영향도 기준으로 간단히 평점(1~10)해 줘. 그리고 각 리스크를 완화하거나 회피할 방안을 하나씩 제시해 줘.

아이디어 실행 시 예상되는 주요 리스크와 발생 가능성, 사업 영향도, 그리고 각각의 대응 방안을 정리했습니다.

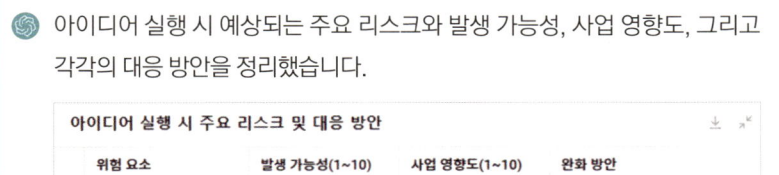

	위험 요소	발생 가능성(1~10)	사업 영향도(1~10)	완화 방안
1	AI 추천 알고리즘의 정확도 및 신뢰성 부족	7	9	데이터 학습량을 늘리고, 전문가 검증을 통해 알고리즘 개선
2	초기 사용자 확보 실패	8	9	SNS 마케팅, 인플루언서 협업, 초기 무료 체험 서비스 제공
3	개인정보 보호 및 보안 문제	6	10	개인정보 보호 인증 획득 및 보안 시스템 강화

[실습]

1) AI 답변에서 리스크 항목을 검토 → 지금 당장 해결할 사항이 무엇인지 결정.

2) 구체적 실행 계획(예시 채용, 자금 조달, 특허 등록 등)을 팀 단위로 세분화.

◆ 레이어7. Expansion & Evolution (확장 및 미래발전)

시장 · 제품 · 기술 등에 대한 확장 전략과 장기비전과 성장 로드맵을 제시한다.

Q 프롬프트 예시

이 아이디어가 안정화되고, 추가 확장 가능한 시장이나 서비스는 무엇이 있을까? 3년 후와 5년 후의 성장 로드맵을 각각 나눠서 제시하고, 필요한 자원(인력 · 자금)을 간단히 추정해 줘.

> AI 기반 커리어 전환 서비스의 3년 및 5년 후 성장 로드맵과 그에 따른 필요한 자원을 정리했습니다.

3년 및 5년 성장 로드맵

구분	전략
1 3년 후 성장 로드맵	B2B 커리어 전환 솔루션 확장 (기업 맞춤형 경력 개발 프로그램 제공), 헬스케어 및 웰니스 분야와 연계한 전인적 커리어 관리 서비스 도입, 글로벌 시장 진출 (영어권 및 아시아 시장 진입)
2 5년 후 성장 로드맵	AI 기반 HR SaaS 통합 플랫폼 구축 (채용, 인재 개발, 이직 관리 통합), 메타버스 기반 가상 커리어 페어 및 네트워킹 서비스 출시, 데이터 기반 커리어 투자 서비스(인재 육성 펀드) 도입

3년 및 5년 후 필요 자원 추정

구분	필요 자원
1 3년 후 필요 자원	데이터 사이언티스트 및 AI 개발자 추가 채용 (5명) - 약 5억 원, 글로벌 마케팅 및 현지화 인력 채용 (3명) - 약 2억 원, 기업 대상 B2B 세일즈 전문가 채용 (2명) - 약 1억 원
2 5년 후 필요 자원	AI 및 SaaS 통합 개발 인력 확충 (10명) - 약 10억 원, 메타버스 개발 전문가 및 UI/UX 디자이너 채용 (5명) - 약 5억 원, 해외 법인 설립 및 운영 자금 - 약 15억 원

[실습]

1) AI가 제시한 확장 시나리오를 바탕으로 시나리오 플래닝(Best, Middle, Worst) 작성.

2) 다음 단계(투자유치, 글로벌 시장 조사) 등을 구체화하기.

SPARKLE 7-레이어 프롬프트 통합 적용

"챗GPT 너는 '사업 전략가 · 재무 전문가 · 마케팅 컨설턴트' 세 가지 역할을 모두 수행하는 전문 AI이다. 새롭게 구상 중인 (아이디어/산업)에 대해, SPARKLE 7-레이어 구조로 분석하고 제안해 줘."라고 역할 부여할 수 있다. 살펴본 SPARKLE 7-레이어 프롬프트를 정리하면 다음과 같다.

1. **Strategy** 왜 지금 이 비즈니스를 해야 하며, 어떤 전략적 기회를 노려야 하나?
2. **Problem** 해결하고자 하는 구체적 문제는 무엇이고, 그 심각도나 시장 니즈는 어떤가?
3. **Audience** 목표 고객은 누구이며, 시장 규모 · 경쟁 상황은 어떤가?

4. Resources & Revenue 필요 자원(인력, 기술 등)과 수익 모델, 대략적인 재무 계획은?

5. Key Differentiation 경쟁사 대비 차별화 포인트와 USP는?

6. Liabilities & Risks 내부 · 외부 리스크 3가지와 각각의 대응책은?

7. Expansion & Evolution 장기적으로 어떤 확장 · 진화가 가능하며, 3년 후와 5년 후 비전은?

요청 사항

1. 각 항목마다 핵심 포인트를 간결히 요약하기.
2. 가능하다면 구체적 수치(시장 점유율, 예상 매출 등)를 제시하기.
3. 최종적으로, 즉시 실행 가능한 우선순위(Top 3 Action Items)를 제안하기.

03-3. AI와 함께 아이디어 100개 만들기

앞서 설명한 AI 브레인스토밍 테크닉을 실제로 적용하여 100개의 창업 아이디어를 생성하는 실습을 진행해보기로 한다. 이 과정을 통해 AI와 협력하여 대량의 아이디어를 효율적으로 만들어내는 방법을 익힐 수 있다.

1단계 : 주제 선정 먼저, 창업 아이디어를 생성할 주제나 분야를 선정한다. 예를 들어, "지속 가능한 도시 생활을 위한 솔루션"이라는 주제를 선택했다고 가정해 보자.

2단계 : AI 설정 챗GPT에 브레인스토밍 파트너 역할을 부여한다. 다음과 같은 프롬프트를 사용할 수 있다. "너는 이제 창의적인 브레인스토밍 파트너야. 우리는 '지속 가능한 도시 생활을 위한 솔루션'이라는 주제로 100개의 창업 아이디어를 만들 거야. 다양한 아이디어 발상 기법을 사용하여 혁신적이고 실현 가능한 아이디어를 제안해 줘." 2단계에서 제안한 아이디어와 3단계에서 도출된 아이디어를 비교하고 싶으면, 3단계를 진행하면 되며, 아니라면 바로 4단계로 넘어가서 진행하면 된다.

3단계 : 다양한 기법을 활용한 아이디어 생성 앞서 제안한 100개의 아이디어를 활용해도 되지만, 다양한 방식의 테스트를 위해서 아래의 기법들을 적용하여 아이디어를 생성한다. 각 기법마다 10~20개의 아이디어를 만들어, 총 100개를 달성한다.

Q 프롬프트: 빠른 아이디어 생성 (20개)

지속 가능한 도시 생활을 위한 솔루션 아이디어를 20개 나열해 줘.

Q 프롬프트: 역할 기반 브레인스토밍 (20개)

환경 전문가, 도시 계획가, 기술 혁신가, 사회학자, 경제학자의 관점에서 각각 4개씩, 총 20개의 지속 가능한 도시 생활 솔루션을 제안해 줘.

Q 프롬프트: 트렌드 기반 아이디어 발상 (20개)

2025년에 주목받을 것으로 예상되는 기술 및 사회 트렌드 5가지를 나열하고, 각 트렌드를 활용한 지속 가능한 도시 생활 솔루션을 4개씩, 총 20개 제안해 줘.

Q 프롬프트: 문제 중심 접근 (20개)

현대 도시 생활에서 발생하는 주요 문제 5가지를 나열하고, 각 문제에 대한 혁신적인 해결책을 4개씩, 총 20개 제안해 줘.

Q 프롬프트: 극단적 사고 (20개)

모든 도시 건물이 100% 자급자족할 수 있다고 가정해, 이러한 환경에서 새롭게 필요해질 제품이나 서비스 아이디어를 20개 제안해 줘.

4단계 : 아이디어 정리 및 분류 생성된 100개의 아이디어를 검토하고 다음과 같이 정리한다.

- 유사한 아이디어를 그룹화한다.
- 각 아이디어에 간단한 설명을 추가한다.
- 아이디어를 혁신성, 실현 가능성, 시장 잠재력 등의 기준으로 분류한다.

5단계 : 아이디어 확장 가장 흥미로운 아이디어 10개를 선정하고, 각각에 대해 더 자세한 설명을 요청한다.

Q 프롬프트

선정된 10개 아이디어 각각에 대해 다음 사항을 포함하여 자세히 설명해 줘.

- 핵심 가치 제안
- 타겟 고객층
- 주요 기능 또는 서비스 내용
- 필요한 기술 및 자원
- 예상되는 사회적, 환경적 영향
- 잠재적인 수익 모델

6단계 : 피드백 및 개선 선정된 아이디어들에 대해 AI에게 비판적 피드백을 요청한다.

Q 프롬프트

각 아이디어에 대해 다음 사항을 분석해 줘.

- 예상되는 주요 도전 과제
- 잠재적인 부정적 영향
- 경쟁 우위를 확보하기 위한 제안
- 아이디어를 더욱 발전시킬 수 있는 방안

실습 결과 정리

1. 100개의 아이디어 목록을 작성하고 카테고리별로 분류하기.
2. 상위 10개 아이디어에 대한 상세 설명을 정리하기.
3. 각 아이디어에 대한 피드백과 개선 방안을 요약하기.
4. 전체 과정에 대한 회고를 작성하기.

AI와 협업 과정에서 배운 점, 개선이 필요한 부분, 향후 활용 방안 등을 정리한다. 이 과정을 통해 AI를 활용한 대량 아이디어 생성 능력을 기를 수 있다. 또한, 다양한 관점에서 아이디어를 평가하고 발전시키는 과정을 경험할 수 있다. 이는 실제 창업 과정에서 아이디어를 발굴하고 구체화하는 데 큰 도움이 될 것이다.

AI와 함께 아이디어 100개 만들기

1. **주제 선정** 예: 지속 가능한 도시 생활.
2. **AI 설정** AI에게 창의적 브레인스토밍 파트너 역할 부여.
3. **다양한 기법 적용** 빠른 아이디어 생성(20개), 역할 기반(20개), 트렌드 기반(20개) 등으로 100개 달성.
4. **정리 · 분류** 유사 아이디어끼리 묶고, 혁신성 · 실현 가능성 등에 따라 분류.
5. **확장** 상위 10개를 골라 구체적 가치 제안, 고객층, 기술 요소 등 세부화.
6. **피드백** AI에게 위험요소 · 부정적 영향을 비판적으로 분석해 달라고 요청.

03-4. 프롬프트 프레임워크로 아이디어 현실화하기

◆ **시장 분석 탐색 프롬프트 프레임워크**는 창업 아이디어가 탄생하기 전에 시장의 구조, 트렌드, 경쟁 환경 등을 폭넓게 탐색하는 단계다. 이 방법으로 아직 알려지지 않은 블루오션을 찾거나, 기존 시장 속에서 공급이 부족한 분야(수요-공급 격차)를 발굴하거나 소비자 불만 · 니즈 · 트렌드 변화를 파악하여, 새로운 비즈니스 기회로 연결할 수 있다. "어디서 기회를 찾을 것인가"에 대한 100가지 아이디어를 생성해 보고 시장의 크기, 성장성, 경쟁 포지션 등을 파악해 사업 타당성을 높여 본다.

● **시장 분석 탐색 프롬프트 프레임워크** ●

그룹	프롬프트 프레임워크	프롬프트 예시	활용 목적 및 예시
현재 상태 분석	블루오션	(목표 시장)에서 아직 주목받지 못했지만 빠르게 성장할 가능성이 있는 하위 시장이나 특정 세분화 분야가 무엇인지 조사하고, 그 분야에서 해결되지 않은 문제를 3가지 이상 찾아 줘.	새로운 시장 파악 예: 실버세대 스마트홈 같은 세분시장 탐색.
	시장 격차 조사	(특정 산업)에서 '공급이 수요를 충분히 못 따라가는' 부분이나 소비자가 느끼는 불만이 가장 큰 카테고리를 파악하고, 그 원인을 분석해서 작성해 줘.	수요-공급 불균형 포착 예: 배달 시장 내 특정 음식군 부족.
	경쟁사 역발상	(핵심 경쟁사)의 강점 대신 '약점 혹은 공백 영역'에 집중하여 새로운 기회를 찾도록, 경쟁사의 서비스를 살펴보고 취약점 3가지를 발견해 줘.	경쟁사 약점을 통한 시장 확보 예: 큰 기업이 놓치는 틈새 시장.
트렌드 및 미래예측	트렌드 조합	(A 트렌드)와 (B 트렌드)가 결합되어 나타날 수 있는 새로운 시장 기회를 3가지 이상 제시해 줘.	융합 트렌드 예측 예: AI + 푸드테크 결합 아이디어.
	미래 지향적 시나리오	5년 뒤 (특정 산업) 분야가 어떻게 변화해 있을지 3가지 시나리오로 예측하고, 그중 유망하다고 생각되는 시나리오에서 발생할 새로운 니즈를 파악해 줘.	미래 동향 예측 예: 5G 보편화 후 대두될 문제.
	글로벌 이슈 적용	해외에서 주목받는 (핫이슈/기술 트렌드)가 국내 시장에는 어떻게 적용될 수 있을지, 현지화 전략 아이디어와 함께 제시해 줘.	해외 트렌드 로컬화 예: 해외 NFT 플랫폼 → 국내화.
데이터 기반 인사이트	키워드 대량 브레인스토밍	(관심 산업) 관련 키워드를 최대한 많이 나열한 뒤, 유망 시장을 추려낼 수 있도록 키워드를 5개 카테고리로 분류하고 각각의 성장 가능성을 평가해 줘.	개방형 아이디어 확장 예: 건강식품 시장 키워드 분류.
	데이터 분석 인사이트	공개된 (정부/기관) 통계 데이터 중 (해당 산업)과 관련된 부분을 분석해, 향후 1년간 수요가 급증할 수 있는 2~3개 세분 시장을 선별해 줘.	객관적 데이터 기반 예: 도시농업 및 실내농업 솔루션 시장.

	수요 예측 브레인스토밍	(특정 분야/제품)에 대한 소비 수요가 향후 3년간 어떻게 증가 혹은 감소할지 예측하고, 그 이유를 소비자 인사이트 관점에서 정리해 줘.	시장 수요 분석 예: 전기차 배터리 교체 서비스.
	빅데이터 불만 파악	온라인 리뷰나 SNS 데이터에서 (특정 산업)에 대한 '불만' 키워드를 모아 통계화하고, 가장 빈도가 높은 상위 3가지 문제점을 토대로 아이디어를 제시해 줘.	온라인 데이터 기반 불만 조사 예: 음식배달 리뷰 불만.
소비자 및 문화 분석	틈새 문화 탐색	(특정 문화·소비자 집단)에만 존재하는 독특한 행동 패턴이나 언어적 표현을 찾아내고, 이를 사업화할 수 있는 요소로 확장해 줘.	마이크로 트렌드 발굴 예: K-컬처 팬덤.
	정성적 욕구 파악	(특정 타겟층)에서 뚜렷한 '불편함'이나 '갈망'이 포착된 부분을 모아, 해결 아이디어의 실마리를 제시해 줘.	정성적 니즈 추출 예: 솔로라이프 편의 서비스.
	소비자 생애 주기 분석	(특정 타겟 고객)의 생애주기 단계별로 필요한 제품·서비스를 나열해, 가장 충족되지 않은 부분에 대한 창업 아이디어를 구상해 줘.	라이프사이클 기반 문제 도출 예: 결혼/육아/은퇴 등.
사업 모델 확장	가치사슬 분석	(관심 있는 산업)의 가치사슬을 구성 요소별로 분해하고, 가장 낙후된 단계나 솔루션이 부족한 단계를 찾아 아이디어로 연결해 줘.	산업 구조 파악 예: 식음료 유통 과정상 물류 문제.
	규제 트렌드 분석	(정부/기관)의 새롭게 발표된 규제·정책 중 (해당 분야)에 큰 영향을 줄 수 있는 조치가 있는지 찾고, 이를 기회로 삼을 수 있는 비즈니스 모델을 제안해 줘.	정책 변화에 맞춘 아이디어 예: 탄소중립 정책, 친환경 규제.
	인접 산업 확장	(현재 관심 산업)과 비슷한 특성을 지닌 다른 산업의 성공 방식을 벤치마킹해, 적용할 수 있는 창업 아이디어 2~3개를 제안해 줘.	유사/인접 산업 벤치마킹 예: 패션 산업 ↔ 가구 산업 접목.
	관련 산업 맵핑	(특정 키워드)와 연관된 업계·서비스·제품·기술을 폭넓게 맵핑한 뒤, 각 노드 사이의 연결 고리에서 사업화 기회를 찾아 줘.	산업·기술 맵 그리기 예: 헬스케어 분야 맵.
혁신 및 기회 발견	역사적 패턴 추적	과거 (특정 산업) 성장 과정을 살펴보고, 현재 (목표 산업)에 유사한 흐름이 있는지 비교해 새로운 기회를 찾아 줘.	과거 성공 패턴 복기 예: 스마트폰 보급 당시 vs AR/VR 현황.

그룹	프롬프트 프레임워크	프롬프트 예시	활용 목적 및 예시
	MZ세대 트렌드 관찰	MZ세대(혹은 Z세대) 소비 패턴 중 (특정 관심 분야)에 대한 특징을 분석하고, 여기서 창업할 수 있는 3가지 기회를 제시해 줘.	젊은 세대 중심 시장 예: 팬덤 비즈니스.
	니치 커뮤니티 조사	온라인상에서 소수지만 강력한 팬덤을 가진 (특정 분야) 커뮤니티의 니즈를 파악하고, 수익화 할 수 있는 비즈니스 모델을 3가지 이상 제안해 줘.	소수 정예 커뮤니티 공략 예: 콜렉터 중고거래 플랫폼.

◆ **문제 정의/해결책 브레인스토밍 프롬프트 프레임워크**는 특정 시장·타겟 고객이 겪고 있는 '문제'를 명확히 정의하고, 가능한 해결책을 다각도로 탐색하는 과정이다. "왜 이 문제가 발생하는가?"에 대한 근본 원인을 찾아내고, 고객 관점·경쟁사 관점 등 다양한 각도에서 해결책과 혁신적인 아이디어(기존 관행 뒤집기, UI/UX 개선 등)를 구상해 본다. 이를 통해 사업 아이디어의 핵심 가치(Problem-Solution fit)가 분명하게 만든다. 고객이 '정말 원하는 것'을 충족하여 경쟁 우위를 확보할 수 있다.

● 문제 정의 / 해결책 브레인스토밍 프롬프트 프레임워크 ●

그룹	프롬프트 프레임워크	프롬프트 예시	활용 목적 및 예시
문제정의 및 근본원인 분석	5WHY	(해결하고 싶은 문제)가 왜 발생하는지 5단계로 '왜?'를 반복하여 근본 원인을 찾아보고, 이를 기준으로 해결책 방향성을 제시해 줘.	근본원인 추적 예: 고객 이탈의 진짜 이유.
	역지사지 문제정의	(타겟 고객)의 시각에서만 문제를 묘사하고, 그들이 느끼는 어려움과 감정 변화를 중심으로 구체적인 사례를 들어서 설명해 줘.	고객 공감 예: 고령층의 앱 이용 장벽.
	문제 시각화	(문제 상황)을 비주얼 맵(마인드맵, 다이어그램)으로 나타내고, 각 노드별로 발생하는 세부 문제를 구체화해 줘.	문제 구조화 예: 공급망 이슈 지도화.
	문제 우선순위 도출	지금까지 파악한 (문제점 리스트) 중에서 발생 빈도, 해결 난이도, 시장 크기를 기준으로 우선순위를 매겨 줘.	가장 유망한 문제 선정 예: SMB 대상 SaaS 문제.

혁신 및 프로세스 개선	비교 진단	(유사 서비스)와 (내가 구상 중인 서비스)의 문제 해결 방식을 각 단계별로 비교하고, 차별화 포인트를 도출해 줘.	경쟁 솔루션 분석 예: 넷플릭스 vs 경쟁 OTT.	
	고객 중심 맞춤화	(서비스/제품)이 제공하는 기능을 고객의 니즈에 맞춰 맞춤형으로 제공할 수 있는 방안을 브레인스토밍해 줘.	개인화된 학습 예: 온라인 교육 플랫폼에서 학습자의 학습.	
	기존 관행 뒤집기	(특정 산업)에서 당연시 여겨지는 관행이나 프로세스를 제거/단순화/자동화할 방안을 브레인스토밍해 줘.	혁신 아이디어 창출 예: 전통 오프라인 업무.	
	오프라인 → 온라인 전환	기존에 오프라인에서만 이루어지던 (특정 활동/서비스)를 온라인 혹은 O2O로 전환했을 때 발생하는 문제점과 해결책을 브레인스토밍해 줘.	디지털 전환 방안 예: 전통시장의 e-커머스화.	
	직관적 UI/UX 개선	(서비스/앱) 이용 과정에서 '사용자 혼동'이 일어날 수 있는 지점을 3~5개 발견하고, 이를 직관적으로 개선할 수 있는 UI/UX 아이디어를 제시해 줘.	사용자 친화적 디자인 예: 버튼 배치, 네이게이션.	
	프라이싱 모델 재설계	고객에게 (서비스 가치)를 극대화하기 위해 '월 정액', '종량제', '패키지' 등 다양한 가격 모델을 설계하고, 각각의 장단점을 비교해 줘.	가격 전략 최적화 예: SaaS 과금 모델.	
고객경험 및 신뢰구축	소비자 경험 재구성	(제품/서비스)의 사용 과정을 단계별로 나누고, 각 단계마다 고객이 느끼는 가장 큰 불편함을 해결할 수 있는 아이디어를 제시해 줘.	CX(Customer Experience) 개선 예: 앱 온보딩 문제.	
	의사결정 장벽 제거	소비자가 구매 결정을 내리지 못하는 이유(인지/심리/가격 등)를 파악하고, 장벽을 제거할 구체적인 전략을 3가지 이상 제안해 줘.	구매 전환율 개선 예: B2C 온라인 쇼핑.	
	심리적 장벽 해결	소비자가 (특정 서비스)를 이용할 때 느낄 수 있는 심리적 불안이나 의심을 해소할 방법(보증, 리뷰, 인증 등)을 2~3개 제시해 줘.	신뢰 구축 예: 중고거래, 렌탈 서비스.	
	상품 가치 제고	(상품/서비스)의 부가가치를 높이기 위해 추가할 수 있는 기능이나 서비스를 3가지 이상 제안해 줘.	제품 경쟁력 강화 예: 전자제품 부가서비스.	

복합 문제 및 다각적 해결	다중 이해 관계자 문제	(해당 문제)를 둘러싼 여러 이해관계자(정부, 기업, 소비자 등) 각각이 느끼는 핵심 문제점을 분리하여 제시하고, 공통 이익을 창출할 해법을 구상해 줘.	복합적 문제 구조 파악 예: 교통혼잡, 환경 문제.
	환경적 문제 해결	(특정 산업)에서 배출되는 폐기물이나 에너지 사용 등 환경문제를 줄이는 방안을 3가지 이상 제시하고, 그 중 창업으로 연결할 수 있는 모델을 구체화해 줘.	지속가능성 & 친환경 비즈니스 예: 포장재 절감.
사업 전략 확립 및 확장	스타트업 사례 참조	(해당 문제)와 유사한 문제를 혁신적으로 해결한 스타트업 사례를 2~3개 제시하고, 이들과의 차별점을 찾도록 브레인스토밍 해 줘.	선행 성공사례 참고 예: AirBnB, Uber 등.
	비용 절감 아이디어	(특정 영역)에서 비용이 많이 발생하는 지점을 찾아내고, 원가 절감 혹은 효율화를 위한 새로운 프로세스를 생각해 줘.	효율성 제고 예: 물류 비용 절감 방안.
	비교우위 요소 강화	현재 (구상 중인 아이디어)가 갖고 있는 경쟁 우위 요소는 무엇이고, 이를 더욱 강화하기 위해 추가할 수 있는 기능이나 차별화 포인트를 제안해 줘.	차별화 전략 확립 예: 빠른 배송, 개인화.
	확장/추가 수익 모델	(현재 아이디어)가 주수익원 이외에도 추가로 창출할 수 있는 수익 모델(광고, 수수료, 구독 등)을 3가지 이상 검토해 줘.	사업 다각화 예: B2B 협업, 프리미엄 멤버십.
	최적 타겟층 재점검	처음 설정한 (목표 고객층)이 과연 최적의 타겟인지, 다른 시장(고령층, 해외, B2B 등)으로 확장 가능한지를 재검토하고 그 이유를 구체적으로 설명해 줘.	정확한 시장 포지셔닝 예: MZ 세대 → 가족 단위 확장.

◆ **아이디어 스케일 · 특화 · 고도화 프롬프트 프레임워크**는 초기 아이디어(MVP)를 어떻게 확장하고, 특정 타겟층에 맞춰 특화 · 고도화 할지 전략을 수립하는 단계다. 국내 시장에서 확장(스케일업), 해외 시장 진출, 기능 고도화, 부가서비스 결합 등으로 사업을 한 단계 성장을 목표로 한다. 협업 생태계 구축, AI/자동화 적용 등을 통해 효율적 운영과 차별화한다.

● 아이디어 스케일 · 특화 · 고도화 프롬프트 프레임워크 ●

그룹	프롬프트 프레임워크	프롬프트 예시	활용 목적 및 예시
최소기능 제품 (MVP)개발 및 초기 단계	MVP 단계별 확장	(현재 구상 중인 MVP 기능)을 출시한 뒤, 1차 고객 반응을 바탕으로 어떤 기능을 우선적으로 확장해야 할지 로드맵을 작성해 줘.	최소기능제품(MVP) 로드맵 예: 초기 출시 → 다음 기능.
	트래픽 폭발 대응	런칭 이후 갑작스러운 트래픽 폭발에 대비하기 위해 (인프라, 서버, 고객지원 등) 어떤 부분을 먼저 확장·보강해야 하는지 단계별로 제시해 줘.	안정적 운영 전략 예: 서버 확장, CDN 적용.
	스케일업 팀 빌딩	(스타트업)에서 스케일업을 위해 가장 시급히 충원해야 할 팀(개발, 마케팅, 운영 등)은 무엇이며, 채용 전략이나 파트너십 방안을 제안해 줘.	조직 역량 확충 예: 기술 공동 창업자 영입.
	API/플러그인 전략	(서비스)의 기능을 외부 개발자나 다른 서비스가 쉽게 활용할 수 있도록 API/플러그인을 제공한다면, 어떤 기능과 사용 시나리오를 고려해야 할지 정리해 줘.	에코시스템 확대 예: SaaS 분야 플러그인.
시장 세분화 및 특화	특화 세그먼트 공략	(기존 아이디어)를 (특정 타겟층, 예시 반려동물 가정)으로 특화한다면 어떤 기능과 혜택을 추가하고 어떻게 마케팅 할지 제안해 줘.	니치 마켓 특화 예: 반려동물 의류.
	고객 세분화 캠페인	(서비스 이용 고객)을 데이터로 세분화하고, 각 세그먼트별로 어떤 마케팅 메시지와 채널이 적합한지 제안해 줘.	정교한 마케팅 예: VIP 고객, 잠재 고객.
	글로벌 진출 포인트	(아이디어/서비스)를 해외 시장에 진출하려면 어떤 부분을 현지화해야 하며, 먼저 공략하기 좋은 2~3개 국가와 이유를 제시해 줘.	해외 확장 가능성 예: 동남아, 유럽 시장.
	로컬라이제이션 고도화	(특정 지역/국가) 문화를 깊이 반영해 서비스를 현지화 할 때, 언어 이외에 고려해야 할 제도적·문화적 요소와 차별화 포인트를 제시해 줘.	해외 진출 대비 예: 음식 배달의 지역 식습관.
비즈니스모델 혁신 및 확장	비즈니스 모델 업그레이드	현재(BM: Business Model) 중 수익성이 낮은 부분을 혁신하거나 제거하고, 고수익형 BM으로 업그레이드할 수 있는 방안을 제시해 줘.	수익성 극대화 예: 광고 기반 → 구독형 전환.

	멀티 채널 수익화	(현재 채널) 외에 유튜브, 블로그, 팟캐스트 등을 통해 콘텐츠를 확장하면서 수익을 창출하려면, 어떤 형태의 콘텐츠와 광고 모델이 적합한지 정리해 줘.	콘텐츠 확장 & 마케팅 예: 교육 영상, 인터뷰.
	프랜차이즈/지사 모델	(서비스/제품)을 프랜차이즈 혹은 지사 형태로 확산시키고 싶다면, 본사-가맹점 간의 이익 구조와 운영 매뉴얼은 어떻게 설계해야 할지 제시해 줘.	오프라인 확장 예: 카페, 편의점 모델.
	부가서비스 결합	(핵심 서비스)에 도움이 되거나 연관이 깊은 (AS, 컨설팅, 교육) 같은 부가서비스를 결합한다면, 어떻게 패키징하고 홍보할 수 있는지 구상해 줘.	부가가치 상승 예: SaaS + 교육 패키지.
제품 및 서비스 고도화	제품 라인업 다각화	(기존 아이디어)와 연관된 하위 제품군(예시 라이트 버전, 프로 버전, 콤보 상품)을 제시하고, 각 버전의 주요 기능과 가격대를 설정해 줘.	고객 세분화 공략 예: 프리미엄/베이직 플랜.
	디자인 차별화	(제품/서비스)에 독특한 디자인 요소나 브랜딩을 추가해 경쟁 우위를 확보하려면, 어떤 컨셉과 차별화 전략이 효과적인지 구체적으로 제안해 줘.	브랜드 아이덴티티 강화 예: 친환경 소재, 미니멀 UI.
	고도화 기능 실험	현재 (서비스)에 새롭게 도입할 수 있는 고급 기능(AI 추천, 실시간 모니터링 등)을 2~3개 제안하고, 그 효과와 구현 난이도를 평가해 줘.	기능 진화 예: 실시간 번역, 음성 인식.
	AI/자동화 적용	(프로세스) 중 AI나 RPA(자동화 툴)를 적용해 효율을 높일 수 있는 지점을 찾아, 어떤 알고리즘이나 솔루션이 적합할지 예시와 함께 제안해 줘.	업무 효율화 예: 챗봇 고객지원.
협업 및 생태계 확장	협업 생태계 구축	(서비스)를 빠르게 스케일업 하기 위해 필요한 파트너나 플랫폼(예시 물류, 결제, 인증)은 무엇이고, 이들과 협력 모델을 어떻게 만들면 좋을지 제안해 줘.	B2B 협업 네트워크 예: 결제서비스 연동.
	멀티플랫폼 전개	모바일 앱, 웹사이트 이외에도 (스마트 스피커, TV, IoT 기기 등) 다양한 플랫폼으로 확장할 때 주의할 점과 핵심 기능을 정리해 줘.	옴니채널 전략 예: 스마트워치 앱 개발.

	수직 계열화 전략	(해당 서비스)에 필요한 원재료·부품·서비스를 직접 확보하거나 생산(수직 계열화)한다면, 어느 단계에서 시작하는 것이 가장 효과적인지 제안해 줘.	공급망 통합 예: 음식배달 → 자체 식자재 공급.
	사용자 생성 콘텐츠(UGC) 활용	사용자들이 직접 콘텐츠(사진, 리뷰, 팁)를 만들어 공유하도록 유도하기 위해 어떤 장려책(리워드, 뱃지 등)과 프로세스가 필요한지 제안해 줘.	바이럴·커뮤니티 강화 예: 사용자 후기 이벤트.

◆ **비즈니스모델 구상 프롬프트 프레임워크**는 '어떻게 돈을 벌 것인가'에 대한 구체적인 전략을 구상하는 단계로, 수익 모델, 운영 구조, 네트워크 효과 등을 설계한다. 비즈니스 모델 캔버스를 통해 전반적인 사업 구조(가치 제안, 핵심 자원, 파트너십, 수익 구조 등)를 체계적으로 구성한다. 중개 플랫폼, 공유경제, 프리미엄·구독형 모델 등 다양한 BM을 시험해 보고 최적안을 도출한다. 지속 가능한 수익 구조 마련으로 장기적 성장 가능성 확보한다.

● **비즈니스모델 구상 프롬프트 프레임워크** ●

그룹	프롬프트 프레임워크	프롬프트 예시	활용 목적 및 예시
BM설계 및 기본 구조 정립	BM 캔버스 채우기	(구상 중인 아이디어)에 대해 비즈니스 모델 캔버스(고객 세그먼트, 가치 제안, 채널, 고객관계, 수익원, 핵심활동, 핵심자원, 파트너십, 비용 구조)를 채워 줘.	BM 전반 구조 파악 예: 에어비앤비 비즈니스 모델 캔버스.
	중개 플랫폼 모델	(현재 아이디어)를 양면/다면 시장 중개 플랫폼으로 발전시킨다면, 각 이해관계자(공급자, 수요자)가 어떻게 가치를 얻고 수익은 어떻게 발생하는지 설명해 줘.	플랫폼화 전략 예: 크라우드소싱.
	고정 vs 변동 수수료	(플랫폼)에 수수료 정책을 도입할 때, 고정 금액 vs 거래액 비례형 수수료 중 어떤 방식이 적합하고, 각 모델의 장단점을 분석해 줘.	수익 구조 최적화 예: 온라인 마켓.

	AI 플랫폼 모델	(특정 기능)을 AI 플랫폼 형태로 운영한다면, 데이터 수집·학습·모델 제공·서비스 구독 등 어떤 부분에서 수익이 발생할 수 있을지 제시해 줘.	AI 비즈니스 설계 예: 자동 번역 API.
수익구조 혁신 및 다각화	새로운 수익 구조 발견	(상품/서비스)의 가치를 극대화해 고객이 기꺼이 지불할 만한 새로운 수익 모델(구독형, 사용량 기반 과금, 프리미엄 업셀 등)을 3가지 이상 제시해 줘.	매출 다각화 예: 모듈형 과금.
	M&A/합병 모델	(해당 아이디어)가 시너지를 낼 수 있는 기존 기업과의 M&A나 합병을 고려한다면, 어떤 기업들이 후보가 될 수 있고, 협력 시 발생할 장점을 제시해 줘.	성장 가속화 예: 전략적 투자.
	데이터 판매 모델	(서비스)에 축적된 데이터나 통계 정보를 제3자(기업, 연구소)에 유료로 제공할 때, 어떤 데이터 상품과 가격 정책이 가능할지 제안해 줘.	데이터 비즈니스 예: 인사이트 리포트.
	라이선싱·IP 모델	(제품/콘텐츠)에 대한 지적재산권(IP)을 기반으로 라이선싱 모델을 구축하려면, 어떤 산업 분야에 확장 가능하며, 로열티 계약 구조는 어떻게 설정할지 구상해 줘.	IP 수익 극대화 예: 캐릭터 상품.
구독 및 크로스셀 BM	프리미엄 vs 프리모델	기본 서비스를 무료로 제공하고 일부 고급 기능만 유료화하는 '프리미엄 모델'을 적용할 때 고려해야 할 고객 전환율과 단가 전략을 제시해 줘.	구독형 BM 예: 영상 플랫폼, SaaS.
	크로스셀 BM	(핵심 서비스) 사용 고객에게 연관된 다른 제품·서비스를 함께 제안해 매출을 높이는 '크로스셀' 전략을 구체적으로 제시해 줘.	매출 극대화 예: 여행 서비스 ↔ 보험.
	체험형/구독형 융합	소비자가 (특정 제품/서비스)를 먼저 체험하고, 이후 구독으로 전환하는 하이브리드 모델을 구현하려면, 어떤 과정과 혜택을 설정해야 할지 구체적으로 제시해 줘.	체험 + 구독 결합 예: 화장품 체험 키트.
온/오프라인 및 지역 특화 확장	온/오프라인 융합	(오프라인에서 운영 중인 사업)를 온라인으로 확장하거나, 반대로 온라인 사업을 오프라인으로 확장할 때, 어떤 하이브리드 모델이 가능할지 제안해 줘.	O2O 모델 설계 예: 배달 앱 오프라인 매장.

	공유 경제 모델	(특정 자원/공간/제품)를 공유·임대하는 모델을 적용할 때, 어떤 가치가 창출되며, 수익 배분 방식은 어떻게 설정할 수 있을지 브레인스토밍 해 줘.	공유경제 BM 설계 예: 차량 공유, 공간 공유.
	이벤트 행사 기반 수익	(서비스 테마)에 관련된 오프라인 이벤트나 워크샵을 정기적으로 개최해서 부가 수익을 얻으려면, 어떤 방식(티켓 판매, 스폰서, 부스 임대)이 효과적일지 제안해 줘.	오프라인 확장 예: IT 컨퍼런스, 페스티벌.
	지역 특화 BM	(특정 지역/도시)만의 특성을 살려 로컬에 특화된 비즈니스를 진행하려면, 어떤 차별화 포인트(관광, 문화, 특산물 등)를 BM에 반영할 수 있을지 구상해 줘.	로컬비즈니스 예: 지역명소, 전통문화.
	B2B 솔루션 전환	(개인 소비자 대상) 아이디어를 기업용(B2B) 솔루션으로 전환할 경우, 어떤 기능 추가와 가격 모델이 적합한지 구체적으로 제시해 줘.	B2B 사업 확장 예: 팀 협업 툴.
플랫폼화 및 네트워크 효과 강화	네트워크 효과 확대	사용자가 많아질수록 가치가 커지는 네트워크 효과를 확보하기 위해, (커뮤니티 기능, 추천 시스템 등) 어떤 전략이 필요할지 제안해 줘.	플랫폼 확장성 예: 마켓플레이스.
	협업 툴 BM 구상	팀 협업 툴을 BM으로 삼을 때 무료 플랜과 유료 플랜을 어떻게 구분 지을지, 그리고 기업 대상 맞춤형 플랜은 어떻게 구성할지 구체적으로 제안해 줘.	SaaS BM 설계 예: 슬랙, 노션 등.
	스폰서십 광고 모델	(콘텐츠/서비스)에 스폰서십이나 광고를 도입할 경우, 광고주의 니즈를 만족시키면서도 사용자 경험을 해치지 않는 방안을 2~3가지 제안해 줘.	광고 BM 구상 예: 팟캐스트 스폰서 광고.

◆ **실행 계획 프롬프트 프레임워크**는 앞선 과정을 통해 탄생한 사업 아이디어와 BM을 실제로 구현하고, 운영·관리 체계를 확립하는 실행 단계다. 단계별 액션 플랜 수립, 스프린트·마일스톤 관리, 위험 분석 및 대응책 마련 등 실질적인 로드맵 설계를 한다. 그리고 자금 운용, 런칭 이벤트, 팀 구조 설계 등 운영 전반의 구체화하며, 실행 단계에서 발생할 리스크를 사전 예측하고 대응, 실패 비용을 최소화한다.

● 실행계획 프롬프트 프레임워크 ●

그룹	프롬프트 프레임워크	프롬프트 예시	활용 목적 및 예시
실행계획 및 프로젝트 관리	단계별 액션 플랜	(구현 목표)에 대해 1단계(개발), 2단계(테스트), 3단계(런칭), 4단계(마케팅), 5단계(확장) 순으로 구체적 일정과 필요한 자원을 정리해 줘.	종합 실행 로드맵 예: IT 서비스 출시.
	스프린트 관리	(개발/운영) 스프린트를 2주 단위로 나눈 뒤, 각 스프린트에서 달성해야 할 핵심 목표와 산출물을 구체적으로 작성해 줘.	애자일(Agile) 방식 예: IT 프로젝트.
	작업 우선순위 매트릭스	모든 할 일을 (중요도, 긴급도)에 따라 4분면으로 분류하고, 최우선적으로 처리해야 할 과제와 나중에 처리해도 될 과제를 구분해 줘.	업무 효율화 예: 아이젠하워 매트릭스.
	프로젝트 위험관리	(실행 계획)에 잠재된 주요 리스크(기술, 재무, 인력 등)를 목록화하고, 각 리스크별로 방지 대책과 대응 시나리오를 구체적으로 작성해 줘.	리스크 대응 예: 핵심 개발자 이탈.
	마일스톤 체크리스트	(프로젝트) 마일스톤별로 달성해야 할 체크리스트를 작성하고, 각 항목이 완료되었는지 모니터링할 수 있는 방법(Jira, Trello 등)을 제시해 줘.	일정 관리 예: 기능개발 → QA → 배포.
조직 및 내부 역량 강화	조직 구조 설계	(창업)에 필요한 주요 역할(CEO, CTO, CMO 등)과 각 역할별 핵심 책임을 정의하고, 향후 조직 확장 시 필요한 팀을 제안해 줘.	팀 빌딩 가이드 예: 마케팅 팀, 데이터 팀.
	지속적 개선 문화	스타트업 팀이 (정기 회고, 스프린트 리뷰, 지식 공유 등)을 통해 꾸준히 프로세스를 개선하려면 어떤 제도와 문화가 필요한지 제안해 줘.	조직 학습 & 개선 예: 주간 스탠드업 미팅.
아이디어 검증 및 개선	가설 검증 플랜	(아이디어)에 대한 가장 위험한 가정(Hypothesis)을 2~3개 도출하고, 이를 빠르게 검증하기 위한 MVP 혹은 실험 방법을 제안해 줘.	Lean Startup 예: A/B 테스트, 파일럿 운영.
	파일럿 테스트 전략	(서비스/제품)을 소규모 파일럿 그룹에 먼저 선보일 때, 파일럿 대상 선정 기준, 테스트 시나리오, 피드백 수집 방식을 구체화해 줘.	위험 최소화 예: 기업용 SaaS 파일럿.
	유저 피드백 루프	(런칭 후) 유저 피드백을 수집·분석해 신속히 개선하는 피드백 루프(Feedback Loop)를 구축하려면, 어떤 채널(앱 내 문의, 설문 등)이	제품 품질 개선 예: 지속적 릴리즈.

		효율적일지 구상해 줘.	
재무계획 및 성과관리	초기 자금 운용 계획	시드머니(투자금, 정부 지원금 등)를 가장 효과적으로 배분하기 위해 (개발, 마케팅, 인건비) 등 항목별 예산안을 작성해 줘.	재무 계획 예: 초기 1억 예산 분배.
	ROI 향상 플랜	(프로모션, 광고, 이벤트) 중 가장 비용 대비 효과가 높은 방법을 찾기 위해, 각 채널별 투자 비용과 예상 수익을 비교·분석해 줘.	재무 성과 극대화 예: A/B 마케팅 캠페인.
마케팅 전략 및 사용자 확보	런칭 이벤트 계획	(제품/서비스) 공식 런칭 때 고객 유입을 극대화하기 위해 진행할 이벤트(무료 체험, 할인, SNS 인증 등) 아이디어와 예상 비용을 제안해 줘.	마케팅 전략 예: 런칭 프로모션.
	마케팅 채널 실험	(아이디어/제품)에 적합해 보이는 마케팅 채널(온라인 광고, SNS, 오프라인 행사 등)을 2~3개 선정하고, 각각의 효율을 테스트할 수 있는 방법을 제안해 줘.	마케팅 최적화 예: 페이스북, 인스타 광고.
	온보딩 프로세스	새로 유입된 고객이 (서비스)를 익히고 계속 사용하도록 만드는 온보딩 프로세스를 단계별로 설계하고, 이탈을 최소화할 수 있는 방법을 제안해 줘.	사용자 정착 예: 튜토리얼, 안내 메일.
외부 협력 및 법적 리스크 대응	파트너십 확보 전략	(스타트업)이 (대기업, 기관 등)과 파트너십을 맺어 시너지를 낼 수 있는 부분을 찾고, 제안서 구성 요소(성과 예측, 협업 범위 등)를 제시해 줘.	외부 협력 확장 예: 공동 마케팅.
	인증·규제 대응 계획	(해당 분야) 사업을 진행할 때 필요한 주요 인증(ISO, 식약처 허가, 개인정보 보호 등)이나 법적 규제 사항은 무엇이며, 이를 어떻게 준비하면 좋을지 안내해 줘.	법적 리스크 줄이기 예: 의료기기 인증.
목표 설정 및 성과 모니터링	OKR 설정	(아이디어)에 대한 최종 목표를 정의하고, 측정 가능한 핵심 결과(KR)를 3~5개 설정한 뒤, 각 KR 달성 방법을 구체적으로 제시해 줘.	목표 지향적 실행 예: 분기별 매출, DAU.
	지표 모니터링 대시보드	프로젝트 진행 상황을 실시간으로 모니터링하기 위해 어떤 핵심 지표(KPI)와 대시보드 툴을 활용해야 하는지 구체적으로 제안해 줘.	데이터 기반 운영 예: Google Analytics, Tableau.
벤치마킹 및 사례분석	성공·실패 사례 벤치마킹	(유사 아이디어)로 성공한 사례와 실패한 사례를 각각 1~2개 조사하고, 결정적 원인이 무엇이었는지 비교 분석해 향후 실행 계획에 반영해 줘.	타산지석 예: 국내외 스타트업 사례.

살펴본 프롬프트 프레임워크를 토대로 (예비)창업자들은 ① **시장 파악** → ② **문제 정의·해결** → ③ **아이디어 확장·고도화** → ④ **BM 구상** → ⑤ **실행 계획**의 전체 흐름을 명확히 잡을 수 있다. 각 단계의 핵심을 파악하고, 필요한 프롬프트를 적절히 활용해 체계적인 창업 아이디어를 현실화해 보기 바란다.

03-5. AI를 활용한 아이디어 심층 평가 및 검증

선택한 창업 아이디어를 AI를 활용하여 심층적으로 평가하고 검증한다. 이 과정은 앞서 진행한 기본적인 평가를 넘어, 보다 구체적이고 실행 가능한 정보를 얻는 데 중점을 둔다.

◆ AI 기반 고객 페르소나 생성

선택한 아이디어의 잠재 고객을 구체화하기 위해, 챗GPT에게 다음과 같은 프롬프트 예시를 사용한다.

> **Q** [창업 아이디어]의 주요 고객층을 대표하는 3개의 상세한 페르소나를 생성해 줘. 각 페르소나에 대해 나이, 직업, 소득 수준, 생활 습관, 소비 패턴, 주요 고민거리, 우리 제품/서비스를 사용하게 되는 동기 등을 포함해 설명해 줘.

실제 활용 사례

AI 기반 개인 맞춤형 영양 추천 서비스의 경우, 챗GPT는 다음과 같은 페르소나를 생성하였다.

1) 35세 직장인 김미영: 바쁜 일상 속 건강한 식단 관리에 관심이 많지만 시간이 부족함.
2) 28세 헬스 매니아 이준호: 근육 증가와 체지방 감소를 위한 최적의 식단에 관심이 많음.

3) 45세 주부 박영희: 가족의 건강을 위한 균형 잡힌 식단 구성에 고민이 많음.

이러한 페르소나를 통해 타겟 고객의 니즈를 더욱 명확히 파악하고 서비스를 구체화할 수 있다.

◆ 경쟁사 딥다이브 분석

선택한 아이디어에 대한 주요 경쟁사에 대한 상세한 분석을 위해, 챗GPT에게 다음과 같은 프롬프트 예시를 사용한다.

> Q [AI 헬스 케어] 분야의 선두 기업 2-3곳에 대해 심층 분석을 해 줘. 그리고 각 기업의 비즈니스 모델, 가격 책정 전략, 마케팅 전략, 주요 제품/서비스의 특징, 고객 리뷰 분석, 최근 1년간의 주요 뉴스 등을 포함해 분석해 줘.

◆ 규제 환경 분석

선택한 아이디어에 대한 관련 산업의 규제 환경을 파악하기 위해, 챗GPT에게 다음과 같은 프롬프트 예시를 사용한다.

> Q [창업 아이디어]와 관련된 현재의 규제 환경을 분석해 줘. 국내 관련 법규, 해외 주요국의 규제 동향, 향후 2-3년 내에 변경이 예상되는 규제 사항 등을 포함해 설명해 줘. 또한, 이러한 규제가 우리 비즈니스에 미칠 영향과 대응 방안도 제시해 줘.

◆ 기술 로드맵 작성

선택한 아이디어 실현을 위한 기술 로드맵 작성을 위해, 챗GPT에게 다음과 같은 프롬프트 예시를 사용한다.

> **Q** [창업 아이디어] 실현을 위한 3년간의 기술 로드맵을 작성해 줘. 그리고 각 단계별로 개발이 필요한 핵심 기술, 예상되는 기술적 난제, 필요한 개발 인력과 비용 등을 포함해 설명해 줘.

◆ 시나리오 기반 리스크 분석

다양한 시나리오를 바탕으로 한 리스크 분석을 위해, 챗GPT에게 다음과 같은 프롬프트 예시를 사용한다.

> **Q** [창업 아이디어]와 관련하여 발생 가능한 최악의 시나리오 3가지와 최선의 시나리오 3가지를 제시해 줘. 그리고 각 시나리오에 대해 발생 가능성, 비즈니스에 미치는 영향, 그리고 대응 전략을 포함해 설명해 줘.

이러한 AI 기반의 심층 분석을 통해 선택한 창업 아이디어를 더욱 구체화하고 실현 가능성을 높일 수 있다. 그러나 AI의 분석 결과는 어디까지나 참고 자료일 뿐이며, 최종 의사결정은 창업자의 통찰력과 판단에 기반해야 한다.

◆ 실습: 나만의 창업 아이디어 선정 매트릭스 만들기

창업 아이디어를 객관적으로 평가하고 선택하는 과정은 성공적인 창업의 핵심이다. 이번 실습에서는 창업 아이디어 선정 매트릭스를 만들어 볼 것이다. 이 과정을 통해 다양한 아이디어를 체계적으로 비교하고, 자신에게 가장 적합한 아이디어를 선택할 수 있다.

평가 기준 설정

먼저, 아이디어를 평가할 기준을 정한다. 이 기준들은 아이디어의 다양한 측면을 포괄해야 한다. 주요 기준은 다음과 같다.

- **시장 잠재력(가중치: 20%)** 시장의 크기와 성장 가능성은 비즈니스의 성공을 좌우하며, 큰 시장은 더 많은 기회를 제공한다.
- **개인 적합성(가중치: 25%)** 창업자의 스킬, 경험, 네트워크와 일치하는 아이디어가 성공 확률이 높으며, 개인의 열정과 일치하는 아이디어는 장기적으로 지속할 수 있다.
- **재무적 실현 가능성(가중치: 15%)** 초기 투자 비용, 수익 모델의 명확성, 손익분기점 도달 시기 등은 사업의 생존과 직결된다.
- **차별화 및 혁신성(가중치: 15%)** 경쟁이 치열한 시장에서 독특한 가치 제안은 필수적이며, 혁신적인 아이디어는 시장을 선도할 수 있는 기회를 제공한다.
- **사회적 영향력 (가중치: 10%)** 사회적 가치를 창출하는 비즈니스는 고객 충성도를 높이고, 브랜드 이미지를 강화할 수 있다.
- **확장성 (가중치: 10%)** 쉽게 확장할 수 있는 비즈니스 모델은 빠른 성장과 높은 수익성을 제공할 수 있다.
- **진입 장벽 (가중치: 5%)** 높은 진입 장벽은 경쟁으로부터 비즈니스를 보호할 수 있지만, 동시에 시작의 어려움을 의미할 수 있다.

이 가중치는 예시일 뿐이며, 개인의 상황과 선호에 따라 조정할 수 있다. 예를 들어, 사회적 기업을 목표로 한다면 '사회적 영향력'의 가중치를 높일 수 있다.

평가 척도 정의

각 기준에 대해 1-5점 척도를 사용한다. 척도는 다음과 같이 정의한다.

- **1점(매우 낮음)** 해당 기준에서 아이디어가 심각한 문제나 한계를 가지고 있다.
- **2점(낮음)** 아이디어가 해당 기준에서 평균 이하의 성과를 보인다.

- **3점 (보통)** 아이디어가 해당 기준에서 평균적인 성과를 보인다.
- **4점 (높음)** 아이디어가 해당 기준에서 평균 이상의 좋은 성과를 보인다.
- **5점 (높음)** 아이디어가 해당 기준에서 탁월한 성과를 보이며, 경쟁 우위를 가진다.

예를 들어, '시장 잠재력' 기준에서 1점은 시장이 포화 상태이거나 쇠퇴하고 있다. 3점은 안정적이지만 크게 성장하지 않는 시장이다. 5점은 빠르게 성장하는 대규모 시장이며, 많은 기회가 존재한다고 보면 된다. 이러한 명확한 척도 정의는 평가의 일관성을 유지하는 데 도움이 된다.

매트릭스 템플릿 만들기

엑셀이나 구글 스프레드시트를 사용해 매트릭스 템플릿을 만든다. 템플릿의 구조는 다음과 같다.

- **A열** 아이디어명
- **B열~H열** 각 평가 기준 (시장 잠재력, 개인 적합성 등)
- **I열** 총점
- **J열** 순위

각 기준 행에는 "점수 (1-5)", "가중치 (25%~5%)", "가중 점수 (점수 * 가중치)" 세 개의 하위 행을 만든다. 이 템플릿을 사용하면 여러 아이디어를 한눈에 비교할 수 있고, 총점과 순위를 계산할 수 있다.

● 창업 아이디어 선정 매트릭스 ●

구분/ 아이디어 명칭	가중치(창업자 추구하는 성향에 따라 가중치의 배점을 달라질 수 있음)							총점	순위
	시장 잠재력 (가중치: 20%)	개인 적합성 (가중치: 25%)	재무적 실현 가능성 (가중치: 15%)	차별화 및 혁신성 (가중치: 15%)	사회적 영향력 (가중치: 10%)	확장성 (가중치: 10%)	진입 장벽 (가중치: 5%)		
아이디어 점수									
아이디어 가중치									
가중 점수									

AI 활용 아이디어 평가

각 아이디어에 대해 AI에게 평가를 요청한다. 이 과정은 객관적인 시각을 얻고, 놓칠 수 있는 부분을 발견하는 데 도움이 된다. 다음과 같은 프롬프트를 사용한다.

Q [아이디어명]에 대해 다음 7가지 기준으로 평가해 줘.

- 시장 잠재력
- 개인 적합성
- 재무적 실현 가능성
- 차별화 및 혁신성
- 사회적 영향력
- 확장성
- 진입 장벽

기준에 대해 1-5점으로 점수를 매기고, 그 이유를 자세히 설명해 줘. 또한, 각 기준에 대한 주요 고려사항과 잠재적 리스크도 함께 제시해 줘.

AI의 평가를 받은 후, 다음 사항을 고려하여 결과를 분석한다. AI의 평가는 참고 자료로 활용하고, 최종 점수는 창업자 본인이 결정한다.

- AI가 제시한 점수의 근거가 타당한가?
- AI가 발견한 잠재적 리스크는 무엇인가?
- AI의 평가 중 예상치 못한 인사이트가 있는가?

점수 입력 및 계산

AI의 평가를 검토 후 수정 사항이 없으면, 7 가지 기준의 창업자가 정한 가중치를 부여해서 챗GPT에게 점수 계산을 요청한다. 다음은 AI 기반 개인 맞춤형 영양 추천 서비스 프롬프트 예시이다.

> **Q** 아이디어: AI 기반 개인 맞춤형 영양 추천 서비스
>
> - 시장 잠재력: 4점 * 20%
> - 개인 적합성: 5점 * 25%
> - 재무적 실현 가능성: 3점 * 15%
> - 차별화 및 혁신성: 4점 * 15%
> - 사회적 영향력: 4점 * 10%
> - 확장성: 4점 * 10%
> - 진입 장벽: 3점 * 5%
>
> 5점 만점 기준이야, 위 내용을 계산해서 표형식으로 보여줘.

결과 분석

점수 계산이 완료되면, 다음 단계로 결과를 분석한다.

- **상위 랭크 아이디어 선정** 총점이 가장 높은 3~5개의 아이디어를 선정한다.
- **강점과 약점 분석** 각 아이디어의 강점(4점 이상 받은 기준)과 약점(2점 이하 받은 기준)을 파악한다.
- **개선 가능성 검토** 낮은 점수를 받은 영역에서 개선의 여지가 있는지 검토한다.

- **시너지 효과 고려** 선정된 아이디어들 사이에 시너지 효과를 낼 수 있는 요소가 있는지 살펴본다.

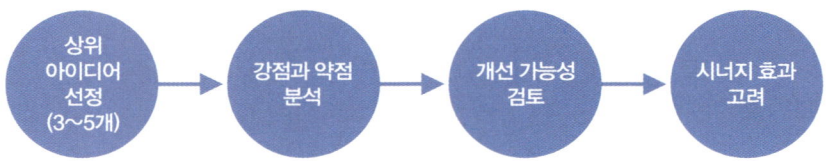

심층 검증

상위 랭크 된 아이디어들에 대해 추가적인 검증을 진행한다.

- **시장 조사** 선정된 아이디어들의 목표 시장에 대해 더 자세한 조사를 수행한다. 시장 규모, 성장률, 주요 플레이어, 고객 니즈 등을 파악한다.

- **경쟁사 분석** 주요 경쟁사들의 제품/서비스, 가격 정책, 마케팅 전략 등을 분석한다.

- **재무 시뮬레이션** 초기 투자 비용, 예상 매출, 운영 비용 등을 고려한 간단한 재무 모델을 만들어본다.

- **전문가 의견** 수렴 관련 분야의 전문가나 멘토에게 아이디어에 대한 피드백을 요청한다.

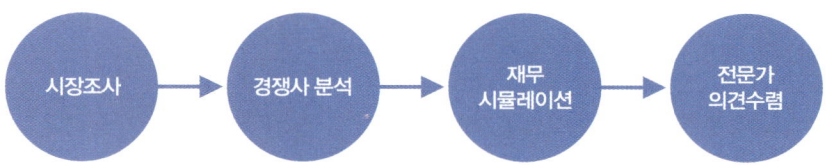

최종 선택

모든 분석과 검증 과정을 거친 후, 다음 사항을 고려하여 최종 아이디어를 선택한다.

- 객관적 평가 결과 (매트릭스 점수)
- 주관적 선호도와 열정
- 현재 보유한 자원과 역량
- 시장 기회와 타이밍
- 리스크 수용 능력

선택한 아이디어에 대해 다음과 같은 질문을 던져본다.

- 이 아이디어로 3-5년간 전념할 수 있는가?
- 이 아이디어가 나의 장기적인 비전과 일치하는가?
- 이 아이디어로 의미 있는 가치를 창출할 수 있는가?

모든 과정을 거친 최종 아이디어는 체계적으로 검증된 창업 아이템이 된다. 이제 이 아이디어를 바탕으로 구체적인 사업 계획을 수립하고 실행에 옮길 준비가 된 것이다.

- **역할(Who)** 창업 아이디어 검증 전문가이자 AI 활용 컨설턴트로 역할주기.

- **핵심 프롬프트** 예비 창업자들이 AI를 활용해 아이디어를 심층 평가하고, 매트릭스로 점수화할 수 있게 단계별로 쉽게 안내 제시하기.

- **요구 사항**
  - AI 활용법(페르소나, 경쟁사, 규제, 로드맵, 시나리오 분석)을 핵심만 요약.
  - 아이디어 선정 매트릭스(7가지 기준, 가중치, 1~5점) 과정을 예시와 함께 보여주기.
  - 초심자가 모를 법한 용어(페르소나, 가중치, 시나리오 분석 등)에 간단한 풀이를 괄호나 주석 형태로 넣어주기.
  - 글은 1,200자 정도로 간결하게 작성하기.
  - 문체는 친근하게, 번호 목록과 예시 표를 통해 시각화하며, 스타일(Style)은 마크다운(Markdown)을 사용해 소제목과 표를 구조적으로 보여주기. 문단이 너무 길지 않고, 각각의 단계마다 어떤 프롬프트를 쓰면 좋을 것인지 예시 추가하기.

PART 02

챗GPT와 사업계획서 작성하기

"시작을 하는 가장 좋은 방법은 말하는 것을 멈추고 행동으로 옮기는 것이다."
- 월트 디즈니 -

아이디어가 만들어졌다면, 이제 행동에 옮길 차례다. 이 파트에서는 생성형 AI(챗GPT)와 함께 사업계획서를 효율적으로 작성하고, 구체적인 실행방안을 설계하는 과정을 살펴본다. 문제(Problem)부터 해결책(Solution), 성장 전략(Scale-Up), 그리고 팀 구성(Team)까지, 모든 단계를 인사이트와 데이터로 뒷받침하며 현실화하는 방법을 배워보자. 첨단 기술과 창업자의 열정이 만나면, 새롭게 도전하는 길도 어렵지 않다. 월트 디즈니가 말했듯 행동으로 '시작'하는 순간, 길은 더욱 분명하고 긍정적인 방향으로 열릴 것이다.

04 사업계획서의 이해

04-1. 사업계획서란 무엇인가?

사업계획서는 단순한 문서 그 이상이다. 창업자가 자신의 아이디어를 구체화하고, 실행 가능한 전략으로 전환하기 위한 지도 역할을 한다. 사업계획서는 의무감으로 작성하는 문서, 누군가에게 보여주기 위한 문서가 아닌 나 자신의 청사진을 만들기 위한 문서가 되어야 한다. 이제는 창업자들이 사업계획서를 바라보는 관점을 달리해야 할 시간이 왔다.

그동안 혼자서 어렵게 사업계획서를 작성해왔다면, 이제는 챗GPT와 같은 생성형 AI에 도움을 받으면서 부족한 부분을 채워 나갈 수 있다. 사업계획서의 구조 및 양식은 성격에 따라 다르지만 주요 공통 요소로는 다음과 같다.

- **목표설정** 사업의 단기 및 장기 목표를 명확히 정의한다.
- **실행전략** 아이디어를 실행하기 위한 구체적인 계획과 로드맵을 포함한다.
- **재무계획** 수익 모델과 비용예측을 통해 재무적 지속 가능성을 평가한다.
- **시장분석** 대상 고객, 경쟁자, 시장 트렌드에 대한 철저한 조사를 한다.

창업 초기 단계에서는 아이디어를 구체화하고, 투자자와 협력사에 비전을 제시하는데 핵심적인 역할을 한다.

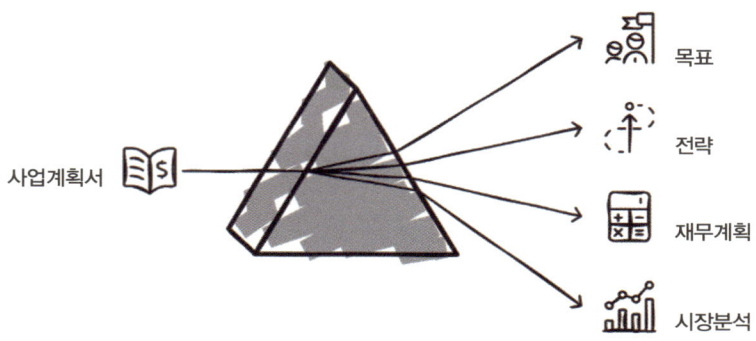

● 사업계획서 구조 ●

04-2. 생성형 AI를 활용한 사업계획서의 장점

챗GPT와 같은 생성형 AI는 기존 사업계획서 작성 방식을 혁신적으로 개선하며, 다음과 같은 이점을 제공한다.

시간 절약

AI는 빠르게 초안을 생성하고 반복적인 수정 작업을 자동화하여, 자료 조사와 정리를 몇 시간 내에 완료하여 작성 시간을 대폭 단축한다.

창의성 강화

기존 트렌드와 데이터를 결합하여 독창적인 비즈니스 모델 설계가 가능하다.

데이터 기반 분석 지원

시장, 고객, 경쟁 데이터를 요약 및 시각화 하여 신뢰성 있는 자료를 제공하며, 예측 모델을 통해 수익성을 평가하고 다양한 시뮬레이션 실행한다.

04-1. 사업계획서란 무엇인가?

맞춤형 컨텐츠 생성

투자자나 기관 등 특정 청중에 맞는 문서를 생성하며, 설득력 있고 간결한 문장으로 전달력을 극대화한다.

비용 절감

전문 컨설턴트 없이도 초기 사업계획서를 작성할 수 있으며, AI의 도움으로 수정 및 보완 작업이 간소화되어 비용 효율성이 증가한다.

유지 관리 용이성

최신 데이터와 트렌드를 반영하여 실시간으로 문서를 업데이트할 수 있어, 시장 환경 변화에 신속히 대응 가능하다.

04-3. 기존 방식과 AI를 활용한 사업계획서의 비교

AI를 활용하면 작성 시간이 단축될 뿐만 아니라, 데이터 기반의 통찰과 창의성이 더해진 결과물을 신속하게 작성할 수 있다. 그러므로 기존 사업계획서 작성 방식과 AI 활용 방식은 작성 과정과 결과물의 질에서 다음과 같은 차이를 보인다.

항목	기존(전통) 방식	생성형 AI(챗GPT) 방식
문서 구조화	작성자가 직접 목차 및 흐름을 설계.	AI가 기본 템플릿 및 구조 제안.
내용의 깊이	작성자 경험과 지식에 의존.	AI의 데이터 기반 분석과 트렌드를 제공하여 내용의 깊이 보완.
가독성	작성자의 표현력과 문장력에 따라 달라짐.	AI가 문장 가독성을 높이고, 전문적이고 설득력 있는 표현 사용.
디자인 및 시각화	작성자가 직접 차트, 그래프, 인포그래픽을 제작.	AI가 자동으로 차트와 그래프 생성, 전문 디자인 도구와 연동 가능.

피드백 및 수정	피드백 후 수정 작업에 많은 시간 소요.	AI가 실시간 피드백 제공, 반복 수정 과정 단축.
결과물 품질	작성자의 표현력과 문장력에 따라 달라짐.	AI가 균일한 품질의 결과물 제공, 데이터 기반 신뢰도 향상.
언어 및 번역 지원	비영어권 사용자는 외부 번역 도구나 전문가 의존.	AI가 실시간 다국어 번역 및 전문적인 문서 작성 지원.
검토 및 리뷰	동료나 전문가를 통한 수작업 검토, 시간 소요.	AI가 논리적 오류, 문법, 데이터의 일관성을 빠르게 리뷰.
결정 지원	작성자가 모든 결정을 직접 내림.	AI가 데이터 기반 시뮬레이션과 다양한 옵션 제시로 의사결정을 지원.

이렇듯, AI를 활용한 사업계획서 작성은 기존 방식과 달리 문서 구조화부터 내용 작성, 교정, 시각화, 번역, 피드백, 그리고 의사결정 지원까지 모든 과정을 자동화하고 효율화한다. 이는 작성 시간을 단축하고, 데이터 기반의 통찰과 창의성을 더해 높은 품질의 결과물을 제공하며, 작성자는 전략적 활동에 집중할 수 있는 여유를 얻게 된다.

챗GPT로 사업계획서 작성하기

05-1. 챗GPT로 혁신적인 사업계획서 작성하기

사업계획서 작성은 성공적인 비즈니스를 위한 첫걸음이다. 이제 이전(전통) 방식에서 벗어나, 챗GPT와 함께 혁신적이고 창의적인 접근으로 더 빠르고, 더 깊이 있는 사업계획서를 작성해 보자.

◆ 문제 정의를 넘는 문제의 재구성

기존의 문제 식별을 뛰어넘어 문제를 재구성해 보자. 문제를 새로운 각도에서 분석하고, 고객이 인지하지 못했던 숨겨진 문제를 발굴할 수 있다.

> **Q** 이 문제를 해결하면 고객이 예상하지 못했던 어떤 가치를 얻게 될까?
>
> 이 문제를 해결하면 고객이 예상하지 못했던 가치를 얻는 방식은 다양하다. 하지만 핵심은 고객이 기존에 느끼지 못했던 편리함, 새로운 가능성, 또는 시간과 비용의 절약을 체험하게 되는 것이다.
>
> **1. 효율성과 생산성의 극대화**
>
> ● 문제를 해결함으로써 고객이 기존보다 훨씬 빠르고 간단하게 목표를 달성할 수 있다. 예를 들어, 복잡한 프로세스를 단축하거나 자동화 솔루션을 도입해 고객의 작업 시간을 줄여 준다면, 예상치 못한 시간적 여유를 제공하게 된다.
>
> **2. 새로운 통찰과 기회**
>
> – 생략 –

◆ 고객 세분화가 아닌 고객의 숨겨진 욕망 탐구

고객의 세분화가 아닌 고객의 숨겨진 감정, 욕구, 욕망 탐구를 통해 미 충족 부분의 기대를 발견할 수 있다.

> **Q** 고객이 꿈꾸는 미래는 어떤 모습이며, 우리가 제공할 제품이 그것을 어떻게 완성할까?

고객이 꿈꾸는 미래는 대개 더 편리하고, 더 자유롭고, 더 성취감 넘치는 삶이다. 이를 구체적으로 살펴보면, 고객은 단순히 문제를 해결하거나 제품을 소비하는 것을 넘어서, 더 큰 목표와 꿈을 실현하고자 하는 바람을 가진다.

1. 고객이 꿈꾸는 미래의 모습

- 시간과 공간의 제약에서 벗어난 삶: 기술과 도구를 통해 일상 업무와 번거로움을 덜고, 더 많은 시간을 자신의 가치 있는 활동에 투자하고 싶어 한다.

- 자기계발과 성취감: 자신의 능력을 개발하고, 목표를 달성하며, 지속적으로 성장할 수 있는 삶을 원한다.

- 연결과 소통: 다른 사람들과 의미 있는 방식으로 연결되고, 공감을 나누며, 더 나은 관계를 유지하고 싶어 한다.

- 안정성과 신뢰감: 예측 가능한 결과와 안전한 환경 속에서 계획을 실행하며 평온함을 느끼고 싶어 한다.

2. 우리가 제공할 제품이 꿈을 완성하는 방식

- 시간과 노력의 절약: 고객이 꿈꾸는 미래를 실현하기 위해 제품이 불필요한 장애물을 제거하고 핵심에만 집중할 수 있게 한다. 예: 자동화된 시스템, 직관적인 설계, 빠른 서비스 제공.

- 지속적인 성장 지원: 제품을 통해 고객이 스스로를 더 발전시키고, 목표를 구체화하며, 성과를 시각적으로 확인할 수 있는 도구와 자원을 제공한다. 예: 맞춤형 학습 플랫폼, 데이터 기반 피드백 시스템.

– 생략 –

◆ 경쟁 분석을 뛰어넘는 생태계 시뮬레이션

단순 경쟁사를 분석하는 것이 아닌, 시장에서 협력할 수 있는 파트너와 생태계의 가능성을 탐구한다.

> **Q 내 제품이 기존 시장에서 어떤 연결고리를 만들어낼 수 있을까?**
>
> 당신의 제품이 기존 시장에서 만들 수 있는 연결고리는 고객의 요구, 기존 솔루션 간의 간극, 그리고 새로운 기회를 발견하는 지점에서 생겨날 수 있다. 이는 제품이 단순히 새로운 기능을 제공하는 데 그치지 않고, 기존 시장과 생태계를 재구성하거나 강화하는 역할을 할 때 더욱 강력해진다.
>
> **1. 기존 솔루션과의 연결고리**
>
> - 보완재 역할: 기존 제품이나 서비스의 한계를 보완하거나, 함께 사용할 때 더 큰 가치를 제공할 수 있다. 예: 생산성 도구에 통합될 수 있는 새로운 플러그인이나 기존 플랫폼과 연동 가능한 기능.
>
> - 통합 플랫폼 구축: 서로 다른 제품이나 시스템을 연결해 고객이 더 큰 생태계를 경험하도록 돕는다. 예: 고객 데이터를 통합 관리하는 솔루션, 서로 다른 디지털 플랫폼을 통합하는 허브 역할.
>
> **2. 고객과의 연결고리**
>
> - 새로운 경험 제공: 고객이 기존에 느끼지 못했던 가치를 제공하며, 경쟁 제품과 차별화된다. 예: 고객의 일상적인 문제를 더 직관적이고 간편하게 해결할 수 있는 방식.
>
> - 사용자 간 네트워크 형성: 제품을 통해 고객이 서로 연결되고, 협력하거나 아이디어를 공유할 기회를 제공한다. 예: 사용자 커뮤니티, 협업이 가능한 플랫폼.
>
> **3. 산업 내 연결고리**
>
> – 생략 –

◆ 솔루션 설계가 아닌 경험 설계

제품의 기능 중심이 아닌, 고객이 느끼는 경험을 구체적으로 설계한다.

> **Q** 고객이 처음 제품을 접할 때의 감정은 무엇이어야 하는가?

고객이 처음 제품을 접할 때 느껴야 할 감정은 호기심, 신뢰, 그리고 기대감이다. 이 세 가지 감정은 고객이 제품에 몰입하고 지속적으로 사용하게 만드는 중요한 출발점이 된다. 아래는 각 감정과 그에 따른 구체적인 전략이다.

1. 호기심

- 고객이 느끼는 감정: "이게 뭘까? 나에게 어떤 도움을 줄 수 있을까?"

전략: 제품 디자인과 첫인상이 매력적이고 눈길을 사로잡는 요소를 포함해야 한다. 고객이 쉽게 이해할 수 있는 강렬하고 간결한 메시지로 가치를 전달해야 한다. 예: 직관적인 인터페이스, 흥미를 유발하는 데모 영상, 간단한 사용법.

2. 신뢰

- 고객이 느끼는 감정: "이 제품은 믿을 만하다. 내 문제를 해결할 수 있을 것 같다."

전략: 초기 경험에서 제품의 안정성과 품질을 확신시켜야 한다. 고객 리뷰, 인증, 사례 등을 활용해 제품의 신뢰성을 뒷받침해야 한다. 고객 지원 및 초기 사용 가이드를 통해 어려움을 신속히 해결해주는 시스템을 구축해야 한다. 예: "무료 체험 제공", "쉬운 환불 정책", "24시간 고객 지원".

3. 기대감

고객이 느끼는 감정: "이걸 사용하면 내 삶이 더 나아질 것 같다!"

전략: 고객이 제품 사용 후 얻게 될 긍정적인 변화를 명확히 상상할 수 있도록 돕는다. 제품의 장점을 구체적이고 현실적인 방식으로 보여준다.

– 생략 –

◆ 실행 계획에서 실시간 시뮬레이션으로 확장

단순한 계획이 아니라, 다양한 조건에서 결과를 예측하는 시뮬레이션을 제공한다.

> **Q 다양한 가격 전략과 타겟 시장에서 예상되는 수익은 어떻게 달라질까?**
>
> 다양한 가격 전략은 제품의 가치, 고객의 지불 의사, 그리고 시장의 경쟁 환경에 따라 수익 구조에 큰 영향을 미친다. 각 전략은 타겟 시장의 특성과 결합될 때 예상되는 수익과 시장 점유율이 달라진다. 아래는 주요 가격 전략과 그에 따른 효과를 분석한 내용이다.
>
> **1. 프리미엄 가격 전략**
>
> - 설명: 고가 정책을 통해 고급스러운 이미지를 강조하며, 품질과 차별화를 내세움.
> - 타겟 시장: 고소득층, 브랜드와 품질을 중요하게 여기는 고객.
> - 예상되는 수익: 단위당 높은 이익률. 판매량은 적지만, 높은 가격으로 인해 총수익이 안정적으로 유지될 가능성.
> - 주요 사례: 럭셔리 제품, 고급 전자기기.
>
> **2. 경제적 가격 전략**
>
> - 설명: 낮은 가격을 통해 가격 민감도가 높은 고객층을 겨냥.
> - 타겟 시장: 저소득층, 가성비를 중시하는 실용적인 고객.
> - 예상되는 수익: 낮은 단위당 이익률. 대량 판매를 통해 수익성을 확보. 가격 경쟁이 치열한 시장에서는 이윤이 제한될 가능성.
> - 주요 사례: 할인 마트, 저가 항공사.
>
> **3. 침투 가격 전략 (Penetration Pricing)**
>
> 설명: 초기 시장 점유율을 확대하기 위해 낮은 가격으로 시장에 진입.
>
> – 생략 –

05-2. 사업계획서 무작정 따라 하기

단순한 아이디어에서 시작해 점진적으로 구체화하며, 사례 분석과 프레임워크를 활용해 완성도를 높인다.

◆ **키워드 중심의 사업계획서 작성하기**

생각나는 핵심 키워드를 입력하고 다음과 같이 챗GPT에게 제안해 본다.

> Q "중년 여성 대상 스마트 안경", "속이 편한 음료수", "피로회복 운동" 등 지금 생각나는 키워드들 입력 후, [키워드] 사업계획서를 작성해 줘.

사업계획서: "중년 여성 대상 스마트 안경", "속이 편한 음료수", "피로회복 운동"

1. 사업 개요

- 중년 여성 대상 스마트 안경: 중년 여성을 타겟으로 한 스마트 안경으로, 패션과 건강을 동시에 고려하여 시력 보호, 블루라이트 차단, 알림 기능 등을 제공.

- 속이 편한 음료수: 소화와 위장 건강을 돕는 성분을 기반으로 한 음료로, 천연재료를 활용해 소화불량이나 속쓰림을 완화.

- 피로회복 운동: 간단하고 효과적인 스트레칭 및 운동 프로그램으로, 중장년층의 신체적 피로와 근육 긴장을 풀어주는 맞춤형 서비스.

2. 시장 분석

1) 중년 여성 대상 스마트 안경

- 시장 동향: 디지털 기기 사용 증가로 블루라이트 차단 및 시력 보호용...

- 생략 -

◆ 세부지침 제공 후 사업계획서 작성하기

세부 지침을 제공하면 챗GPT는 이를 바탕으로 구체적인 사업계획서를 작성한다.

> **Q** 창업 아이템은 중년 여성을 위한 스마트 안경이야. 기능은 세균 감지, 블루라이트 차단이야. 사업계획서에 다음 항목을 포함해 줘, 요약문, 회사소개, 시장분석, 제품 및 서비스, 비즈니스모델, 마케팅 및 세일즈 전략, 운영계획, 재무계획, 팀구성, 위험요인 및 대응전략, 첨부자료"을 포함해서 작성해 줘.

사업계획서: 중년 여성을 위한 스마트 안경

1. 요약문

아이템: 중년 여성을 위한 스마트 안경핵심 기능: 세균 감지, 블루라이트 차단 목표 시장: 40~60대 중년 여성사업 비전: 중년 여성의 건강과 편의를 혁신하는 스마트 웨어러블 솔루션 제공.

2. 회사소개

- 회사명: [회사명 기입]
- 설립연도: [설립연도 기입]
- 비전: 중장년층의 삶의 질을 높이는 혁신적인 스마트 웨어러블 디바이스 제공.
- 미션: 건강 유지와 삶의 질 향상을 돕는 기술적 접근 제공.

3. 시장분석

- 목표 고객층: 40~60대 중년 여성, 특히 디지털 환경 노출도가 높은 직장인 및 가정주부.
- 시장 규모: 전 세계 스마트 웨어러블 시장 연평균 성장률 15%, 중년 여성용 건강 관리 제품의 지속적 성장세.
- 경쟁 분석: 블루라이트 차단 및 세균 감지 기능을 모두 갖춘 제품은 현재...

— 생략 —

◆ 고객, 문제, 솔루션 작성 후 사업계획서 작성하기

고객, 문제, 솔루션 세 가지에 대한 내용을 다음과 같이 챗GPT에게 제안할 수 있다.

> **Q** 고객: 중년 여성
> 문제: 세균 감염 위험과 블루라이트 노출
> 솔루션: 세균 감지 및 블루라이트 차단 안경 의 사업계획서를 작성해 줘.

사업계획서: 중년 여성을 위한 세균 감지 및 블루라이트 차단 안경

1. 요약문

중년 여성을 위한 세균 감지 및 블루라이트 차단 스마트 안경은 현대인의 건강과 안전을 최우선으로 고려한 혁신적인 제품이다. 세균 감지 기능으로 일상 속 감염 위험을 줄이고, 블루라이트 차단 렌즈를 통해 디지털 기기 사용으로 인한 눈 피로를 완화한다. 세련된 디자인과 실용적인 기술을 결합하여 중년 여성의 건강과 패션 니즈를 모두 충족시키는 제품이다.

2. 회사소개

- 회사명: [회사명 기입]

- 설립연도: [설립연도 기입]

- 비전: 중장년층의 건강과 생활 품질을 향상시키는 스마트 디바이스 선도 기업.

- 미션: 중년 여성의 라이프스타일과 건강 요구를 충족시키는 사용자 친화적인 제품 제공.

3. 시장분석

목표 고객층: 40~60대 중년 여성, 특히 디지털 환경 노출도가 높은 직장인 및 가정주부시장 문제: 세균 감염 위험 증가와 장시간 블루라이트 노출로 인한 시력 및 건강 문제.

– 생략 –

◆ 사례 기반의 사업계획서 작성하기

챗GPT는 제공된 사례 기반으로 효율적인 사업계획서를 작성한다.

> **Q** 비슷한 사업 아이템의 성공/실패 사례를 조사한다. 예를 들어, "스마트 헬스케어 제품의 성공 사례와 고객 반응"을 찾는다. 또는 찾아 달라고 지시한다. 챗GPT에게 다음과 같이 요청한다. 스마트 헬스케어 제품의 성공 사례와 고객 반응을 웹에서 검색해서 정리해서 먼저 보여주고, 그 사례를 기반으로 유사한 사업계획서를 작성해 줘.

스마트 헬스케어 제품의 성공 사례와 고객 반응을 조사한 결과, 다음과 같은 사례들이 있습니다.

1. 얼라이브코(AliveCor) 심전도 모니터링 기기

얼라이브코는 스마트폰 케이스 형태로 제작된 심전도 모니터링 기기로, 스마트폰에 부착하여 실시간으로 심전도를 측정할 수 있습니다. 이 제품은 미국 FDA의 승인을 받아 의료 현장에서 활용되고 있으며, 사용자들은 편리한 심장 건강 모니터링 기능에 긍정적인 반응을 보였습니다.

2. 카카오헬스케어의 디지털 헬스케어 플랫폼

카카오헬스케어는 개인의 건강 정보를 수집하고 분석하여 맞춤형 건강 관리 서비스를 제공하는 디지털 헬스케어 플랫폼을 개발하였습니다. 이를 통해 사용자들은 자신의 건강 상태를 쉽게 파악하고 관리할 수 있게 되었으며, 의료기관들은 효율적인 데이터 관리와 분석이 가능해졌습니다.

3. 스마트워치를 통한 건강 모니터링

스마트워치는 사용자의 활동을 추적하고 건강 관련 데이터를 수집하여 일상적인 건강 관리에 도움을 주고 있습니다. 특히, 심박수 모니터링 기능을 통해 심장 이상을 조기에 발견하여 생명을 구한 사례도 보고되었습니다. 사용자들은 이러한 기능에 대해 높은 만족도를 보이고 있습니다.

이러한 성공 사례들은 사용자 친화적인 디자인, 정확한 데이터 수집 및 분석...

– 생략 –

◆ 데이터 기반의 사업계획서 작성하기

챗GPT는 데이터 분석을 바탕으로 시장 트렌드와 비즈니스 전략을 반영한 사업계획서를 작성할 수 있다.

> **Q** 한국 웹에서 2025년 중년 여성 대상 헬스케어 트렌드 분석해 줘, 분석 결과를 기반으로 시장 분석 내용을 작성해 주고, 이를 기반으로 사업계획서를 작성해 줘.

2025년 한국의 중년 여성 헬스케어 시장은 기술 발전과 개인 맞춤형 서비스의 부상으로 새로운 국면을 맞이하고 있습니다. 주요 트렌드와 시장 분석을 통해 사업 기회를 모색해보겠습니다.

1. 주요 헬스케어 트렌드

- 개인 맞춤형 건강 관리: 인공지능(AI)과 빅데이터를 활용하여 개인의 유전 정보, 생활 습관, 환경 요인 등을 종합적으로 분석하는 맞춤형 헬스케어 서비스가 주목받고 있습니다. 이는 예방 의학의 패러다임 전환을 의미하며, 중년 여성의 건강 관리에 특히 유용합니다.

- 디지털 헬스케어의 확산: 웨어러블 기기와 모바일 앱을 통한 실시간 건강 모니터링이 보편화되고 있습니다. 스마트워치, 피트니스 밴드 등은 심박수, 혈압, 수면 패턴 등을 추적하여 개인의 건강 상태를 지속적으로 관리할 수 있게 합니다.

- 정신 건강 관리의 중요성 부각: 현대 사회에서 정신 건강의 중요성이 더욱 강조되며, AI 기반 멘탈 케어 앱과 VR 기반 치료 세션 등이 등장하고 있습니다. 이는 중년 여성의 스트레스 관리와 정신 건강 증진에 기여할 것으로 예상됩니다.

2. 시장 분석

시장 규모와 성장률: 여성 헬스케어 시장은 2023년 420억 9,963만 달러에서 2030년까지 연평균 성장률(CAGR) 4.63%로 성장할 것으로 예상됩니다.

– 생략 –

◆ 시뮬레이션 기반의 사업계획서 작성하기

챗GPT로 작성 시 예비 창업자가 알아야할 비용(숫자)들에 대해서는 직접 시장에서 확인을 해야 한다.

> **Q** 한국에서 경영전략 시뮬레이션 보드게임 제작을 위한 초기 투자 비용과 3년 간의 예상 수익 구조를 계산해 줘.

> 경영전략 시뮬레이션 보드게임을 한국에서 제작하고 3년간의 수익 구조를 예측하기 위해서는 초기 투자비용과 예상 수익을 상세히 분석해야 합니다. 아래는 이에 대한 구체적인 내용입니다.
>
> **1. 초기 투자비용**
>
> 초기 투자비용은 크게 개발 비용, 제작 비용, 마케팅 및 유통 비용으로 구분할 수 있습니다.
>
> ● 개발 비용
>
> 게임 기획 및 디자인: 게임의 메커니즘 설계, 그래픽 디자인, 일러스트레이션 등을 포함합니다.
>
> 비용 추정: 약 1,000만 원 (디자이너 및 일러스트레이터의 인건비 포함).
>
> 프로토타입 제작: 초기 샘플 제작 및 테스트 플레이 비용.
>
> 비용 추정: 약 500만 원.
>
> ● 제작 비용
>
> 생산 단가: 구성품의 종류와 품질에 따라 달라집니다. 일반적으로 대량 생산 시 단가가 절감됩니다.
>
> 예시: 1,000개 생산 시 개당 20,000원 → 총 2억 원.
>
> 포장 및 배송: 패키징 디자인 및 물류 비용.
>
> *– 생략 –*

◆ 프레임워크 기반의 사업계획서 작성하기

다양한 형태의 경영 프레임워크를 활용하여 사업계획서를 작성할 수 있다.

> **Q** 비즈니스 모델 캔버스 9가지 요소(고객 세그먼트, 가치 제안 등)에 따라 사업계획서 초안을 작성해 줘.
>
> 다음은 비즈니스 모델 캔버스 기반 사업계획서 초안입니다.
>
> **1. 고객 세그먼트 (Customer Segments)**
>
> ● 주요 고객
>
> – 경영학과 대학생, MBA 수강생.
>
> – 창업 준비 중인 20~40대 직장인.
>
> – 기업 내 경영 전략 및 리더십 교육을 담당하는 HR 전문가.
>
> ● 부가 고객
>
> – 경영 컨설턴트, 스타트업 창업자
>
> – 보드게임 애호가 중 전략적 사고를 선호하는 그룹
>
> **2. 가치 제안 (Value Proposition)**
>
> ● 핵심 가치
>
> – 리더십 전략과 의사결정 능력을 실전처럼 학습할 수 있는 보드게임 제공
>
> – 생략 –

위 예시들은 독자들이 복잡한 사업계획서 작성에 대한 부담감을 내려놓고, 가볍게 시작해 볼 수 있도록 도와준다. 생각나는 키워드 몇 가지를 입력하고, 간단한 지침을 추가하는 것만으로도 색다른 형태의 사업계획서를 빠르게 만들어낼 수 있다. 이렇게 경험이 아이디어를 구체화하고 자신감을 키우는 계기가 될 것이다.

05-3. 초보자를 위한 사업계획서 작성 POINT

창업 초보자나 처음 사업계획서를 작성하는 독자들은 다음의 5단계만 잘 따라가면 사업계획서의 골격을 잡도록 만든 프레임워크가 POINT이다.

Product → Orientation → Intelligence → Navigation → Treasury

위 순서로, 무엇을 팔 것인지(P), 누가 사용할 것인지(O), 경쟁사는(I), 실행 로드맵(N), 돈(T)이라는 흐름을 자연스럽게 구성했다.

기존의 많은 창업 책들을 보면, 시장분석 → 경쟁사분석 → 재무계획 → 실행 순서로 설명하여, 초심자가 한 번에 전부 이해하기는 쉽지 않기 때문에 POINT의 핵심적인 5가지 필수 요소(문제 정의, 솔루션, 시장분석, 재무계획, 실행계획 등)를 통해 처음 사업계획서를 쓰는 누구도 공백 없는 기초 문서를 만들 수 있다.

▶ P : Product (아이템 정의)

"내가 무엇을 팔려고 하는가?" 아이템(제품, 서비스, 플랫폼 등)의 핵심 가치와 문제해결 관점을 한 문장으로 정리하는 단계이다. 너무 장황하게 쓸 필요도 없고, 우리 아이디어가 해결하는 '문제'와 제공하는 '솔루션'을 간결히 정리한다.

[예시]
AI를 활용한 퇴직자 대상 제2의 인생 설계를 위한 비전 로드맵 교육 컨설팅, 은퇴 후 새로운 삶을 계획하는 퇴직자 맞춤형 AI 교육 서비스 등.

[포인트 체크리스트]
- 문제 정의 어떤 문제(고객 불편)를 해결할 수 있는가?
- 핵심 기능 구체적으로 무엇을 제공하는가?
- 한 문장 요약 Elevator Pitch (30초 이내 설명하기).

Q 프롬프트 예시

너는 스타트업 아이템을 간단히 정의해주는 전문가야. 나는 '퇴직자들의 제2의 인생 설계'를 지원하는 서비스를 구상 중인데, 이 아이디어를 '한 문장'으로 요약해 줘. 고객이 느끼는 문제와, 제공할 핵심 해결책이 드러나면 좋겠어.

Q 프롬프트 예시

'제2의 인생 설계 비전 로드맵 교육 컨설팅' 아이템의 주요 기능 3가지만 간단히 나열해 줘. 각 기능이 고객에게 어떤 가치를 주는지도 1~2줄씩 설명해 줘.

▶ O: Orientation (고객·시장 방향성)

"누가 이걸 쓰게 될까? 시장은 어떤가?" 타겟 고객의 라이프스타일, 시장 규모·트렌드, 기대되는 기회 등을 파악한다. 사업계획서에서 "이 아이템이 왜 지금, 누구에게 필요한가?"를 설명하는 단계이다. Orientation 단계가 시장분석 + 고객정의를 부담 없이 담아낼 수 있다.

[포인트 체크리스트]

- **타겟 고객 프로필** 나이, 직업, 지역, 라이프스타일, 주요 고통 포인트.
- **시장 크기** 대략적 규모, 성장 가능성, 트렌드.
- **왜 지금인가?** 사회·기술·경제적 배경.

Q 프롬프트 예시

나는 50대 이상의 퇴직자를 주요 타겟으로 보는데, 이들이 '제2의 인생 설계' 외에 일상에서 겪는 스트레스나 불편함이 무엇인지 3~4가지 찾아줘. 이유도 함께 설명해 줘.

Q 프롬프트 예시

현재 국내 퇴직자 대상 제2의 인생 설계 시장 규모가 어느 정도인지 추정해 줘. 혹시 비슷한 통계나 트렌드가 있으면, 요약해 알려주면 좋겠어.

▶ I: Intelligence (경쟁·분석)

"이미 있는 서비스나 경쟁자는? 우리만의 차별점은?" 경쟁사 정보 수집, 강점·약점 비교, 시장 트렌드 심화 분석 등을 한다. "이 시장에 우리 뿐만 아니라 다른 플레이어도 있다."는 것을 인정하고, 어떤 경쟁 우위(USP)로 승부를 낼 지 고민하도록 만든다.

[포인트 체크리스트]

- **경쟁사 리스트** 2~3곳 대표적으로 선정.
- **제품·서비스 차별화** 가격, 편의성, 기능, 디자인 등.
- **새로운 기회** 경쟁자가 놓치는 틈새시장, 기술 혁신 가능성.

Q 프롬프트 예시

웹 검색을 통해서 내 아이템과 비슷하게 '퇴직자 대상 제2의 인생 설계' 서비스를 제공하는 국내 주요 스타트업이나 대기업 서비스를 2~3곳 찾아서, 각 업체의 타겟·장점·약점 간단히 표로 만들어 줘.

Q 프롬프트 예시

경쟁사 A의 요금 정책과 마케팅 전략이 무엇인지 대략 파악해 줘. 그리고 내 아이디어가 A와 어떻게 달라질 수 있을지 두 가지 방안을 제시해 줘.

▶ N: Navigation (실행·로드맵)

"어떻게 만들고, 어떤 순서로 실행할까?" 개발 → 테스트 → 런칭·마케팅 순서, 필요한 인력, 리스크 관리 등을 구체화한다. 계획만 "그럴 듯"하면 안 된다. 구체적 일정표와 목표가 있어야 실제 투자자나 팀원들도 신뢰할 수 있다.

[포인트 체크리스트]

- **단계별 계획** 프로토타입 제작, 베타테스트, 마케팅 런칭.

- **필요 자원** 인력(개발자, 디자이너 등), 예산, 기간.

- **리스크 · 대응책** 기술 장애, 규제 이슈, 팀 역량 부족 등.

Q 프롬프트 예시

퇴직자 대상 제2의 인생 설계 AI 비전 로드맵 교육 컨설팅 서비스를 4개월 내에 런칭한다고 가정하면, 월 단위 로드맵을 작성해 줘.

1) AI 알고리즘 개발.

2) 사용자 인터페이스 디자인.

3) 마케팅 사전 준비 등 단계별 필요 인력 · 예산도 간단히 작성해 줘.

Q 프롬프트 예시

만약 개발 지연이나 예산 부족이 생길 경우, 우선순위를 조정하는 방안을 2~3개 제안해 줘. 그리고 어떤 기능부터 생략하거나 축소할 수 있을지 생각해 봐.

▶ T: Treasury (재무·수익 계획)

"돈은 어떻게 벌고, 언제쯤 손익분기점을 넘길까?" 수익모델, 초기 비용, 월간 고정비 · 변동비, BEP 시점, 자금 조달 계획 등을 기재한다. 투자나 융자를 받으려면, 재무 예측이 필수 다. 초심자도 "월 지출, 예상 매출, 손익분기점" 정도는 계산해 보아야 '지속 가능성'을 어필할 수 있다.

[포인트 체크리스트]

- **수익 모델** 구독형 1회성 과금, 광고, 중개 수수료 등.

- **비용 구조** 고정비(임대료, 인건비), 변동비(마케팅, 물류) 구분.

- **자금 조달 방안** 투자, 대출, 정부지원금, 자체 자본 등.

- **BEP(손익분기점)** 몇 개월 후 달성 가능.

Q 프롬프트 예시

퇴직자 대상 제2의 인생 설계 AI 비전 로드맵 교육 컨설팅 서비스를 구독형으로 운영한다면, 월 구독료를 얼마로 책정할지 제안해 줘. 그리고 고정비(서버/인건비)와 변동비(마케팅)도 고려하여, BEP 달성 시점이 언제 가능할지 간단히 추정해 봐.

Q 프롬프트 예시

초기 투자금 2천만 원으로 시작한다고 가정할 때, 첫 3개월 간 예상되는 지출항목(인건비, 장비비, 기타 비용)을 리스트업 해 줘. 그리고 절감할 수 있는 방법도 1~2가지 제시해 줘.

◆ POINT 프롬프트 예시

너는 사업계획서 작성 전문가 야. 나는 'AI를 활용한 퇴직자 대상 제2의 인생 설계를 위한 비전 로드맵 교육 컨설팅' 사업을 준비 중이야, POINT 방식으로 사업계획서를 쓰고 싶어.

P: Product 내 아이템을 한 문장으로 요약하고, 문제/솔루션을 구체화해 줘.

O: Orientation 타겟 고객(50대 직장인)의 페르소나와 관련 시장 규모, 트렌드 조사 결과를 알려줘.

I: Intelligence 비슷한 경쟁사 2~3곳을 찾아 특징·강점·약점을 비교해 줘. 우리만의 차별화 아이디어도 제안해 줘.

N: Navigation 프로토타입 → 베타 → 정식 출시까지 3단계 로드맵을 작성하고, 각 단계 필요한 인력/기간/예산을 추정해 줘.

T: Treasury 수익모델(구독형 vs 건당 과금)을 비교하고, 월간 예상 매출/비용, 손익분기점 등을 표로 정리해 줘.

POINT는 초심자를 위한 핵심 뼈대이다. 실무에서는 당연히 더 세부적인 지표나 분석이 필요할 수 있지만, 적어도 이 5단계만 충실히 작성해도 사업계획서가 이런 구조로 작성된다는 감각을 얻을 수 있다.

POINT 요약정리

P. Product 문제/해결책을 명확히 하라.

O. Orientation 시장과 고객을 파악하면, "왜 지금 이걸 해야 하나"가 선명해진다.

I. Intelligence 경쟁사 분석은 필수, 차별화 포인트가 핵심.

N. Navigation 구체적 일정·우선순위 설정으로 팀·투자자 신뢰 형성.

T. Treasury 돈의 흐름, 수익모델·BEP로 현실성을 확보하라.

05-4. 구조 강화를 위한 유형별 프롬프트 가이드

목적 중심 질문, 문제 해결, 역할 분석을 활용하면 계획의 구체성과 설득력이 강화된다. 체계적 프롬프트 적용은 전략 수립의 핵심 도구다.

◆ 목적 중심

- **구성 예시** 나는 [시장 분석/아이디어 생성/문제 해결]이 필요해. [특정 조건: 타겟 고객, 예산 범위 등]을 고려한 제안을 해줘.

- **추가 팁** 목적을 명확히 하고, 단순 요구가 아닌 '왜 이게 필요한지' 배경을 제시하면 답변의 품질이 높아진다.

◆ 문제 해결 구조

- **구성 예시** 다음 문제를 해결할 전략을 제안해 줘. [문제 설명]. 이 때 [예산, 시간, 자원 제약]을 고려해 줘.

- **추가 팁** 해결책을 평가할 기준(예시 실행 난이도, 효과성)을 명시하면 더 유용한 답변을 얻을 수 있다.

◆ 역할 기반

- **구성 예시** 너는 [전문가 역할]이야. [맥락: 현재 상황/데이터] 기반으로 [특정 목표: 전략 제안, 문제 해결]을 제공해 줘.
- **추가 팁** 전문가 역할을 구체화. 예: 너는 10년 경력의 스타트업 성장 '컨설턴트'라고 하면 전문성 높은 답변을 유도할 수 있다.

◆ 목표 행동 계획

- **구성 예시** 목표는 [구체적 수치나 성과 지표]. 이를 달성하기 위한 구체적 실행 단계를 순서대로 제안해 줘.
- **추가 팁** 단계별로 실행 우선순위나 예상 소요 자원도 함께 요청하면, 실행가능성이 높은 답변을 얻을 수 있다.

◆ 비교 평가

- **구성 예시** 다음 두 가지 전략(전략 A, 전략 B)을 [목표/조건]에 따라 비교하고, 어떤 것이 더 적합한지 그 이유를 제시해 줘.
- **추가 팁** 비교 기준(예시 비용, 시장 진입 속도, 지속가능성)을 구체적으로 제시하면 답변의 명료도가 상승한다.

◆ **자료 시각화 요청**

- **구성 예시** 다음 정보를 [표/차트/맵] 형태로 정리해 줘. [데이터 설명].
- **추가 팁** 표의 열/행 구성을 지정하거나, 차트 유형(파이 차트, 바 차트)까지 요청하면 원하는 형태에 가까운 자료를 얻을 수 있다.

◆ **조건부 생성**

- **구성 예시** 다음 조건에 맞춰 [전략/문장/아이디어]를 작성해 줘. [조건 상세].
- **추가 팁** 조건을 번호로 명확히 구분하거나, 우선순위를 두어 조건 충돌 시 어떤 조건을 우선해야 할지 명시하면 유리하다.

◆ **조건부 생성**

- **구성 예시** 다음과 같은 협업 상황을 가정해 [아이디어/전략/계획]을 작성해 줘. [협업 조건: 팀 구성, 역할 분담, 목표]을 고려하여 제안해 줘.
- **추가 팁** 협업의 구체적인 상황(예: 팀의 규모, 각 팀원의 전문 분야, 협업 플랫폼 등)을 제공하면 더욱 실질적인 아이디어를 얻을 수 있다.

05-5. PSST 방식에 대한 사업계획서 구조의 이해

창업진흥원에서 예비 및 초기 창업자를 선발하여 진행하는 창업 패키지의 경우, PSST(Problem-Solution-Scale-Up-Team) 방식으로 사업계획서를 작성해야 한다. PSST 사업계획서의 기본적인 구성 요소와 필요 사항을 살펴보면 다음과 같다.

단계	필요 요소	구체적인 질문 및 작업
문제 (Problem)	● 해결하고자 하는 문제의 정의. ● 문제의 심각성과 시장성 데이터. ● 고객의 니즈와 페인 포인트 분석.	● 어떤 문제가 존재하며, 이 문제가 왜 중요한가? ● 이 문제로 인해 고객이 겪는 불편함은 무엇인가? ● 데이터로 문제의 시장성과 심각성을 증명할 수 있는가? 예: 통계, 설문조사 등. ● 이 문제가 현재 해결되지 않은 이유는 무엇인가?
해결책 (Solution)	● 문제를 해결할 구체적인 제품/서비스. ● 해결책의 차별화 포인트. ● 고객이 얻는 혜택과 가치 제안.	● 내 제품/서비스가 이 문제를 어떻게 해결할 수 있는가? ● 내 해결책이 기존의 방법(경쟁사)보다 어떤 점에서 우월한가? ● 고객이 이 해결책을 사용함으로써 얻게 되는 실질적 혜택은 무엇인가? 예: 비용 절감, 시간 절약, 삶의 질 개선 등. ● 제품/서비스의 구체적인 구현 방식은 무엇인가?
성장 전략 (Scale-Up)	● 시장 확대 방안. ● 목표 시장과 경쟁 전략. ● 사업 모델과 수익 창출 전략.	● 이 아이템의 목표 시장은 어디인가? (초기 시장 → 확장 시장 순서로 구체화) ● 경쟁사 대비 나의 경쟁 우위는 무엇인가? ● 이 사업이 어떻게 수익을 창출할 것인가? (수익 모델: 판매, 구독, 광고 등) ● 초기 시장 진입 전략과 이후의 확장 전략은 무엇인가?
팀 구성 (Team)	● 팀원들의 역량 및 역할 정의. ● 외부 협력 자원 및 네트워크 활용 계획. ● 필요한 추가 인력.	● 팀원이 각각 어떤 전문성과 경험을 보유하고 있는가? ● 팀원들의 역할 분담이 명확한가? ● 외부 협력사(파트너)나 네트워크를 어떻게 활용할 것인가? ● 사업 진행을 위해 추가로 필요한 인력은 무엇인가? 예: 기술, 마케팅, 운영 등.

05-6. PSST 방식의 사업계획서 준비 사항

사업계획서를 작성하기 전에는 문제 정의부터 해결책, 확장 전략까지 체계적 준비가 필요하다. 시장 리서치와 고객 피드백을 통해 문제를 파악하고, MVP 테스트로 검증해야 한다.

◆ Problem(문제) 단계 준비 사항

- **시장 리서치** 시장 내 문제점과 기회를 파악하기 위한 자료 수집(통계, 보고서, 설문조사)과 고객 인터뷰 또는 설문을 통해 문제의 심각성과 해결 필요성을 정량적으로 확인하기.

- **문제 정의** 고객이 겪는 구체적인 문제를 1~2문장으로 명확히 기술하고, 문제의 발생 원인과 기존 해결 방법의 한계를 분석하기.

◆ Solution(해결) 단계 준비 사항

- **해결책 설계** 아이템의 주요 기능과 혜택 정의(예: AI 기술을 적용해 고객의 목표 달성 지원)와 기존 해결책 대비 내 아이템의 차별화 포인트(속도, 비용, 품질 등) 강조하기.

- **MVP(최소 기능 제품) 개발** 초기 버전의 제품/서비스를 제작해 고객의 반응을 테스트하기.

◆ Scale-Up(성장) 단계 준비 사항

- **시장 분석 및 전략** 초기 타겟 시장의 크기와 성장 가능성 분석 및 경쟁사의 약

점과 내 강점을 비교해 효과적인 시장 진입 전략 설계하기.

- **수익 모델 개발** 고객이 돈을 지불할 가치와 수익창출 방식 정의(예: 구독형 서비스, 사용량 기반 과금) 및 예상 수익과 비용 구조를 기반으로 초기 재무 계획 수립하여, 고객 피드백을 기반으로 개선 방향 도출하기.

◆ Team(팀) 단계 준비 사항

- **팀 구성** 대표자 및 팀원의 전문성과 경력 요약, 그리고 팀원의 역할과 책임 명확히 정의하기.

- **외부 협력 네트워크** 협력 기업 및 파트너사 목록 작성 및 협력 내용(기술 지원, 마케팅 등)과 기대 효과를 명확히 기술하기.

05-7. PSST 방식의 사업계획서 작성

예비 창업 패키지, 초기 창업 패키지에서 사용하는 PSST 방식의 사업계획서를 작성하는 방법은 다음과 같다. 첫 번째로는 사업 공고 및 사업계획서 양식을 분석하는 것이다. 해당 사이트에 방문하여 "사업 공고" 및 "사업계획서" 양식 등을 다운로드 받은 후 한글 파일이면 PDF 파일로 변환하여 챗GPT에 업로드 하면 된다.

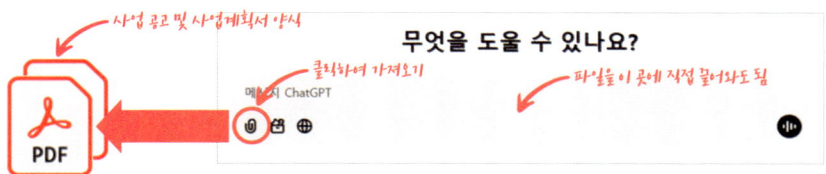

☑ **창업 정보 파일 받기** 챗위에서 사용된 학습 파일을 얻고자 한다면, [https://www.k-startup.go.kr] K-Startup 창업지원포털에서 "예비 창업 패키지"라고 검색하면 된다.

PDF 파일을 업로드한 후에 다음과 같이 원하는 프롬프트를 입력하면 되며, 또는 궁금한 사항을 질문하면 된다. 그러면 자신이 요청한 부분을 챗GPT가 업데이트한 파일에 근거하여 충실하게 답변을 해준다.

Q 이 공고에서 지원자에게 가장 큰 영향을 미치는 내용을 알려줘.

> **Q** 이 공고에서 지원자에게 가장 큰 영향을 미치는 내용을 작성해 줘.
>
> 이 공고에서 지원자에게 가장 큰 영향을 미칠 수 있는 내용은 다음과 같다.
>
> **1. 지원 자격 및 제외 조건**
>
> 신청자는 사업 공고일 기준으로 사업자 등록 및 법인 설립 이력이 없어야 하며, 채무불이행, 세금 체납, 특정 업종(예: 유흥업, 사행시설 관리업 등) 관련 경험자는 지원 대상에서 제외된다. 이는 지원 가능 여부를 결정짓는 중요한 기준이다.
>
> **2. 지원 내용 및 자금 규모**
>
> 최대 1억 원(평균 0.5억 원)의 사업화 자금 지원 및 창업 프로그램 제공 내용은 신청자의 사업화 전략 및 기대 가치를 크게 좌우할 수 있다.
>
> **3. 선정 절차와 평가 항목**
>
> 2단계 평가(서류→발표)를 통해 선정되며, 특히 발표평가에서는 창업 아이템의 문제 인식, 실현 가능성, 성장 전략, 팀 역량 등이 평가되므로 준비가 필요하다.
>
> **4. 가점 요인**
>
> – 생략 –

계속해서 아래와 같은 요청을 해보자. 그러면 다음과 같이 답변을 얻을 수 있다.

Q 위 사업에 지원하기 위한 사업계획서 양식이야, 사업계획서 양식을 구체적으로 분석해 주고, 어떻게 작성하면 좋을지도 안내해 줘.

> 공고에 따르면, 사업계획서는 [별첨 1] 양식을 활용하여 작성해야 하며, 해당 양식을 따르지 않을 경우 평가 대상에서 제외될 수 있다. 구체적인 양식의 분석 및 작성 전략은 다음과 같다.
>
> **1. 사업계획서 양식 분석**
>
> 양식에는 일반적으로 다음과 같은 항목이 포함될 가능성이 높다.
>
> 1) 기본 정보
>
> - 신청자 정보: 이름, 연락처, 학력/경력 등
>
> - 창업 아이템 개요: 아이템 명칭, 주요 기술 및 사업모델 요약
>
> 2) 창업 아이템 설명
>
> - 문제 인식: 해결하려는 문제와 중요성
>
> - 해결 방안: 제안하는 제품/서비스의 핵심 기능과 차별성
>
> 3) 시장 분석
>
> - 목표 시장 규모
>
> - 주요 고객층 및 경쟁 분석
>
> - 시장 진입 전략
>
> 4) 사업화 계획
>
> — 생략 —

모든 내용을 구체적이고 자세하게 설명하는 것이 아닌 핵심적인 부분만 압축해서 작성하기 때문에 세부적인 내용은 내가 직접 자세하게 살펴보아야 한다. 왜냐하면 챗GPT가 실행하지 않기 때문이고, 결과에 대해서도 책임지지 않는다. 최종 책임 무조건 사용자의 몫이다.

▶ 문제 인식(Problem) 파트

문제 인식 파트에서는 각자 가지고 있는 창업 아이템에 대하여 고객, 문제, 솔루션을 구분하여 작성하면 된다. 아이템이 없으면 다음의 프롬프트를 그대로 입력해 보자. 앞서 사용했던 사업 공고 문서 채팅창(프롬프트)에서 계속 진행한다.

Q 내 창업 아이템은 아래와 같아, 아래의 내용을 참조해서 문제인식 파트의 내용을 순차적으로 작성해 줘.

　1. 고객: 45세~56세 연령대에서 퇴직, 이직, 전직, 창업 등을 갈림길 앞에서 있는 중장년 직장인.

　2. 문제: 제2의 인생을 시작해야 하는데, 무엇을 어떻게 준비해야 할지 몰라 고민중에 있음.

　3. 솔루션: 생성형AI 서비스를 접목하여 비전보드 워크샵, 교육, 컨설팅 등으로 제2의 진로설계를 도와 줌.

그러면, 다음과 같은 유사한 답변을 받게 된다. 이제 초안을 빠르게 검토해 본다는 생각으로 전체 내용을 확인해 보면 된다.

◎ 문제 인식

1. 고객 상황 분석

45세에서 56세 사이의 중장년 직장인은 퇴직, 이직, 전직, 창업 등의 중요한 인생 전환점에 직면해 있다. 이들은 주로 조직 내에서의 안정성을 기반으로 경력을 쌓아왔으나, 새로운 환경 변화와 더불어 제2의 인생 설계가 필요한 상황에 처해 있다.

2. 문제 정의

― 생략 ―

전체적인 내용을 확인 후 수정 보완이 필요한 부분을 지정하여 원하는 형식으로 아래처럼 재 작성을 요청할 수 있다. 그러면 처음에 작성했던 것과 다르게 좀 더 구체적이고 임팩트 있게 작성된 글을 볼 수 있다.

Q 문제 인식 부분을 공감할 수 있도록 보다 구체적으로 작성해 줘.

🌀 문제 인식 (구체적 버전)

1. 고객의 현실과 상황

45세에서 56세 사이의 중장년 직장인들은 사회적, 경제적 변곡점에 놓여 있다. 퇴직을 앞두거나 이미 퇴직한 경우가 많으며, 이직과 창업을 고민하기도 하지만, 대부분은 구체적인 방향성을 잡지 못하고 갈등에 빠져 있다.

- 사례 1: A씨(50세)는 25년간 한 회사에서 근무했으나 퇴직 후 무엇을 해야 할지 몰라 방황 중이다. 과거의 경험은 풍부하지만, 기술 트렌드와 디지털 환경에 적응하기 어려우며 새로운 도전이 두렵다.

- 사례 2: B씨(46세)는 회사 구조조정으로 예상치 못한 이직 상황에 놓였다. 그러나 어떤 분야에서 경쟁력을 가질 수 있을지 판단이 어려워 단기적인 아르바이트로 생계를 이어가고 있다.

2. 문제의 본질과 도전 과제

중장년층이 제2의 인생을 설계하는 데 직면한 문제는 구체적이고 복합적이다.

- 미래 불안: "내가 지금 시작해도 괜찮을까?"라는 불안감이 크다. 이들은 자신의 과거 경력이 미래에 유효할지 확신하지 못한다.

– 생략 –

원하는 내용으로 수정되면, 다음과 같은 프롬프트를 입력하면 된다.

Q 위에 작성한 내용을 중심으로 해서 문제 인식 파트를 다시 작성해 줘.

출력된 내용이 수정된 부분을 반영하여 작성되었다면 "**워드 파일로 변환해 주고, 다운로드 링크를 제공해 줘.**"라는 요청을 하여 문제 인식 파트 내용을 다운로드 받을 수 있다.

> Q 워드 파일로 변환해 주고, 다운로드 링크를 제공해 줘.
>
> 문서가 성공적으로 생성되었습니다. 아래 링크를 클릭하여 다운로드할 수 있습니다.
>
> 중장년_문제 인식.docx 다운로드 [⟩]   ← 문서 파일로 다운로드 받기 버튼

또한, 해당 내용을 복사하여 구글 문서나 노션을 통해 정리할 수도 있다. 이렇게 하는 이유는 모든 파트를 한꺼번에 정리해서 다운로드를 받게 되면 챗GPT가 내용을 압축해서 주는 경우가 종종 발생하기 때문이다. 또 다른 이유로는 전체 내용 작성 후 파트별로 챗GPT와 함께 다양한 방식으로 분석 및 보완할 수 있기 때문이다.

▶ 실현 가능성(Solution) 파트

이 파트는 창업 아이템을 어떻게 실현 할 것인가에 대한 부분이다. "**실현 가능성(Solution) 파트를 작성해 줘.**"라는 프롬프트만 입력해도 제대로 작성해 준다. 그 이유는 하나의 채팅창에서 주고 받은 대화 내용 및 맥락을 파악하고 있기 때문에 가능한 것이다. 또한, 작성 형식에 대한 언급이 없음에도 불구하고 구조화된 형식으로 작성하는 이유는 앞서 사업계획서 양식을 챗GPT에 업데이트했기 때문이다.

> Q 실현 가능성(Solution) 파트를 작성해 줘.
>
> **실현 가능성 (Solution)**
>
> **1. 창업아이템 현황 및 준비 정도**

> 현재 개발 단계에 있는 생성형 AI 기반 진로 설계 플랫폼은 초기 MVP(최소기능제품) 단계에 있다. 주요 기능으로는 다음과 같은 요소가 포함된다.
>
> ● 비전보드 생성 도구: 사용자가 입력한 정보를 기반으로 개인화된 비전보드를 자동으로 생성.
>
> ● 중장년 맞춤 교육 콘텐츠: 진로 설계와 경력 전환을 지원하는 실질적인 강의와 워크숍.
>
> ● AI 기반 컨설팅: 사용자의 경력 데이터를 분석하여 최적의 진로 방향을 제안하는 맞춤형 솔루션.
>
> – 생략 –

위 내용은 챗GPT가 임의로 작성한 내용이다. 만약 내가 해당 내용에 관하여 준비를 하고 있는 것이 있다면 해당 프롬프트를 작성하면 된다. 예를 들어, 아래 프롬프트와 같이 작성하면 다음과 같이 변화된 내용을 확인할 수 있다.

Q 아래의 내용을 토대로 다시 작성해 줘,

창업 아이템 현황 및 준비 정도: 프로토타입 기획 중이고, 고객들을 만나서 인터뷰 및 프로토타입 시연을 했음.

창업 아이템 실현 및 구체화 방안: 서비스 기획 완료, 프로그램 개발 중.

> ### ⚪ 실현 가능성 (Solution)
>
> **1. 창업 아이템 현황 및 준비 정도**
>
> 현재 개발 단계에 있는 생성형 AI 기반 진로 설계 플랫폼은 초기 MVP(최소기능제품) 단계에 있다. 주요 기능으로는 다음과 같은 요소가 포함된다.
>
> ● 비전보드 생성 도구: 사용자가 입력한 정보를 기반으로 개인화된 비전보드를 자동으로 생성.

- 중장년 맞춤 교육 콘텐츠: 진로 설계와 경력 전환을 지원하는 실질적인 강의와 워크숍.

- AI 기반 컨설팅: 사용자의 경력 데이터를 분석하여 최적의 진로 방향을 제안하는 맞춤형 솔루션.

이를 위해 다음과 같은 준비가 진행되었다.

- 기획 단계에서 주요 고객군(중장년 직장인)을 대상으로 설문조사와 인터뷰를 통해 니즈를 파악.

- AI 모델(생성형 AI)을 초안 형태로 구축 완료.

- 교육 콘텐츠 제작을 위한 전문가 네트워크 확보.

2. 창업 아이템 실현 및 구체화 방안

– 생략 –

성장 전략(Scale-UP) 파트

이 파트는 어떻게 사업을 성장시킬 것인가에 대한 부분이다. "**성장 전략(Scale-UP)에 대하여 작성해 줘.**"라고, 입력하면 아래와 같이 답변을 해준다. 사업계획서를 처음 접하는 사람들은 챗GPT가 어떻게 사업계획서를 구조화해서 작성하는지에 대한 형태를 파악하는 것이 좋다.

> Q 성장 전략(Scale-UP)에 대하여 작성해 줘.
>
> 성장 전략 (Scale-Up)
>
> **1. 창업 아이템 비즈니스 모델**
>
> 생성형 AI 기반 진로 설계 플랫폼의 비즈니스 모델은 다음과 같다.

● 수익 모델

- B2C 모델: 중장년층 개인 고객을 대상으로 비전보드 제작, 맞춤형 교육 프로그램, AI 진로 설계 컨설팅 서비스를 월 구독형 또는 건별 결제로 제공.

- B2B 모델: 기업 및 공공기관을 대상으로 경력 전환 프로그램을 패키지로 제공하며, 워크숍, 교육 프로그램, 컨설팅을 포함.

● 추가 수익 창출

- AI 알고리즘을 기반으로 한 데이터 분석 서비스를 기업 및 교육기관에 제공.

- 플랫폼 내 광고 및 프리미엄 서비스 옵션 도입.

2. 창업아이템 사업화 추진 전략

– 생략 –

팀 구성 및 역량(Team) 파트

자신의 팀이 본 사업아이템을 실행할 수 있는 역량이 있는가에 대한 부분이다. "**팀 구성 및 역량(Team)에 대하여 작성해 줘.**"라는 프롬프트를 입력하여 위 아이템을 실행해 적합한 스타일의 팀 구성 및 역량을 작성해 준다. 이 파트에서 살펴볼 부분은 자신이 진행하고자 하는 아이템에 대한 팀구성이 적절한가에 대한 부분이다.

> Q 팀구성 및 역량(Team)에 대하여 작성해 줘.

팀 구성 및 역량 (Team)

1. 팀 구성 및 역할

현재 팀은 창업아이템 개발과 구체화에 필요한 다양한 전문성을 갖춘 구성원들로 이루어져 있다.

순번	직위	담당 업무	보유 역량 및 경력	구성 상태
1	대표	사업 총괄 및 기획	프로젝트 기획 및 경영 경험, AI 기술 이해, 고객 인터뷰 수행 경험	완료
2	개발 총괄	플랫폼 개발 및 AI 모델 관리	10년 이상 소프트웨어 개발 경험, 머신러닝 알고리즘 설계 전문성	완료
3	콘텐츠 기획자	교육 콘텐츠 제작 및 운영	중장년 교육 프로그램 설계 경험, 강의 및 워크숍 운영 역량	예정 ('24.2월)
4	마케팅 및 홍보	고객 유치 및 브랜드 전략	디지털 마케팅 경력 5년, 중장년층 대상 마케팅 캠페인 성공 경험	예정 ('24.3월)

— 생략 —

▶ 창업 아이템 개요

창업 아이템 개요는 처음부터 작성할 수 있는 것이 아니다. 사업계획서를 다시 작성한 다음에 핵심적인 내용들만 압축해서 작성하는 곳이다. **"창업 아이템 개요를 작성해 줘."** 라고 프롬프트를 입력하면, 그동안 내용을 압축해서 챗GPT가 작성해 줄 것이다. 만약 제대로 작성해 주지 않는다면, **"첨부 파일의 창업 아이템 개요에 있는 구성으로 작성해 줘."** 라고 다시 요청하면 된다.

지금까지 챗GPT를 활용해 가상으로 "예비 창업 패키지"용 PSST 사업계획서를 작성해 보았다. 살펴본 것처럼 누구나 손쉽게 사업계획서 초안을 작성할 수 있는 시대가 도래했다. 하지만 중요한 점은, 사업계획서를 AI가 대신 작성해 주는 것이 아니라는 점이다. AI의 역할은 내가 시장조사를 통해 얻은 자료, 관찰과 테스트를 통해 수집한 데이터, 그리고 자신이 구상한 비즈니스 모델들을 기반으로 보완하고 피드백을 제공하는 도구에 불과하다. 즉, AI는 나 대신 고민을 하고, 고객을 만나며, 프로토타입을 테스트해 주지 않는다. 이러한 모든 과정은 여전히 창업자 스스로 수행해야 하는 핵심적인 과업인 것이다.

06 사업계획서 분석하기

06-1. 사업계획서 분석/개선/검증/자가 진단

예비 창업자들이 스스로 작성한 사업계획서를 체계적으로 분석하고, 보다 완벽한 사업계획서로 발전시키기 위한 새로운 검토 방식을 제안한다. 이 방식은 분석, 개선, 검증 단계를 포함하며, 프롬프트 기반 자기 진단과 AI 보조 도구 활용을 결합한다. 다음의 내용을 참고하여, 자신이 작성한 사업계획서에 대한 분석을 해보자.

◆ 사업계획서 분석 프롬프트

Q 프롬프트 예시

[작성한 사업계획서]에서 핵심 내용을 검토해. 다음 질문에 따라 분석 결과를 제시해 줘.

1) 이 사업계획서의 주요 강점은 무엇인가?
2) 목표 고객과 시장 전략이 구체적으로 설득력 있는가?
3) 재무 계획이 현실적이고 투자자를 설득할 수 있는 수준인가?
4) 예상되는 주요 리스크와 이에 대한 대책은 명확히 제시되어 있나?

◆ 사업계획서 개선 프롬프트

Q 프롬프트 예시

[작성한 사업계획서]의 개선을 위해 다음 4단계의 피드백을 제공해 줘.

1) 요약 평가: 사업계획서의 전반적인 완성도를 평가하고 점수(1~10)를 작성해 줘.

2) 구체적 개선점: 부족한 부분과 구체적인 개선 방안을 3가지 이상 제안해 줘.

3) 강화 방안: 경쟁력을 높이기 위해 추가할 수 있는 창의적인 요소를 제시해 줘.

4) 예상 시나리오: 사업 실행 후 예상되는 긍정적/부정적 결과를 2가지씩 제안해 줘.

◆ 사업계획서 검증 프롬프트

Q 프롬프트 예시

이 사업계획서가 투자자 관점에서 매력적인지 검토해 줘.

1) 주요 투자자 질문에 대한 답변을 사전에 준비할 수 있도록 예상 질문 5개를 작성해 줘.

2) 투자자가 이 사업에 관심을 가질 만한 핵심 포인트를 제시해 줘.

3) 재무 계획에서 수익성과 안정성을 높일 수 있는 전략을 2가지 제안해 줘.

◆ 창업자 자기 진단 프롬프트

Q 프롬프트 예시

[사업계획서] 작성자가 다음 질문에 스스로 대답해 보기.

1) 내가 이 사업계획서를 객관적으로 본다면, 가장 개선이 필요한 부분은 무엇인가?

2) 경쟁사와 차별화된 강점이 충분히 부각되었는가?

3) 실행 가능성을 높이기 위해 추가해야 할 자원 또는 준비는 무엇인가?

06-2. PSST(창업 패키지) 사업계획서 분석 프로세스

사업계획서 완성도를 높이려면 문제 정의, 해결책 검증, 성장 전략, 팀 구성을 분석하고, 시장 변화와 고객 니즈를 반영해 실행력과 수익 모델을 점검해야 한다.

◆ 문제(Problem) 정의 핵심 질문 프롬프트

Q 외부적 배경

내 창업 아이템(제품·서비스)은 어떤 사회·경제·기술적 변화(또는 문제점)에서 비롯되었나? 관련 통계·사례는 있는가?

Q 내부적 동기

대표자(또는 팀)이 개인적 경험이나 가치관으로부터 이 아이템을 구상하게 된 계기는 무엇인가?

Q 문제점 구체화

외부 + 내부 배경을 바탕으로 구체적으로 어떤 문제(니즈)를 해결하려고 하는가? 그렇다면, 그 문제의 심각성이나 시급성은?

Q 해결 방안 방향성

위 문제를 해결하기 위해 제안하는 핵심 아이디어는 무엇이고, 이 아이디어가 꼭 필요한 이유(필요성)는 무엇인가?

Q 개발·구체화 목적

최종적으로 어떤 목표(예: 사용자 편의 제고, 비용 절감, 재취업 성공률 향상 등)를 달성하고 싶은가? 이를 통해 어떤 가치가 창출되는가?

Q 목표 시장(고객) 정의

구체적으로 어떤 고객층(연령, 직업, 상황, 지역 등)을 '주타깃'으로 설정했고, 그 이유(근거)는 무엇인가?

Q 제공 혜택(가치)

해당 고객층에게 어떤 혜택(가치)을 제공할 것이며, 그 '혜택'이 실제로 고객 문제를 해결하는 데 어떻게 작용하는가?

Q 시장 규모·성장성

목표 시장의 규모(매출 규모, 인구 수 등)와 성장 가능성(향후 3~5년 전망)은 어느 정도인가? 신뢰할 만한 출처나 근거가 있는가?

Q 경쟁 강도

동일 시장에서 이미 활동 중인 경쟁 업체(또는 대체재)는 누구(어떤 것)이며, 경쟁 강도는 어느 정도인가?

Q 고객 특성 · 행동 패턴

고객(페르소나)은 어떤 구매(이용) 행동을 보이며, 그 과정에서 고려하는 요소(가격, 편의성, 브랜드 인지도 등)는 무엇인가?

● 문제 정의 핵심 질문 프롬프트 ●

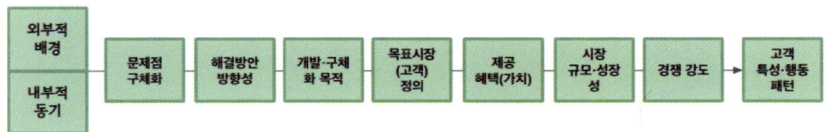

◆ 실현 가능성(Solution) 핵심 질문 프롬프트

Q 초기 프로토타입 or 시범 서비스 수행 여부

이미 시범 운영(파일럿 테스트, 간이 프로토타입)한 적이 있는가? 있다면 언제, 어디서, 어떤 결과를 얻었나?

Q 구체적인 추진 경과

[연도 · 월별] 어떤 단계로 진행되었으며, 그 과정에서 주요 성과(고객 피드백, 투자 유치, 협업 등)는 무엇이었나?

Q 시장(고객) 반응

베타 테스터나 잠재 고객에게 설문 · 인터뷰를 해봤나? 만족도나 개선 요청 사항이 구체적으로 있었나?

Q 핵심 지표

만약 사전에 어떤 정량 지표(예: 방문자 수, 가입자 수, 만족도 등)를 측정했다면, 현재 수치는 얼마이고 목표 대비 어느 정도인가?

Q 개발 수준

현재 제품·서비스는 어느 수준까지 개발되었나? (아이디어 단계 / 시제품 완성 / 베타 버전 론칭 등)

Q 특허·지식재산(IP) 보유 여부

이미 출원·등록된 특허, 실용신안, 디자인권, 상표권 등이 있는가? 또는 출원 준비 중에 있는가?

Q 파트너십 or 외부 협력 상태

개발·생산·마케팅 등에서 협력 기업(기관)이 있는가? 그렇다면, 구체적인 협약(또는 예정) 내용은?

Q 인력·자원 현황

현재 이 제품·서비스를 개발·운영하기 위한 팀(개발자, 디자이너, 마케터 등)은 구성되어 있는가? 혹은 외주/프리랜서 활용 중인가?

Q 리스크·불확실성

현 시점에서, 개발·운영에 가장 큰 장애(기술적·시장적·법적 리스크)는 무엇이며, 어느 정도 해소된 상태인가?

Q 핵심 기능/성능 정의

목표 시장 고객에게 '가장 중요한 기능'은 무엇이고, 구체적으로 어떤 기술·구조로 구현할 계획인가?

Q 디자인(사용자 경험) 전략

UI·UX 측면에서 고객이 쉽게 이용할 수 있도록 어떤 디자인 컨셉·플로우를 적용할 것인가?

Q 기술적 타당성

개발에 필요한 핵심 기술(소프트웨어, 하드웨어, 알고리즘 등)은 어떤 것이고, 이것을 어떤 방식(내부 개발 vs. 외주)으로 구현할 것인가?

Q 프로토타입/시제품 계획

추가적인 시제품(또는 베타 버전) 출시를 언제까지 할 예정이며, 이를 통해 어떤 성능·효과를 검증할 것인가?

Q 경쟁사 분석

현재 시장에서 비슷한 문제를 해결하려는 경쟁 제품·서비스는 무엇이며, 그들의 강점·약점은 무엇인가?

Q 개선사항·차별성

경쟁사 대비, 우리 서비스는 어떤 부분(기능, 가격, 접근성, 고객지원 등)에서 우위를 갖는가? 근거는?

Q 자사 보유 역량

이러한 차별화를 가능케 하는 우리 회사만의 내부 역량(기술력, 네트워크, 노하우 등)은 무엇인가?

Q 비즈니스 모델 연계

개발 중인 핵심 기능·디자인이 실제 사업 모델(매출·수익)과 어떻게 연결되는가?

● 실현 가능성 핵심 질문 프롬프트 ●

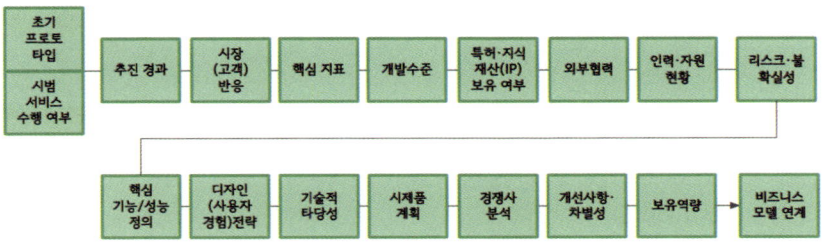

◆ **성장 전략(Scale-up) 핵심 질문 프롬프트**

Q 수익 구조

우리 제품·서비스는 어떤 방식(판매, 구독, 광고, 수수료 등)으로 매출을 창출하는가?

Q 가격 정책

고객이 지불할 가격(혹은 과금 구조)은 어떻게 책정했고, 이 가격이 시장 평균 대비 경쟁력이 있는가?

Q 지속 가능성

비즈니스 모델이 단발성이 아닌, 장기적으로 지속 가능한 형태인가? (예: 반복 구매, 멤버십, 업셀링 등)

Q 부가가치 요소

단순 기능·서비스 제공 외에, 고객 커뮤니티 운영, 추가 컨설팅, A/S 등 부가가치를 창출할 계획이 있는가?

Q 고객 확보 전략

목표 고객에게 다가가기 위한 마케팅/홍보 채널(SNS, 오프라인, 파트너십 등)은 무엇인가? 실행 일정은?

Q 수익 창출 전략

마케팅·영업으로 확보한 고객을 어떤 방식(패키지 판매, 프리미엄 업그레이드 등)으로 매출로 연결할 것인가?

Q 생산·출시 방안

시제품 제작 혹은 정식 출시 시, 생산(또는 서비스 운영) 프로세스는 어떻게 설계되고, 누구와 협업하나?

Q 협약기간 내 성과 목표

(협약기간) 내 구체적이고 실현 가능한 성과(매출·투자·고용 등) 목표는? 이를 달성하기 위한 단계별 계획은?

Q 협약 종료 후 생존 전략

지원 사업이 끝난 이후에도 사업을 지속하기 위해, 후속 투자나 추가 시장 확장 계획이 준비돼 있는가?

● 성장 전략 핵심 질문 프롬프트 ●

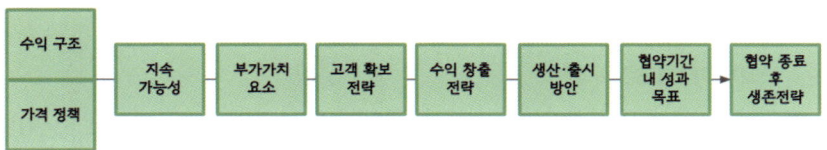

◆ 팀 구성(Team) 핵심 질문 프롬프트

Q 주요 멤버 역량

대표자 및 핵심 팀원 각각이 어떤 경력 · 전문성(기술, 마케팅, 재무 등)을 갖추고 있으며, 사업 아이템과 어떻게 시너지를 낼 수 있는가?

Q 경험 · 성과

정부 지원사업, 연구 개발 과제, 창업 · 투자 유치, 업계 수상 경력 등 유사 경험이 있는가? 그로부터 어떤 노하우를 얻었나?

Q 인력 구성 상태

현재 팀(개발자, 디자이너, 마케터, 재무 등)은 몇 명이고, 채용이 필요한 포지션은 무엇인가?

Q 보유 자원(장비 · 시설 · 툴)

제품 · 서비스 개발에 필요한 장비나 소프트웨어(라이선스) 등을 이미 보유했는가? 없다면 어떻게 확보할 것인가?

Q 협약 기간 내 인력 채용 계획

채용할 예정 인력(직무 · 역량)과 시기는?

Q 외부 협력 파트너

제품 · 서비스 개발 · 구체화에 협력(또는 예정)인 기업 · 기관은 누구이며, 협력 방식(외주, 공동개발, 마케팅 제휴 등)은 구체적으로 어떻게 설정되어 있는가?

Q 파트너 역량 활용 방안

파트너가 보유한 기술, 장비, 네트워크를 우리 사업에 어떻게 접목할 계획인가?

Q 사회적 가치(ESG) – 환경

사업 운영 시, 환경 측면(폐기물 감소, 친환경 소재, 에너지 절감 등)을 고려하고 있는가? 구체적 활동 계획이 있나?

Q 사회적 가치(ESG) – 사회

고용 창출, 지역사회 기여, 인권 · 다양성 존중 등 사회적 책임 측면에서 어떠한 프로그램이나 제도를 도입할 예정인가?

Q 지배 구조 (거버넌스)

투명 경영, 윤리 경영, 공정한 인사 · 노무 관리 등 건강한 조직 문화를 어떻게 구축할 것인지, 향후 확장 계획은?

● 팀 구성 핵심 질문 프롬프트 ●

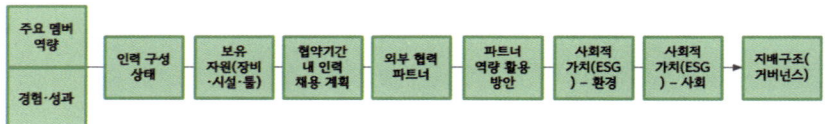

06-3. 목적 중심의 사업계획서 분석 프로세스

아이디어만 강조하면 실행력이 부족해 기회를 놓칠 가능성이 크다. 따라서, 사업의 목적을 중심으로 한 분석을 통해 평가 기준을 명확히 설정해야 한다. 이를 위해 핵심 성과 지표를 도출하고, 경쟁사 분석 및 비교, 실행 계획에 대한 로드맵 등을 포함해야 한다.

◆ 평가 기준 기반 검토

예비 창업 패키지, 정부지원 사업, 투자 제안서 등의 평가 항목(문제 해결력, 시장성, 사업성, 실행 가능성, 재무 안정성 등)에 맞춰 문서를 보강한다. 심사위원·투자자가 볼 때, '핵심포인트'가 잘 드러나도록 수정한다.

[준비물]

- 지원하고자 하는 사업(혹은 투자처)의 공식 평가표, 항목별 배점 기준.

Q 프롬프트 예시

이번에 예비 창업 패키지에 지원하려고 해. 주요 평가 항목이 [문제인식·실현가능성·성장전략·팀구성]인데, 내 사업계획서를 이 기준으로 점검하고, 부족한 점을 제안해 줘.

[프로 팁]

1) 평가 지표별로 점수를 가정(10점 만점 등)하고 사업계획서를 평가해보라고 지시하고, 그 근거를 챗GPT에 설명해달라고 요청하면, 부족한 부분이 구체적으로 드러난다.
2) 정부 과제나 투자 유치 시 '정성 평가' 역시 중요하다. 따라서, 수치화가 어려운 부분(팀 역량, 독창성 등)도 스토리텔링이나 핵심 가치로 어필해야 한다.

[주의 사항]

- 각 지원 사업마다 다소 다른 평가 항목이 있으니, 반드시 해당 사업 공고문과 비교해가며 진행해 보자.

◆ 경쟁사 분석 및 비교

경쟁사를 제대로 분석하지 않으면 시장에서 차별화된 전략을 수립하기 어렵다. 단순한 비교를 넘어, 경쟁사의 강점과 약점을 명확히 파악하고, 이를 기반으로 우리 사업의 경쟁 우위를 극대화하는 전략이 필수적이다.

[준비물]

- 주요 경쟁사 리스트, 강점 · 약점, 시장 점유율, 유사 서비스 자료.

Q 프롬프트 예시

이 사업계획서와 [OO 경쟁사]의 모델을 비교하여, 우리 서비스가 돋보이게 하려면 어떤 차별화 전략을 추가하면 좋을까?

[프로 팁]

1) 경쟁사 분석 시, 단순히 "경쟁사는 이런 걸 한다."에 그치지 말고, 타깃 시장 · 가격 · 서비스 품질 · 브랜딩 등 각 항목 별로 비교하면 좋다.

2) 필요하면 챗GPT에게 "경쟁사 비교 표" 작성을 요청해 보자.

[주의 사항]

- 경쟁사를 과소 평가하거나, 주관적 의견만 넣으면 설득력이 떨어진다. 객관적 데이터나 분석을 곁들여 "이 시장에서 우리가 왜 경쟁력이 있는지"를 논리적으로 설명해 달라고 요청한다.

◆ 핵심 메시지 중심 검토

자신의 사업계획서가 전달하려는 "가장 중요한 메시지(왜 이 사업을 해야 하는가?)"가 명확한지 확인한다. 또한, 스토리텔링 · 설득력을 강화한다.

[준비물]

- 전체 문서의 핵심 문장들 (요약본).

Q 프롬프트 예시

내 사업계획서의 핵심 메시지(Why, What, How)가 제대로 드러나는지 평가해 줘. 그리고 독자가 한눈에 '아, 이 사업이 꼭 필요하겠구나.'라고 느낄 만한 스토리텔링 방안을 제안해 줘.

[프로 팁]

1) 핵심 메시지를 1~2줄로 엘리베이터 피치처럼 정리해(중장년층 커리어 전환을 AI로 돕고, 사회적 가치를 창출하는…) 보자.

2) 사례나 비유("중장년 지원은 사회경험과 전문성을 새로운 방식으로 활용하는 기회이다.")를 곁들이면 문서가 풍부해진다.

[주의 사항]

- 핵심 메시지가 너무 많아지면 오히려 분산된다. 한두 가지의 핵심만 도드라지게 만들어 보자.

◆ 독자 관점에서 검토

투자자 · 심사위원 · 협력사 등 독자(페르소나)의 시각으로 문서를 다시 보고, 의문이나 불신이 생길 포인트를 우선적으로 보완한다.

[준비물]

- 독자 페르소나 (심사위원: 시장성과 수익성, 투자자: 팀 역량 · 규모화 가능성 중시 등).

Q 프롬프트 예시

이 사업계획서를 '투자자의 시각'으로 읽었을 때, 의문점이나 위험 요소가 무엇이고, 이를 어떻게 보완하면 좋을지 알려 줘.

[프로 팁]

서로 다른 독자를 가정(정부 과제 심사위원 vs 엔젤 투자자 vs 대기업 협력 파트너)하여 각각의 우려 사항을 정리하면 문서의 설득력이 높아진다.

[주의 사항]

- 모든 독자를 동시에 만족시키려 다 보면, 메시지가 흐려질 수 있다. 지원 목적이나 투자 타깃이 뚜렷하다면, 그 우선순위 독자 관점에 집중하자.

◆ 시각적 요소 검토

사업계획서 레이아웃, 디자인, 그래프, 표, 이미지 등을 효율적으로 활용하여, 가독성과 프로페셔널한 인상을 높인다.

[준비물]

- 현재 사업계획서 디자인 시안, 또는 PPT 슬라이드 (발표 자료).

Q 프롬프트 예시

문서 레이아웃·디자인에서 부족한 점을 찾아 주고, 그래프나 표, 그리고 이미지가 들어가면 이해가 쉬울 만한 부분을 추천해 줘.

[프로 팁]

1) 시장 규모, 경쟁사 비교, 재무 전망 등 수치가 있는 부분은 가급적 표나 그래프로 시각화하기.
2) 브랜드 컬러나 로고가 있다면, 문서 전체 톤을 통일하는 것이 좋다.

[주의 사항]

- 내용 없는 디자인에만 신경쓴 자료는 오히려 역효과가 될 수 있다. 시각적 요소는 메시지를 보강하는 수단일 뿐임을 기억하자.

◆ 실행 계획·로드맵 검토

사업 실행(개발·마케팅·운영·재무 등) 단계별 일정과 필요 자원, 리스크 등을 구체화해 실행력을 강화하자.

[준비물]

- 로드맵(간트차트, 일정표 등) 초안 및 예상 리스크 리스트.

Q 프롬프트 예시

이 사업계획서의 실행 계획이 충분히 구체적인지 평가해 줘. 또한, 발생 가능 리스크(기술·자금·인력 등)와 이를 완화할 전략을 제안해 줘.

[프로 팁]

1) 로드맵을 시각화(타임라인 그래픽)하면 심사위원이나 투자자가 한눈에 이해하기 쉽다.

2) 각 단계별 마일스톤과 목표 수치를 함께 표기하면, 진척도 관리와 성과 측정이 명확해진다.

[주의 사항]

- 계획이 너무 장황해지면 실행 가능성을 의심받을 수 있다. 일정과 목표는 현실적인 범위 내에서 제시하자.

◆ 사용자 경험(UX) 테스트

완성된 사업계획서를 실제로 독자가 읽을 때, 어디서 헷갈리거나 지루해 하는지 파악한다. 최종적으로 문서 품질 점검해 보자.

[준비물]

- 최종(또는 거의 완성된) 사업계획서 문서 (주변 지인·팀원 등 피드백 그룹).

Q 프롬프트 예시

독자(평가자·투자자)가 이 문서를 읽으면서 가장 이해하기 어려운 부분이 어디일지 짚어 주고, 읽기 흐름을 개선할 구체적 제안이 있으면 제시해 줘.

[프로 팁]

1) 시간이 된다면, 실제 오프라인 리뷰 세션을 열어 팀원·멘토·지인에게 문서를 읽게 하고 질문을 받아(이 부분은 이해가 어려웠다.)보자.

2) 챗GPT 피드백 + 사람 피드백을 종합하면 문서 완성도가 크게 향상된다.

[주의 사항]

- 문서가 너무 길어지면 핵심 포인트(메시지)를 놓칠 수 있다. UX 테스트 결과를 반영해 중복 · 장황한 설명은 간결하게 만들어 보자.

◆ 사업의 지속 가능성 검토

사업계획서가 단기 성과뿐만 아니라 장기적인 성장 가능성을 갖추고 있는지 평가한다. 비즈니스 모델의 확장성과 수익 구조의 안정성을 점검하고, 지속 가능한 운영 전략을 마련해야 한다.

[준비물]

- 수익 모델 및 비용 구조 개요.
- 장기 성장 전략 및 확장 계획.

Q 프롬프트 예시

이 사업계획서의 비즈니스 모델이 장기적으로 지속 가능할까? 반복 수익 창출 가능성, 고객 유지 전략, 확장 가능성을 평가하고 개선 방안을 제안해 줘.

[프로 팁]

1) 매출원(구독, 광고, 수수료 등)이 지속적이고 안정적인지 검토.

2) 고객 유지 및 재구매 전략을 점검하고, 브랜드 충성도를 높일 방안 마련.

3) 시장 변화에 따라 확장 가능한지 분석하고, 글로벌 진출 가능성까지 고려.

[주의 사항]

- 단기 성과에 치중해 지속 가능성을 간과하면 투자자 설득력이 떨어질 수 있다.
- 확장 전략이 구체적이지 않으면 실현 가능성을 의심받을 수 있으므로, 실행 로드맵과 함께 제시하자.

◆ 리스크 평가 및 대응 전략 수립

사업이 직면할 주요 리스크를 기술, 시장, 재무, 법률 측면에서 분석하고 대응 전략을 마련해야 한다. 기술적 리스크는 효과 검증 부족으로, 시범 운영과 피드백 반영을 통해 해결한다. 시장 리스크는 초기 수요 예측 실패 가능성이 있으며, 사전 조사와 베타 테스트로 검증해야 한다. 재무 리스크는 개발·마케팅 비용 부담으로, 단계별 투자 유치와 B2B 계약을 통해 안정성을 확보한다. 법적 리스크는 저작권 및 인증 문제로, 법률 자문을 통해 사전 대응한다. 실패 사례를 참고해 리스크를 제거하고 구체적인 대응 전략을 제시하면 신뢰도를 높일 수 있다.

● 목적 중심의 사업계획서 분석 프로세스 ●

1	**평가 기준 기반 검토**	-지원사업마다 평가기준이 다르기 때문에 반드시 공고문을 참조하자.
2	**경쟁사 분석 및 비교**	-객관적인 데이터와 분석으로 진행하자.
3	**핵심 메시지 중심 검토**	-사업계획서의 핵심 메시지는 제대로 전달되는가?
4	**독자(평가자) 관점에서 검토**	-우선 순위 독자(평가자) 관점에 집중하자.
5	**시각적 요소 검토**	-시각적 요소는 메시지를 보강하는 수단 일 뿐이다.
6	**실행 계획·로드맵 검토**	-일정과 목표는 현실적인 범위내에서 제시한다.
7	**사용자 경험(UX) 테스트**	-문서가 너무 길면 핵심 메시지를 놓칠 수 있다.
8	**사업의 지속 가능성 검토**	-수익 모델과 확장 가능성을 고려하여 장기적인 운영 전략을 점검하자.
9	**리스크 평가 및 대응 전략 수립**	-예상 리스크를 분석하고, 구체적인 대응 방안을 마련하자.

07. 사업계획서 작성을 위한 고급 스킬

 07-1. 맞춤형 설정

챗GPT 맞춤 설정 기능은 사용자의 목적과 스타일에 맞게 AI의 응답을 조정하는 기능이다. 이 기능을 활용하면, 챗GPT가 사용자의 업무 방식, 대화 스타일, 관심 분야에 맞춰 보다 정교하고 효율적인 답변을 제공할 수 있다.

◆ 맞춤 설정 항목 설명

ChatGPT가 어떻게 불러주면 좋을까?

챗GPT가 사용자에게 어떤 호칭을 사용할지 설정하는 부분이다. 예를 들어, "대표님"으로 설정하면, 챗GPT가 창업자 관점에서 더욱 적합한 응답을 제공할 수 있다.

[예시]

- "대표님" → 창업 관련 조언을 보다 현실적이고 전략적으로 제공.

- "코치님" → 멘토링과 코칭 중심의 피드백 제공.

- "선생님" → 교육 및 강의 중심으로 맞춤 응답.

어떤 일을 하고 있는가?

사용자가 하는 업무를 입력하면, 챗GPT가 보다 연관성 높은 답변을 제공하며, 특정 직무와 산업을 명확히 설정하면, 필요한 정보가 더욱 빠르고 효과적으로 제공된다.

[예시]

- "생성형 AI 교육, 창업교육, 멘토링, 컨설팅, 교육기획, 교육운영" → AI 활용법, 교육 프로그램 기획, 창업 관련 조언 등을 제공하는 방식으로 최적화됨.

- "스타트업 비즈니스 컨설팅, 투자 유치, 제품 개발" → 스타트업 운영과 투자 유치 전략에 맞춘 맞춤형 응답을 받음.

ChatGPT가 어떤 특성을 지녔으면 하는가?

챗GPT의 대화 스타일과 응답 방식(톤, 접근 방식 등)을 설정하는 부분이다. 이 옵션을 선택하면, 응답의 방향성이 사용자의 선호 스타일에 맞게 조정된다.

[예시 & 옵션]

- "생성형 AI 교육, 창업교육, 멘토링, 컨설팅, 교육기획, 교육운영" → AI 활용법, 교육 프로그램 기획, 창업 관련 조언 등을 제공하는 방식으로 최적화됨.

- "스타트업 비즈니스 컨설팅, 투자 유치, 제품 개발" → 스타트업 운영과 투자 유치 전략에 맞춘 맞춤형 응답을 받음.

[예제 옵션 & 설명]

- Straight shooting(직설적 답변) → 핵심 위주의 직관적인 답변 제공.

- Encouraging(격려하는 스타일) → 창업자나 학습자를 위한 동기부여 스타일.

- Forward thinking(미래지향적 사고) → 창업, 혁신, AI 등의 최신 트렌드를 반영한 답변 제공.

- Skeptical(비판적 사고 기반 분석) → 단순 긍정적인 조언이 아닌, 현실적인 리스크 분석 중심.

ChatGPT가 당신에 대해 알아야 할 내용이 또 있을까?

사용자의 전문 분야, 원하는 지원 방식, 반복적으로 필요한 정보 등을 구체적으로 입력할 수 있다. 이 항목을 설정하면 반복 작업을 줄이고, 필요한 정보를 더욱 신속하게 받을 수 있다.

[예시]

1) 생성형 AI 교육 기획, 교육 운영, 강연.
2) 스타트업 분야 교육 기획, 교육 운영, 강연, 캠프, 워크숍 진행.
3) 기업 및 기관 대상 교육 제안서 작성 및 제안.
4) 스타트업 대상 비즈니스 컨설팅.
5) 책쓰기.

[효과]

- "스타트업 교육 프로그램을 기획하는 방법을 알려줘" → 맞춤형 교육 기획 전략 제공.

- "기업 대상 교육 제안서를 작성해야 하는데, 샘플 구조를 제시해줘" → 교육 제안서 초안 제공.

고급 옵션

챗GPT가 사용할 수 있는 추가 기능을 활성화/비활성화할 수 있는 설정이다.

웹 검색

- 챗GPT가 최신 정보를 검색하여 제공할 수 있도록 허용한다.
- 비활성화하면 훈련된 데이터까지만 활용하여 응답한다.

DALL·E (이미지 생성)

- AI 기반으로 이미지를 생성하는 기능이다.
- 교육 자료, 마케팅 콘텐츠 제작 시 활용할 수 있다.

코드 (프로그래밍 지원)

- Python, JavaScript, HTML 등의 코드 작성을 도와준다.
- AI 자동화, 데이터 분석, 웹 개발 등에 유용하다.

캔버스 (문서 작업 및 코드 작성 도구)

- 문서 초안, 제안서 작성, 사업계획서 템플릿 등을 만들 때 활용할 수 있다.

◆ 맞춤 설정 예제

다음 예제는 예비 창업자가 챗GPT를 최대한 효율적으로 활용할 수 있도록 구성한 맞춤 설정을 위한 예제다.

Q ChatGPT가 어떻게 불러드리면 좋을까요?
대표님

이유
- "대표님"이라는 호칭을 사용하면 챗GPT가 창업자의 입장에서 응답하는 경향이 강해진다.
- "대표님"이라고 부르면 창업과 경영을 중심으로 조언하는 스타일로 조정된다.

어떤 일을 하고 계신가요?
예비창업자로서 사업 아이디어 검토, 시장 조사, 사업계획서 작성, MVP(최소기능제품) 테스트, 마케팅 전략 수립, 투자 유치 준비를 하고 있다.

이유
- 챗GPT가 창업 단계별 주요 작업을 인식하고, 이에 맞는 조언을 줄 수 있다.
- 예제 중심으로 답변을 제공하는 경향이 강해지므로, 실전 사례 중심의 답변을 받을 수 있다.

ChatGPT가 어떤 특성을 지녔으면 하나요?
- 직설적인 답변 (Straight shooting)
- 실행 중심 (Action-oriented)
- 반복 작업 자동화 (Efficiency-focused)
- AI 기반 솔루션 추천 (Tech-savvy)
- 데이터 기반 분석 (Data-driven)

이유
- "직설적인 답변"을 선택하면 불필요한 설명 없이 바로 핵심만 전달하도록 설정된다.
- "실행 중심"을 포함하면 단순 이론보다는 바로 실행 가능한 체크리스트나 예제 중심으로 답변을 제공한다.
- "반복 작업 자동화"를 추가하면, 사업계획서 템플릿 자동 생성, 경쟁사 분석 자동화 같은 요청을 쉽게 처리 할 수 있다.
- "AI 기반 솔루션 추천"을 넣으면, 챗GPT가 "이 부분은 AI 툴을 활용하면 빠르게 해결 할 수 있습니다" 같은 조언을 자주 하게 된다.
- "데이터 기반 분석"을 포함하면, 시장 조사, 경쟁사 분석, 타겟 고객 세분화 등을 할 때 데이터 중심으로 정리된 답변을 제공한다

그밖에 ChatGPT가 당신에 대해 알아야 할 내용이 또 있다면, "최소 시간 안에 사업계획서 초안 완성", "MVP(최소기능제품) 개발을 위한 전략 지원", "반복 작업 자동화", "AI 기반 생산성 도구 추천" 등에 대한 이유와 주요 목표를 제안해 볼 수 있다.

07-2. 프레임워크 방식으로 사업계획서 업그레이드

7가지 프레임워크[탐구 – 확장 – 수렴, 문제 – 맥락 – 영감 – 실행, 4D, 디자인 씽킹, Lean Startup, 비즈니스 모델 캔버스(BMC), 블루오션 전략]는 사업 아이디어의 형성부터 문제 정의, 아이디어 확장, 시장 검증, 비즈니스 모델 수립, 차별화된 전략 설계까지 다양한 목적을 포괄한다. 이 모두를 한 번에 활용하려 하면 복잡도와 선택 부담이 커질 수 있으나, 각 프레임워크는 고유한 강점과 초점 영역이 있으므로, 창업자는 현재 직면한 니즈나 과제에 따라 필요한 프레임워크를 선택 할 수 있다.

▶ 문제 및 아이디어 초기 정의와 탐색

문제를 깊이 이해하고, 다양한 시각에서 아이디어를 도출하며, 실행 가능한 솔루션을 모색하는 단계에 활용된다.

탐구 – 확장 – 수렴 (Exploration – Expansion – Convergence)
문제를 다각도로 탐구하고, 아이디어를 확장한 뒤, 실행 가능한 솔루션으로 수렴하고 싶을 때 사용한다.

문제 – 맥락 – 영감 – 실행 (Problem – Context – Inspiration – Execution)
문제를 사회·기술적 맥락과 연결하고, 혁신적 영감을 통한 새로운 아이디어를 발굴한 뒤 실행으로 나아가고 싶을 때 활용한다.

4D (Discover – Define – Design – Deliver)
문제 발굴 → 정의 → 설계 → 실행의 선형적 프로세스를 선호하고, 단계별로 명확한 진행 상황을 파악하고 싶을 때 적용한다.

디자인 씽킹 (Design Thinking: Empathize – Define – Ideate – Prototype – Test)
사용자 관점에서 공감하고, 빠른 프로토타입과 테스트를 통해 반복적 개선으로 솔루션을 진화 시키고 싶을 때 사용한다.

이 네 가지 프레임워크는 주로 문제 파악과 아이디어 도출, 사용자 이해, 그리고 초기 실행 계획 형성에 강점이 있다. 초기 아이디어 단계에서 어떤 문제를 해결할 것이지, 어떤 가치를 줄 것인지, 어떻게 혁신적이고 사용자 중심의 솔루션을 만들 것인지 고민한다면 이 범주에서 선택하는 것이 유용하다.

◆ 탐구 – 확장 – 수렴: 구조 기반 프롬프트 전략

단계별 예시 (1인 가구 건강 도시락 서비스)

탐구 (Exploration)

- **질문** 해결하고자 하는 문제를 다른 관점(기술적, 사회적)에서 어떻게 정의할 수 있는가?

Q 프롬프트 예시

우리 서비스가 해결하려는 핵심 문제는 '1인 가구의 건강한 식단 마련 어려움'이다. 이 문제를 기술적 관점과 사회적 관점에서 각각 설명해 줘.

확장 (Expansion)

- **질문** 문제를 해결하기 위한 혁신적 솔루션은 무엇인가?

Q 프롬프트 예시

현재 아이디어(건강 도시락 구독 서비스)를 AI 추천 시스템, IoT 주방 가전과 연결하여 확장할 수 있는 3가지 방법을 제시해 줘.

수렴 (Convergence)

- **질문** 실행 가능한 솔루션을 선택하고, 구체적 전략을 세우려면?

Q 프롬프트 예시

위에서 제안한 3가지 중 가장 실행 가능한 아이디어를 한 가지 선택하고, 이를 구현하기 위한 3단계 실행 전략을 제안해 줘.

◆ 문제 – 맥락 – 영감 – 실행 (프롬프트 전략)

단계별 예시

문제 (Problem)

- **질문** 해결하지 못한 경우 어떤 장벽이 있으며, 해결 시 기회는?

Q 프롬프트 예시

1인 가구의 건강식 문제를 해결하지 못했을 때 발생할 어려움과, 해결했을 때 새롭게 열릴 시장 기회를 설명해 줘.

맥락 (Context)

- **질문** 시장·사회 트렌드와 문제를 어떻게 연결할 수 있는가?

Q 프롬프트 예시

AI 개인화 서비스 트렌드와 연결하고, 건강 도시락 서비스에 차별성을 부여할 방안을 제안해 줘.

영감 (Inspiration)

- **질문** 다른 산업이나 미래 기술에서 혁신적 아이디어를 끌어올 수 있는가?

Q 프롬프트 예시

IoT 주방기기 사례에서 영감을 얻어, 완전히 새로운 헬시 밀(Healthy Meal) 솔루션을 제안해 줘.

실행 (Execution)

- **질문** 아이디어를 실현하기 위한 초기 단계는?

Q 프롬프트 예시

방금 제안한 혁신적 아이디어를 실행하기 위한 첫 3단계 액션 플랜과 필요한 리소스를 제시해 줘.

◆ 4D (Discover – Define – Design – Deliver) 프레임워크

단계별 예시

발견 (Discover)

- **질문** 가장 큰 문제와 그 해결 시 기회는?

Q 프롬프트 예시

1인 가구 고객이 겪는 가장 큰 건강식 문제를 식별하고, 해결 시 새롭게 형성될 시장 기회를 찾아 줘.

정의 (Define)

- **질문** 해결할 핵심 문제와 목표를 설정하기.

Q 프롬프트 예시

이 문제를 해결하기 위한 핵심 목표를 정의하고, 성공 여부를 판단할 핵심 지표(KPI)를 1~2개 제안해 줘.

설계 (Design)

- **질문** 혁신적 아이디어와 실행 전략은?

Q 프롬프트 예시

건강 도시락 문제를 해결할 새로운 서비스 아이디어와 이를 실행하기 위한 3단계 전략을 제안해 줘.

실행 (Deliver)

- **질문** 선정 아이디어를 현실화하기 위한 로드맵은?

Q 프롬프트 예시

앞서 제안한 전략 중 가장 현실적인 실행안을 선택하고, 초기 3개월 로드맵을 구체적으로 작성해 줘.

◆ 디자인 씽킹(Design Thinking) 프레임워크

단계별 예시

공감 (Empathize)

- **질문** 고객(1인 가구)이 실제로 겪는 고충은 무엇이며, 그들의 일상 맥락은?

Q 프롬프트 예시

1인 가구 고객 인터뷰 내용을 바탕으로, 그들이 건강 식단을 마련하는 데 겪는 가장 큰 불편함 2~3가지를 사용자 입장에서 설명해 줘.

문제 정의 (Define)

- **질문** 사용자 입장에서 핵심 문제를 명확히 하고, 해결해야 할 포인트는?

Q 프롬프트 예시

위에서 파악한 불편함을 바탕으로, 해결해야 할 핵심 문제를 한 줄로 정의해 줘.

아이디어 도출 (Ideate)

- **질문** 고객 니즈를 반영한 창의적 솔루션은 무엇인가?

Q 프롬프트 예시

해당 문제를 해결하기 위한 3가지 창의적 서비스를 구상해 줘. 각 서비스는 개인화된 식단 추천이나 간편한 조리 기능과 같은 사용자의 니즈를 반영해야 해.

프로토타입 (Prototype)

- **질문** 간단한 형태로 아이디어를 시각화 및 경험화할 수 있는가?

Q 프롬프트 예시

선정된 아이디어 중 하나를 프로토타입으로 구현한다면, 어떤 핵심 기능을 우선 구현할 것인지, 그리고 간단한 와이어프레임 또는 서비스 흐름 개요를 설명해 줘.

테스트 (Test)

- **질문** 사용자의 피드백을 바탕으로 개선할 방법은?

Q 프롬프트 예시

프로토타입을 1인 가구 고객 3명에게 테스트했을 때, 예상되는 피드백과 이를 개선하기 위한 다음 단계 2가지를 제안해 줘.

▶ 시장 검증 및 빠른 개선

Lean Startup은 실험과 학습을 통해 비즈니스 모델을 최적화하며, 빠른 테스트와 고객 피드백을 반영해 지속적으로 개선하는 접근법이다.

Lean Startup (Build – Measure – Learn Cycle)

최소 기능 제품(MVP)으로 시장 반응을 실험하고, 측정 가능한 지표를 통해 가설을 검증한 뒤, 빠른 피벗을 통해 솔루션을 지속 개선하고 싶을 때 사용한다. Lean Startup은 아이디어의 실효성, 시장 반응, 데이터 기반 검증을 중시한다. 이미 어떤 솔루션을 염두에 두고 있고, 이를 실제 고객 반응을 통해 검증하고 빠르게 방향을 수정하고 싶다면 Lean Startup을 활용하는 것이 좋다.

Q 프롬프트 예시: 초기 MVP 아이디어 검증 요청

현재 우리는 [중장년층 커리어 전환 지원 서비스]를 위한 MVP를 개발하려고 해. 핵심 기능(맞춤형 직무 추천 및 간단한 강의 소개)만 포함할 예정인데, 이 MVP에서 어떤 지표(예: 가입 전환율, 추천 직무 클릭률)를 측정하면, 시장 반응을 효율적으로 파악할 수 있을지 제안해 줘. 또한, 고객에게 MVP 테스트를 요청할 때 사용할 피드백 질문 예시도 알려 줘.

Q 프롬프트 예시: 측정 단계 개선 방안 질의

MVP 런칭 후 1주일 동안 얻은 데이터는 다음과 같다.

- 가입 전환율: 5%

- 추천 직무 클릭률: 평균 1.2회/사용자'

- 사용자 설문 응답: '강의 수가 너무 적다.', '직무 추천 정확도가 낮다.'

이 데이터를 바탕으로 다음 Build - Measure - Learn 사이클에서 어떤 개선을 우선 추진하고, 어떤 추가 지표를 측정하면 좋을지 제안해 줘.

Q 프롬프트 예시: 학습 결과를 반영한 전략 조정 요청

최근 MVP 개선판을 다시 배포했는데, 가입 전환율이 8%로 상승했고, 추천 직무 클릭률이 2.5회/사용자로 증가했어. 반면, 여전히 '직무 추천 결과가 한정적이다.'라는 불만이 있어. 이 상황에서 제품 로드맵을 어떻게 조정할 것인지(직무 데이터베이스 확장, AI 매칭 알고리즘 개선, 추가 교육 콘텐츠 도입 등) 단계별 제안해 줘.

Q 프롬프트 예시: 피벗(Pivot) 여부 결정에 대한 도움 요청

Lean Startup 사이클을 5회 반복한 뒤, 최종적으로 가입 전환율은 20%, 추천 직무 클릭률은 4회까지 올라갔고, 고객 만족도 설문 평균 4점(5점 만점)을 달성했다. 이 결과를 바탕으로 그동안의 개선 과정을 회고하고, 향후 어떤 점을 보완하면 더 나은 제품 발전이 가능할지 정리해 줘.

▶ 비즈니스 모델 구조화 및 전략적 차별화

비즈니스 모델 캔버스(BMC)와 블루오션 전략 두 프레임워크는 사업 모델과 전략적 포지셔닝에 초점을 맞춘다. 이미 사업 아이템이 있으며, 이를 수익화하고 전략적으로 포지셔닝 하거나 경쟁이 덜한 새로운 시장을 개척하고 싶을 때 활용한다.

비즈니스 모델 캔버스 (BMC)

가치 제안, 고객, 채널, 수익 구조 등 비즈니스의 핵심 요소를 한 장의 캔버스로 시각화하고 체계화하고 싶을 때 사용한다.

블루오션 전략 (Blue Ocean Strategy)

기존의 경쟁을 피해 새로운 시장을 창출하고, 차별적 가치 혁신을 통해 경쟁 없는 시장 공간을 확보하고 할 때 사용한다.

◆ 비즈니스 모델 캔버스 프레임워크

Q 프롬프트 예시

우리는 [AI 기반 커리어 전환 플랫폼]을 준비중 이야. Business Model Canvas 관점에서 다음의 각 항목별로 제안해 줘.

- 고객 세그먼트 (누가 주요 고객인가?)
- 가치 제안 (어떤 독특한 혜택을 제공할 것인가?)
- 채널 (고객에게 어떻게 도달할 것인가?)
- 고객 관계 (고객과 어떤 방식으로 상호작용할 것인가?)
- 수익원 (어떻게 돈을 벌 것인가?)
- 핵심 활동 (우리 비즈니스 운영에 필수적인 일은 무엇인가?)
- 핵심 자원 (필요한 자원은 무엇인가?)
- 핵심 파트너 (협업할 기관이나 기업은 누구인가?)
- 비용 구조 (어떤 비용이 주요하게 발생할 것인가?)

Q 프롬프트 예시: 가설 검증을 위한 BMC 개선 요청

현재 BMC 상에서 고객 세그먼트를 '커리어 전환 희망자(30-40대 직장인)'로 설정했는데, 정작 서비스를 이용하려는 실증 데이터가 부족해. 이 세그먼트가 정말 우리가 의도하는 가치(맞춤형 직무 추천)를 원하는지 검증하기 위해 어떤 지표를 측정하고, 필요하다면 BMC 상의 어떤 요소(예: 채널, 고객 관계)를 재설계하면 좋을지 아이디어를 제시해 줘.

Q 프롬프트 예시: 새로운 수익 모델 발굴

현 단계에서 우리는 월 구독료 외에 추가적인 수익 모델을 고려 중이야. 프리미엄 컨설팅, 기업 대상 B2B 서비스, 광고 제휴 등 다양한 가능성을 생각하는데, BMC를 수정하면서 각 수익 모델별로 어떤 핵심 자원과 파트너가 필요하고, 비용 구조에 어떤 변화가 생길지 알려 줘.

Q 프롬프트 예시: 성장 전략 수립

현재 BMC 상에서 국내 시장에 집중하고 있는데, 향후 해외 진출을 고려하고 있어. 해외 시장 진출을 위해 고객 세그먼트나 가치 제안, 채널, 파트너십 부분을 어떻게 수정하고 확장하면 좋을지, 그리고 이 과정에서 예상되는 비용 구조 변화나 새로운 핵심 자원 필요성을 알려 줘.

Q 프롬프트 예시: 리스크 관리 관점에서의 BMC 재검토

BMC를 기반으로 우리 비즈니스 모델을 다시 본다면, 어떤 영역(예: 핵심 파트너의 안정성, 특정 고객 세그먼트 의존도, 특정 채널 의존도)이 리스크 포인트가 될까? 이를 줄이기 위해 대체 파트너 확보, 추가 고객 세그먼트 확보 등의 전략을 어떻게 BMC 상에 반영할 수 있을지 제안해 줘.

◆ 블루오션 전략 프레임워크

Q 프롬프트 예시

현재 우리가 운영 중인 [AI 기반 커리어 전환 플랫폼]은 기존 취업 서비스와 비교해 어떤 '블루 오션' 기회를 모색할 수 있을까? 다음의 각 항목을 참고하여 제안해 줘.

- 고객 측면에서 아직 서비스 이용을 고려하지 않는 비고객 그룹을 제안해 줘.

- ERRC Grid(제거, 감소, 증가, 창조)에 따라 어떤 가치 요소를 재설계하면 경쟁 없는 시장 공간을 만들 수 있을지 제안해 줘.

Q 프롬프트 예시: 가치 혁신 아이디어 도출 요청

현재 사업은 [건강 도시락 배달 서비스]이야. 기존 도시락 시장은 주로 저렴한 가격과 빠른 배송에 경쟁이 집중되어 있어, 이 서비스에 Blue Ocean 전략을 적용하려고 하는데, 다음의 각 항목을 참고하여 제안해 줘.

- 제거해야 할 기존 관행 (예: 불필요한 포장 요소)

- 감소시킬 요소 (예: 과도한 메뉴 수)

- 증가시킬 요소 (예: 맞춤형 영양 분석)

- 창조할 새로운 가치 (예: AI 영양사 상담 기능)

Q 프롬프트 예시: 비고객 분석 요청

우리 [온라인 교육 플랫폼]이 현재 주 고객은 취업 준비생과 대학생이다. Blue Ocean 전략 관점에서 아직 서비스에 관심을 두지 않는 비고객층(예: 중장년층 직장인, 경력 단절 여성, 은퇴 예정자) 중 어느 그룹을 공략하면 새로운 시장을 열 수 있을까? 각 비고객 그룹에 맞춰 ERRC Grid를 활용한 가치 혁신 방안을 제안해 줘.

Q 프롬프트 예시: 경쟁 요소 비중 재조정 요청

우리 서비스는 기존 경쟁사처럼 화려한 광고(비용↑), 복잡한 기능(관리 어려움), 제한적 고객지원(기존 관행)에 의존하고 있어, Blue Ocean 전략을 적용해 광고비를 줄이고(감소), 고객지원을 24시간 챗봇으로 개선(증가/창조)하는 식으로 가치 곡선을 재설계하려고 해, 이 가치 혁신 방향으로 문서화할 때, 핵심 메시지를 어떻게 전달하면 설득력이 높아질 수 있을까?

Q 프롬프트 예시: 전략 캔버스(Strategy Canvas) 개선 요청

현재 시장에 있는 경쟁자들의 가치 요소를 [서비스 속도, 가격, 기능 다양성, 브랜딩, 사후 지원] 관점에서 정리한 전략 캔버스를 만들려 해, Blue Ocean 전략 관점에서 이 캔버스에 어떤 신규 가치 요소를 추가(창조)하고, 어떤 기존 요소를 제거하거나 감소시킴으로써 우리만의 독자적 가치 곡선을 제안할 수 있을지 아이디어를 제안해 줘.

07-3. 키워드 중심으로 사업계획서 업그레이드

사업계획서의 품질은 단순히 내용을 전달하는 데 그치지 않고, 문서의 스타일과 메시지 전달 방식에 의해 크게 달라진다. 키워드를 전략적으로 선택하고 적용하면 사업계획서는 단순한 설명 문서를 넘어, 독자를 매료시키는 강렬한 스토리와 비전의 도구로 변화할 수 있다.

예를 들어, "시니어를 위한 비전로드맵 교육 사업계획서"와 "고객 경험 중심의 시니어를 위한 비전로드맵 교육 사업계획서"는 키워드 선택에 따라 스타일과 접근 방식이 완전히 달라질 수 있다.

전자는 교육의 기능과 프로그램에 초점을 맞추지만, 후자는 고객의 감정과 경험을 강조하며, 참여자의 만족도를 중심으로 한 구체적인 전략이 추가된다. 키워드는 단순한 단어 이상으로 문서의 톤, 구조, 방향성을 결정하는 핵심 도구다.

◆ 키워드의 역할과 목적

스타일 변화를 주도한다
키워드는 문서의 분위기와 접근 방식을 변화시킨다. "효율성 중심" 키워드와 "감성적 연결" 키워드를 적용한 문서는 그 내용과 느낌에서 극명한 차이를 보인다.

문서의 설득력을 강화한다
독자가 기대하는 요소에 맞는 키워드를 넣으면, 투자자, 고객, 평가자가 더 매력적으로 느끼는 문서를 작성할 수 있다.

업그레이드된 커뮤니케이션을 가능하게 한다
단순히 정보를 나열하는 문서가 아니라, 독자의 관심을 끌고 공감을 불러일으키는 스토리를 전달하는 도구가 된다.

● 주요 키워드 카테고리 ●

카테고리	추천 키워드	설명
혁신	혁신적, 선도적, 미래지향적, 독창적, 디스럽티브(Disruptive), 파괴적 혁신.	기존의 틀을 깨는 아이디어나 기술, 새로운 트렌드와 시장의 선도적 접근 방식을 강조.
창의성	창의적, 감성적, 영감을 주는, 직관적, 미적, 감각적.	감성과 직관, 독창적인 접근 방식으로 고객의 감정을 자극하고 특별한 경험을 제공하는 방향성.
문제 해결	문제 중심적, 실용적, 고객 중심적, 기능적, 구체적, 솔루션 중심.	고객의 실질적인 문제를 해결하고, 기능적이고 구체적인 솔루션을 제시하여 신뢰감을 주는 전략.

효율성	효율적, 비용 절감, 빠른, 간편한, 시간관리, 생산성 향상.	자원과 시간을 절약하고, 더 적은 노력으로 큰 결과를 얻는 접근 방법을 강조.
사회적 가치	창의적, 영감을 주는, 지속가능한, 포용적, 혁신적, 임팩트 지향, 협력, 공동체.	환경, 사회, 윤리를 고려한 가치를 제공하여 브랜드 이미지를 강화하고 고객의 신뢰를 얻는 방식.
데이터 중심	데이터 기반, 데이터 중심적, 통계적, 예측 가능, 분석적, 인공지능 활용.	데이터와 인공지능을 활용해 객관적인 결과와 신뢰도 높은 솔루션을 제공하는 방식.
감성적 연결	공감, 연결, 스토리텔링, 감동적, 진정성 있는, 인간 중심.	고객의 감정을 이해하고 연결하며, 스토리를 통해 제품이나 서비스에 감정적 가치를 부여.
기술 중심	기술적, 디지털 중심, AI 기반, 자동화된, 최신 기술 활용.	기술과 혁신적 도구를 활용하여 기존 문제를 개선하고 경쟁력을 높이는 전략.
확장성	확장 가능한, 글로벌, 범용적, 융합적, 연결 가능한, 네트워크형.	시장, 제품, 서비스의 확장 가능성을 강조하며, 글로벌 시장이나 다양한 분야와의 연결성을 강조.
경쟁 우위	차별화된, 독점적, 비교 우위, 유일무이한, 선점 가능한, 브랜드 중심.	경쟁자와의 차별성을 명확히 하고, 시장에서 유일한 가치를 제공하는 접근 방식.
경제성	경제적, 비용 효율적, ROI(투자 대비 수익), 지속 가능한 비용, 수익성 있는.	사업의 경제적 성과와 투자 대비 효율성을 강조하며, 비용 대비 큰 가치를 제공하는 방식.
협업과 네트워크	협력 중심적, 네트워크형, 파트너쉽, 공동 개발, 오픈 이노베이션.	파트너와의 협력 및 네트워크를 활용하여 시너지를 창출하는 접근.
고객 경험	고객 중심, 경험 강화, 직관적 사용, 맞춤형, 참여형, 고객 만족.	고객이 제품이나 서비스를 사용하는 과정에서 더 나은 경험과 만족도를 제공하는 방식.
미래 지향	미래지향적, 예측 가능한, 장기적, 트렌드 중심, 차세대, 혁신을 준비하는.	미래 트렌드와 변화를 선도하거나 준비하는 장기적인 전략.
브랜드 가치	프리미엄, 신뢰성 있는, 고급화된, 권위 있는, 영향력 있는, 전문적.	브랜드의 고급화 또는 신뢰성을 중심으로 제품이나 서비스를 포지셔닝.

▶ 챗GPT 프롬프트 해석 방식: 해석 과정의 3단계 구조

프롬프트를 해석할 때의 챗GPT는 키워드, 문맥, 구조를 기반으로 작업을 수행한다. 이는 사용자가 요청한 스타일이나 방향성을 반영하여 문장을 생성하거나 문서를 구성하는 데 중요한 역할을 한다. 이 과정을 이해하면 챗GPT의 답변을 원하는 대로 조정하고, 더욱 효과적으로 활용할 수 있다.

◆ 1단계: 핵심 키워드 파악

프롬프트에서 사용자가 강조한 키워드(예: 감성적 연결, 데이터 중심 등)를 추출하여 문서의 주요 스타일과 메시지를 설정한다.

Q 프롬프트 예시

감성적 연결과 데이터 중심 키워드를 활용해 문제 정의 문장을 작성해 줘.

[챗GPT의 해석]

감성적 연결 → 고객의 감정을 공감하고 연결, 데이터 중심 → 수치와 통계를 활용해 신뢰성 강화.

◆ 2단계: 문맥 분석 및 의도 이해

키워드 간의 상관관계와 문맥 속에서 사용자의 의도를 파악한다. 이 단계에서는 각 키워드가 문서의 어느 부분에 적용될지 결정한다. 예를 들어, "감성적 연결"은 고객의 문제를 정의하고 공감대를 형성하는 부분에 적용된다. 그리고 "데이터 중심"은 해결책과 결과를 구체화하거나 설득력을 높이는 데 사용된다.

◆ 3단계: 문장 구성 및 출력

프롬프트에서 추출한 키워드와 분석한 문맥을 기반으로, 문장 구조를 형성하고 최적의 표현을 생성한다. 이 단계에서의 최종 출력은 시니어가 은퇴 후 겪는 불확실성을 공감하며, 이를 데이터 기반의 맞춤형 비전 설계를 통해 해결하고자 한다.

▶ 챗GPT의 문장 생성 원리

챗GPT는 사용자가 요청한 프롬프트를 다음과 같이 해석과 창의적 변형을 통한 이론적 원리를 기반으로 처리한다.

◆ 프롬프트 해석

챗GPT는 사용자의 프롬프트에서 핵심 단어와 문법적 구조를 식별한다.

Q 프롬프트 예시

감성적 연결과 데이터 중심으로 작성해 줘.

결과 두 개의 키워드를 조합하여 상호보완적인 문장을 만들어 준다.

◆ 지식 기반 적용

챗GPT는 방대한 학습 데이터를 활용해 키워드와 문맥에 적합한 사례와 표현을 생성한다. 예를 들어, "감성적 연결" 키워드는 사람과 사람 사이의 공감을 강조한 문장으로 구체화된다.

◆ 창의적 변형

사용자가 요청한 스타일에 맞추어 기존의 표현을 새롭게 조합하고 창의적으로 변형 한다. 예를 들어, "데이터 중심"을 강조한 문장은 '통계 자료에 기반으로 한 분석'으로 세부적으로 변환된다.

결과 시니어가 은퇴 후 겪는 막연한 불안을 공감하며, 프로그램을 통해 참여자의 80%가 구체적인 목표를 설정하도록 돕는다.

▶ 프롬프트와 사례: 스타일을 재구성하는 방법

프롬프트를 구체화하고, 핵심 요소를 강화하면 결과물의 깊이와 설득력이 향상된다.

Q 프롬프트 예시: 기본 프롬프트

시니어를 위한 비전로드맵 교육 사업계획서를 작성해 줘.

Q 프롬프트 예시: 업그레이드 프롬프트

고객 경험 중심의 시니어를 위한 비전 로드맵 교육 사업계획서를 작성해 줘. 그리고 참여자의 감정적 경험과 데이터 기반 결과를 포함해 작성해 줘.

결과

기본 스타일: 기능 중심의 설명(교육 과정, 내용 구성, 프로그램 목표에 대한 나열)한다.

업그레이드 스타일: 고객 경험을 중심으로 스토리텔링을 강화하고, 데이터 기반으로 구체적 성과를 예측한다.

[예시]

- **기본 결과**

    교육 프로그램은 주 단위로 진행되며, 시니어의 비전 설계를 위한 5단계 과정으로 구성된다.

- **업그레이드 결과**

    참여자들이 자신의 경험과 가치를 바탕으로 비전을 설계할 수 있도록, 5단계 과정을 고객 중심으로 설계했다. 각 단계는 직관적이고, 감정적으로 연결될 수 있는 활동으로 구성된다.

이렇듯 키워드는 사업계획서를 구성하는 핵심적인 도구로, 문서의 스타일과 메시지 전달 방식을 변화시킬 수 있으며, 단순히 정보를 나열하는 문서에서 벗어나, 전략적으로 키워드를 선택해 더 매력적이고, 더욱 설득력 있는 문서로 업그레이드해 준다.

살펴본 것처럼 챗GPT와 함께하는 사업계획서는 이제 고객의 마음을 움직이는 강력한 무기가 될 것이다.

07-4. 피드백 반영을 통한 프롬프트 업그레이드

사업계획서를 외부 이해관계자(투자자, 멘토, 업계 전문가, 팀원 등)에게 검토 받아 피드백을 수집하고, 이를 바탕으로 챗GPT를 활용해 문서를 한 단계 더 업그레이드할 수 있다. 이 과정에서 피드백을 명확히 정리하여 챗GPT에 다시 프롬프트함으로써, 기존 사업계획서에서 부족한 부분을 효과적으로 개선할 수 있다. 주요 프로세스는 다음과 같다.

◆ 1단계: 피드백 수집

대상자 선정
스타트업 멘토, 예비 고객, 유관 산업 종사자, 내부 팀원 등 다양한 관점에서 피드백을 얻는다.

질문 가이드 제공
피드백 요청 시 구체적 포인트(시장 분석의 설득력, 재무 계획의 현실성, 차별화 전략의 명확성, 실행 로드맵의 구체성)를 제시하여, 상대가 집중적으로 평가하도록 한다.

분류
수집된 피드백을 '문서 구조(논리적 흐름)', '내용 정확성(데이터 타당성)', '설득력(차별화 포인트 명료성)', '실행 가능성(로드맵의 구현 가능성)', '표현 개선(언어적 명확성, 전문성)' 등 카테고리로 나누어 정리한다.

◆ 2단계: 피드백 분석 및 정제

핵심 개선 포인트 추출
다양한 피드백 중 공통적으로 지적되는 사항(예: 시장 분석 부족, 비용 추산 모호성)을 우선순위로 선정한다.

추가 자료 검토
필요한 경우 피드백 반영을 위해 새로운 데이터나 사례를 확보한다. 예를 들어, 스타트업 멘토가 시장 규모 추정이 불명확하다."고 지적했다면, 신뢰할 수 있는 시장 조사 자료를 찾아 반영할 준비를 한다.

◆ 3단계: 프롬프트 재설계

명확하고 구체적인 지시 사항 작성
챗GPT에게 요청할 때 "시장 규모를 더욱 명확히 제시" 혹은 "재무 계획 섹션에서 초기 6개월간 비용 항목별 추정치를 제안" 등 특정 개선 요구를 분명히 한다.

◆ 4단계: 챗GPT를 통한 프롬프트 재실행

다음과 같이 구체화한 질문은, 챗GPT가 단순한 문장 수정이 아니라, 피드백 포인트에 정확히 대응하는 형태로 답변을 제시할 가능성이 높아진다.

Q 프롬프트 예시

앞서 작성한 사업계획서 초안에 대한 피드백을 반영해 다음을 개선해 줘.

'시장분석' 섹션: 공신력 있는 보고서(예: 정부기관 발표) 기반 시장 규모(최근 3년 성장률, CAGR) 인용.

'재무 계획' 섹션: 초기 6개월간 주요 비용 항목(인건비, 마케팅비, 개발비)과 예측 매출액을 구체적 수치로 추정.

'실행 로드맵' 섹션: 3단계 계획(고객 조사 → MVP 테스트 → 정식 런칭) 각 단계별 기간 및 목표 명시.

◆ 5단계: 개선된 결과 검토 및 추가 보완

챗GPT가 제시한 개선안을 검토하며, 반영된 피드백이 만족스러운지 확인한다. 여전히 미비한 점이 있다면 다시 한 번 재 프롬프트를 시도하거나, 추가적인 외부 피드백을 받을 수도 있으며, 필요하다면 키워드나 프레임워크 프롬프트를 재 적용하여 표현력을 강화하거나 논리 구조를 재점검할 수 있다.

◆ 6단계: 예시 상황 시나리오

초기 피드백
투자자가 "시장 규모가 애매하게 느껴진다."와 "재무 계획의 수치 근거가 부족하다."고 지적한다.

Q 프롬프트 예시: 프롬프트 재작성
이전 사업계획서에서 시장 분석 섹션에 3년간, CAGR 정보(예시 CAGR 7%)를 추가하고, 재무 계획 섹션에 초기 6개월간 인건비(월 ○○원), 마케팅비(월 ○○원) 명시, 그리고 매출 추정(6개월 후 월 매출 ○○원)치를 포함해 줘.

챗GPT 개선 응답
수정된 시장 분석 섹션에 인용 데이터 삽입, 재무 계획에 구체 수치 추가, 실행 로드맵에 기간 표시하기.

최종 검토
개선된 결과물로 투자자에게 다시 공유 및 추가 확인 후 최종 완성도로 발전시키기.

07-5. 법률 및 윤리적 검토

사업 아이디어를 실현하기 위해서는 해당 산업의 법률적 규제, 지적 재산권 보호, 개인정보 처리 및 윤리적 측면을 충분히 고려해야 한다. 이를 사업계획서에 반영함으로써 투자자 및 이해관계자에게 '합법적이고 책임 있는 사업 운영'에 대한 신뢰를 제공하고, 향후 규제 리스크를 사전에 관리할 수 있다. 주요 프로세스는 다음과 같다.

◆ 1단계: 관련 법규 및 규제 식별

산업별 규제 파악
진출하려는 시장이나 산업이 보건(의료), 교육, 핀테크 등이라면 해당 분야의 필수 인증, 면허, 허가 요건을 조사한다.

개인정보 및 데이터 보호법 준수
GDPR, CCPA, 국내 개인정보보호법 등 대상 시장에 적용되는 규제를 파악하고, 서비스 개발 과정에서 준수할 계획을 제시한다.

저작권 · 상표권 및 특허 보호
핵심 기술, 브랜드 네이밍, 콘텐츠 등에 대한 지적 재산 보호 전략 수립 및 관련 비용, 절차(특허 출원, 상표 등록)를 문서화한다.

◆ 2단계: 챗GPT를 통한 법률·규제 안내 요청

명확한 지시 사항 제시
"헬스케어 서비스로 창업을 준비 중인데, 국내에서 원격진료나 건강데이터 활용과 관련된 법적 제약사항이 무엇인지 제시해 줘. 또한, 이 규제를 준수하기 위한 인증 또는 허가 절차도 알려 줘." 등과 같이 명확히 챗GPT에게 제시를 한다.

법령 정보 요약 및 적용 방향 수립
챗GPT의 답변에서 특정 법령 이름(예시 의료법, 원격 의료 관련 시행령)과 인증 요건(의료기관 연계 필요성, 의료기기 인증 절차) 등을 식별하고, 이를 사업계획서의 '법적 구조' 섹션에 반영한다.

◆ 3단계: 윤리·사회적 책임 요소 반영

윤리적 이슈 파악
서비스 개발 과정에서 발생할 수 있는 차별, 소비자 안전, 환경 영향, 허위 광고, 과장 홍보 등의 문제를 검토한다.

해결 방안 제시
개인정보 처리 시 익명화, 암호화, 접근 권한 관리 등의 안전장치, 지속 가능한 자원 사용, 친환경 패키징, 사회공헌 활동을 통한 기업의 ESG(환경·사회·지배구조) 차원 가치 제고, 투자자 신뢰 확보를 위해 '윤리 헌장' 또는 '고객 보호 정책'을 명문화하고, 이를 사업계획서 내에 기재한다.

Q 프롬프트 예시: 가이드 요청
우리 서비스가 고객 데이터를 AI로 분석할 때, 개인정보 보호 측면에서 어떤 윤리적 고려 사항을 포함해야 할까? 구체적인 조치(예: 데이터 최소 수집, 명확한 동의 절차)와 이를 문서에 반영할 방법을 제안해 줘.

◆ 4단계: 리스크 관리 계획에 규제·윤리 항목 추가

규제 변화 대응 전략

법령 개정, 새로운 인증 기준 도입 시 어떻게 대응할지 계획을 수립한다.

이해관계자 커뮤니케이션

고객 약관, 개인정보 취급방침, 사회적 책임 보고서 등을 정기적으로 업데이트하고, 이해관계자에게 투명하게 공개하는 전략을 포함한다.

ⓠ 프롬프트 예시

리스크 관리 섹션에서 법·윤리적 리스크를 2~3개 제시하고, 각각에 대한 대응 전략을 구체적으로 작성해 줘. 예시: 개인정보 유출 리스크, 새로운 규제 도입 리스크.

◆ 5단계: 전문가 자문 반영

법률 전문가 자문

법무법인, 전문 컨설턴트, 특허 사무소 등의 조언을 반영하여, 챗GPT에 새로운 프롬프트를 던져 필요한 내용을 더욱 정제할 수 있다.

ⓠ 프롬프트 예시

법률 자문 결과, 원격의료 서비스 출시 전 의료기관 협업 계약서가 필요하다고 해. 이 계약서 필요성 및 협업 구조를 사업계획서에 반영할 수 있게 작성해 줘.

◆ 6단계: 예시 상황 시나리오

초기 상태

헬스케어 관련 스타트업 아이디어가 있지만, 원격진료 규제나 개인정보 보호 의무를 사업계획서에 반영하지 않은 상황.

ⓠ 프롬프트 예시: 규제 파악 요청

우리 서비스가 원격진료 기능을 포함하려 할 때, 국내 의료법 기준으로 원격진료 허용 범위와 의료 전문가 면허 요건, 환자 정보 처리 기준을 정리해 줘.

07-6. 시각화 · 발표 자료 연계

완성된 사업계획서를 가독성과 설득력을 극대화한 프레젠테이션용 자료(슬라이드, 차트, 인포그래픽)로 재구성한다. 이를 통해 투자자, 파트너, 팀원 앞에서 짧은 시간에 핵심 메시지를 효과적으로 전달할 수 있으며, 시각적 자료를 활용하여 복잡한 정보를 직관적으로 이해시키는 것이 가능하다. 다음은 주요 프로세스다.

◆ 1단계: 발표 목적 및 청중 정의

투자 유치용 피치덱인지, 내부 전략 회의용 브리핑 자료인지, 파트너십 제안용 발표인지 목표를 명확히 파악하고, 청중의 특성을 고려한다. 투자자는 재무성과와 시장성에 관심, 팀원은 실행 전략과 역할 분담, 파트너는 시너지 창출 방안에 주목한다. 목적·청중에 따라 슬라이드 수, 상세 수준, 시각화 형태(간략 그래프 vs 상세 표)를 결정한다.

◆ 2단계: 핵심 메시지 및 스토리라인 설계

사업계획서의 주요 포인트(문제 정의, 솔루션 특징, 시장 규모, 경쟁 우위, 재무 전망)를 3~5개의 핵심 메시지로 압축한다. '문제 제기 → 솔루션 소개 → 시장 검증(데이터) → 비즈니스 모델 → 재무 계획 & 리스크 관리 → 팀 역량 & 실행 로드맵' 순으로 스토리 라인을 구성하여 논리적 흐름을 잡는다. 챗GPT에게 "다음 핵심 메시지를 반영한 7장의 슬라이드 구성안을 제안해 줘"라고 요청할 수 있다.

◆ 3단계: 시각화 기법 활용

시장 규모나 성장률은 막대 그래프나 라인차트, 고객 세그먼트 비중은 파이차트, 경쟁사 비교는 테이블 또는 SWOT 매트릭스 형태 등으로 데이터 시각화를 표현한다. 실행 계획은 단계별 타임라인, 프로세스는 다이어그램, 로드맵은 이미지로 직관적으로 표현한다. 브랜드 컬러, 로고, 간결한 아이콘 을 활용해 슬라이드 일관성 유지하면서 비주얼 아이덴티티를 정립한다. 챗GPT에게 "이 로드맵을 타임라인 형태로 시각화할 때 어떤 아이콘이나 색상 코드를 추천하는지" 묻고, 제안을 받아 반영할 수 있다.

◆ 4단계: 챗GPT를 통한 슬라이드 구성 가이드 요청

시장분석을 위해 다음과 같이 프롬프트를 명확하게 제시한다. 챗GPT가 제안한 슬라이드 구성을 보고, 필요하면 수정 요청을 반복하여 결과물 검토 및 조정을 한다.

Q 프롬프트 예시

시장분석 섹션을 3장의 슬라이드로 나눠 줘.

1) 전체 시장규모 및 CAGR (막대 그래프).

2) 45세 이상 타겟 비율 (파이차트).

3) 주요 경쟁사 비교표. 그리고 슬라이드별로 핵심 메시지와 간략한 설명 문구를 제안해 줘.

Q 프롬프트 예시: 수정 요청

경쟁사 비교표를 SWOT 분석 2x2 매트릭스로 바꿔 줘.

◆ 5단계: 발표 연습 및 QA 시뮬레이션

슬라이드가 준비되면, 챗GPT에게 "각 슬라이드에 대해 30초 이내로 설명하는 스크립트를 작성 요청"하여 발표 연습용 자료를 얻을 수 있다. 투자자가 물어볼 수 있는 질문(예: 수익 추정 근거, 경쟁 우위 지속 방안)에 대한 예상 Q&A를 준비하도록 챗GPT에 요청한다. 예를 들어, "시장규모 수치에 대한 근거를 투자자가 물으면 어떻게 답변할까?"라고 질문 할 수 있다.

◆ 6단계: 최종 자료 검증

일관성 및 가독성 재점검 한다. 슬라이드 상의 수치나 표현이 앞서 사업계획서 본문과 일관되는지, 내용이 명확하게 전달되는지 확인하며, 간결성 및 설득력에 대해서도 점검한다. 불필요한 텍스트, 중복 정보는 제거하고, 핵심 데이터와 그래프에 집중할 수 있는 레이아웃을 적용한다.

◆ 7단계: 예시 상황 시나리오

완성된 사업계획서가 있지만, 발표 자료로는 정리되지 않았을 경우엔, 다음과 같은 슬라이드 가이드를 요청한다.

> **Q 프롬프트 예시**
>
> 다음과 같이 건강관리 서비스 사업계획서 핵심 메시지를 담은 10장의 피치덱 구성을 제안해 줘.
>
> 1장: 시장 문제 제기(사용자 어려움).
>
> 2장: 솔루션 개요(우리 서비스 특징).
>
> 3장: 시장 규모 및 CAGR(막대그래프).
>
> 4장: 타겟 세그먼트(파이차트).
>
> 5장: 경쟁사 비교(SWOT 매트릭스).
>
> 6장: 비즈니스 모델(수익 구조).
>
> 7장: 실행 로드맵(타임라인).
>
> 8장: 재무 계획(간략 추정치).
>
> 9장: 리스크 관리(2~3가지 리스크 및 해결책).
>
> 10장: 팀 소개(핵심 역량).

위 결과에 대해, 챗GPT가 각 슬라이드별 핵심 메시지와 간략한 그래픽 표현 아이디어를 제시한다. 필요한 부분에 대한 후속 요청을 한다. 예를 들어, "3장의 CAGR 그래프에 최근 3년 데이터만 표시하고, 파이차트 색상 대비를 높여 시각적 명확성을 강화해 줘."라고 요청할 수 있다.

살펴본 것처럼 사업계획서를 발표 자료로 재구성하는 과정은 발표 목적과 청중의 특성을 고려한 슬라이드 설계, 핵심 메시지와 스토리라인 구성, 데이터의 효과적인 시각화, 챗GPT를 활용한 구성안 제안 및 수정, 발표 연습과 예상 질문 준비, 그리고 최종 자료 검증을 포함한다. 이를 통해 짧은 시간 안에 핵심 메시지를 명확하고 설득력 있게 전달하며, 시각적 자료를 활용해 복잡한 정보를 직관적으로 이해시키는 발표 자료를 완성할 수 있다.

08 써머리 노트: 창업에 필요한 기초 지식

 08-1. 고객 문제를 정의하는 방법

고객 문제 정의는 니즈를 파악하고 본질을 분석해 해결 방향을 설정하는 접근법이다. 고객 세분화와 데이터 활용으로 문제의 심각성을 구체화한다.

1. 고객 세분화 및 페르소나 설정

- 문제를 겪고 있는 고객의 특성을 구체적으로 묘사한다.
- 고객을 인구 통계(나이, 성별, 직업, 소득)와 심리적 특성(라이프스타일, 가치관)으로 세분화한다.
- 페르소나(Persona)를 활용해 대표적인 고객의 모습을 상세히 정의한다.

[예시]
30대 직장인 남성, 바쁜 업무로 인해 건강한 식사를 챙기기 어려운 라이프스타일이다.

2. 고객 페인 포인트(Pain Point) 분석

- 고객이 직면한 불편함, 문제, 욕구를 구체적으로 설명한다.
- 고객 인터뷰, 설문조사, 포커스 그룹 등을 활용해 실질적인 문제를 수집한다.
- 문제를 정량화 하거나 사례를 통해 구체화한다.

[예시]

직장인 78%가 점심시간 부족으로 건강한 식사를 챙기지 못한다고 답변한다.

3. 문제의 심각성 및 영향 강조

- 문제의 중요성과 해결의 필요성을 설득력 있게 전달한다.
- 문제로 인해 발생하는 금전적, 시간적, 감정적 손실을 구체적으로 표현한다.
- 시장 규모, 경쟁 환경, 트렌드 데이터를 통해 문제의 범위를 확인한다.

[예시]

이로 인해 연간 약 10조 원 규모의 건강 보조 식품 시장이 성장 중이며, 건강식에 대한 수요가 꾸준히 증가하고 있다.

4. 문제를 체계적으로 정리: 문제의 본질을 구조화하기

- **문제 정의 공식** [특정 고객]이 [특정 상황]에서 [특정 문제]를 겪고 있어 [부정적 결과]를 초래하고 있다.

[예시]

바쁜 직장인들은 점심시간 부족으로 인해 균형 잡힌 식사를 하지 못하고 있으며, 이로 인해 건강 문제와 생산성 저하를 경험하고 있다.

5. 데이터 및 사례 활용

- 통계자료, 시장 보고서, 고객 설문 데이터를 다양한 출처에서 인용하여 문제의 객관성을 확보한다.
- 경쟁사의 한계를 분석하여, 현재 시장에서 이 문제가 해결되지 않고 있음을 강조한다.

[예시]

직장인의 60%가 주 3회 이상 패스트푸드를 섭취하며, 이로 인한 건강 이슈(비만, 소화불량 등)가 증가.

6. 문제를 해결하려는 의지 강조

- 해결책이 단순히 '좋은 옵션'이 아니라, 필요한 솔루션임을 강조한다.
- 고객 문제의 긴급성을 강조하고, 미룰 경우의 리스크를 제시한다.

[예시]

기존 도시락 배달 서비스는 비용이 높고 개인화 옵션이 부족해 만족도가 낮다. 건강식 수요 증가 속 맞춤형 저비용 솔루션이 없으면 시장 기회를 잃을 수 있다.

08-2. 고객 문제를 해결하는 문장 만들기

명확한 구조로 해결책의 가치를 전달하고, AIDA · 5W1H · FAB 기법을 활용해 설득력을 높인다.

1. 기본 문장 구조

고객 문제의 해결책을 명확히 정의하기 위해 다음과 같은 문장 구조를 사용할 수 있다.

[문제의 대상] + [문제가 무엇인지] + [어떻게 해결하는지] + [고객이 얻는 핵심 혜택]

[예시]

퇴직 후 경력을 활용하지 못하는 중년 직장인들에게, AI 기반 맞춤형 비전 설계를 제공하여 경력 목표를 명확히 하고 실행 가능한 계획을 지원한다.

[제품/서비스] + [주요 기능] + [문제 해결 방식] + [혜택 또는 결과]

[예시]

AI 기반 비전 설계 플랫폼은 경력 분석과 목표 설정 기능을 통해 중년 직장인들이 퇴직 후 새로운 경력 전환을 성공적으로 이루도록 돕는다.

2. 한 문장 정리를 위한 방법론

2-1. AIDA 원칙 활용

AIDA는 Attention(관심), Interest(흥미), Desire(욕구), Action(행동)의 약자로, 고객의 관심을 끌면서도 간결한 해결책 정의를 도울 수 있다.

- **A(관심)** 누구의 문제를 해결하는가? 어떤 대상층의, 어떤 구체적인 문제를 해결하는가?

- **I(흥미)** 어떤 방법으로 흥미를 끌 것인가? 해결책의 어떤 독창적인 요소가 대상층의 흥미를 끌 것인가?

- **D(욕구)** 해결책이 어떤 가치를 제공하는가? 해결책이 대상층의 삶이나 비즈니스에 어떤 변화를 만들어내는가?

- **A(행동)** 고객이 이 해결책을 통해 무엇을 할 수 있는가? 고객이 해결책을 통해 실행 가능한 구체적인 행동은 무엇인가?

[예시]

AI 기반 비전 설계 플랫폼은 퇴직을 앞둔 중년 직장인들이 새로운 경력을 설계하는 과정에서 목표 설정의 혼란과 정보 부족 문제를 해결하며, 맞춤형 목표와 실행 가능한 전략을 통해 확신을 가지고 전환 과정을 시작할 수 있도록 돕는다.

A(관심): 퇴직을 앞둔 중년 직장인들이 새로운 경력 전환 과정에서 겪는 불확실성을 해결한다.

I(흥미): AI 기반의 개인화된 목표 설정 도구와 실행 전략을 제시하여 흥미를 끌어낸다.

D(욕구): 새로운 경력을 시작하는 데 필요한 구체적이고 실행 가능한 로드맵을 제공한다.

A(행동): 고객은 이를 통해 자신만의 경력 전환 목표를 설정하고, 실질적인 행동 계획을 수립할 수 있다.

2-2. 5W1H(육하원칙) 적용

- **Who** 누구를 위한 해결책인가? 이 해결책의 주요 타겟층(예: 퇴직 예정 중년 직장인)은 누구이며, 어떤 구체적인 문제를 겪고 있는가?

- **What** 문제는 무엇인가? 고객이 직면한 문제의 핵심은 무엇이며, 이를 해결하지 않으면 발생할 위험은 무엇인가?

- **Why** 왜 이 문제를 해결해야 하는가? 이 문제를 해결함으로써 고객이 얻는 근본적인 가치는 무엇인가?

- **Where** 이 해결책이 적용될 장소/상황은? 고객이 이 해결책을 가장 필요로 하는 상황이나 환경은 무엇인가?

- **When** 해결책이 언제 필요한가? 해결책의 제공 타이밍과, 문제 해결이 긴급한 이유는 무엇인가?

- **How** 문제를 어떻게 해결하는가? 이 해결책이 기존 방식과 어떻게 차별화되어 문제를 효과적으로 해결하는가?

[예시]

우리의 플랫폼은 퇴직을 앞둔 중년 직장인들이 경력 공백 문제를 해결하기 위해, 언제 어디서나 AI 기반 분석과 맞춤형 경력 설계 솔루션을 제공한다.

2-3. FAB 기법

FAB는 Feature(기능), Advantage(장점), Benefit(혜택)의 약자로, 해결책의 주요 요소를 간결하게 정리하는 데 효과적이다.

- **Feature** 주요 기능을 더 구체적이고 기술적으로 설명하여 신뢰도를 강화한다.

- **Advantage** 경쟁사 대비 차별성을 구체적인 수치나 사례로 명확히 제시한다.

- **Benefit** 고객이 얻는 혜택을 구체적이고 직관적으로 표현한다.

[예시]
우리의 AI 기반 경력 분석 플랫폼은 데이터 기반으로 개인 맞춤형 경력 목표와 실행 전략을 제공한다. 기존 고비용 컨설팅 대비 50% 저렴하며, 결과를 3시간 이내에 제공하여 시간과 비용을 절약한다. 이를 통해 퇴직 후 경력 공백의 불안을 해소하고, 새로운 경력 기회를 신속히 탐색할 수 있다.

3. 한 문장 정리를 위한 워크시트

Step 1. 질문에 답하기

- **내 고객은 누구인가?** 퇴직을 앞둔 중년 직장인.

- **그들이 가진 주요 문제는 무엇인가?** 퇴직 후 경력을 활용할 방법을 찾지 못한다.

- **이 문제를 어떻게 해결할 것인가?** AI를 활용해 개인 맞춤형 목표를 추천한다.

- **해결 후 고객이 얻는 가장 큰 혜택은?** 새로운 경력 기회를 발견하고 실행 가능성을 높인다.

Step 2. 답변을 조합해 문장 완성하기

퇴직을 앞둔 중년 직장인들이 경력을 활용하지 못하는 문제를, AI 기반 맞춤형 목표 추천 서비스를 통해 새로운 경력 기회를 발견하고, 실행 가능성을 높일 수 있도록 지원한다.

[프로 팁]

1) 가장 간단한 언어 사용: 전문 용어는 피하고, 누구나 이해할 수 있는 언어로 작성한다.

2) 고객 중심으로 작성: 고객의 문제와 혜택이 문장의 중심에 오도록 설계한다.

3) 테스트와 피드백: 작성 후, 대상 고객(또는 동료)에게 "이 문장이 이해하기 쉬운지" 물어보자. 만약 고객(또는 동료)이 "왜 중요한지" 명확히 느끼지 못한다면, 혜택을 더 강조해 본다.

08-3. 고객 가치 제안을 쉽게 정의하는 방법

고객 가치 제안을 효과적으로 정의하려면 고객이 겪는 문제를 명확히 규정하고, 이에 대한 해결책과 혜택을 구조화하여 설득력 있게 전달해야 한다.

1. 고객 가치 제안의 기본 구조

고객 가치 제안을 한 문장으로 작성하기 위해 다음과 같은 문장 구조를 사용할 수 있다.

[대상 고객]이 겪는 [문제]를 [해결 방법]을 통해 [얻는 혜택]으로 해결한다.

[예시]

퇴직을 앞둔 중년 직장인들이 경력 활용의 어려움을 겪는 문제를, AI 기반 맞춤형 비전 설계 플랫폼으로 해결하여 새로운 경력 기회를 제공한다.

2. 고객 가치 제안 작성 방법론

2-1. 질문 기반 접근

- **누가?(Who)** 내 서비스의 핵심 대상 고객은 누구인가?
  질문: 내 고객은 어떤 상황에서 어떤 문제를 겪고 있나?
  예시: 퇴직을 앞둔 중년 직장인.

- **어떤 문제를?(What)** 고객이 해결하고 싶은 주요 문제는 무엇인가?
  질문: 고객이 가장 불편하거나 해결하고 싶은 점은 무엇인가?
  예시: 경력을 활용하지 못하고 새로운 목표를 설정하지 못하는 문제.

- **어떻게 해결?(How)** 내 서비스는 문제를 어떤 방식으로 해결하는가?
  질문: 내 서비스는 어떤 독특한 방식으로 문제를 해결하는가?
  예시: AI 기반 비전 설계와 실행 가능한 플랜 제공.

- **얻는 혜택은?(Benefit)** 고객이 내 서비스를 통해 얻게 되는 가장 큰 혜택은 무엇인가?
  질문: 고객은 이 서비스를 통해 어떤 변화를 경험하는가?
  예시: 새로운 경력 기회를 발견하고 실행 가능성을 높임.

2-2. 구조화된 프로세스

다음과 같이 간단한 문장으로 각 요소를 작성한 후 순서대로 연결한다.

[문제 정의] → [해결책] → [혜택]

[예시]

퇴직을 앞둔 중년 직장인들이 경력 활용의 어려움을 겪는 문제를, AI 기반 맞춤형 비전 설계 플랫폼으로 해결하여 새로운 경력 기회를 제공한다.

- **문제 정의** 퇴직을 앞둔 중년 직장인이 경력을 활용하지 못하는 어려움을 겪고 있다.
- **해결책** AI 기반의 맞춤형 목표 설정과 실행 가능한 플랜을 제공한다.
- **혜택** 새로운 경력 기회를 발견하고 실행 가능성을 높인다.
- **최종 문장** 퇴직을 앞둔 중년 직장인들이 경력 활용의 어려움을 겪는 문제를, AI 기반 맞춤형 비전 설계를 통해 해결하여 새로운 경력 기회를 제공한다.

3. 단계별 작성 가이드

Step 1. 핵심 고객의 문제 정리

[질문]

고객이 현재 어떤 문제를 겪고 있는가?
그 문제는 고객의 삶에 어떤 부정적 영향을 미치고 있는가?

[예시]

퇴직을 앞둔 중년 직장인이 경력을 활용하지 못하고 새로운 목표를 설정하는 데 어려움을 겪고 있다.

Step 2. 내 서비스의 해결책 정리

[질문]

내 서비스는 문제를 어떻게 해결하는가?
내 해결책의 독창성은 무엇인가?

[예시]

우리 서비스는 AI 기반의 맞춤형 비전 설계와 실행 플랜을 제공한다.

Step 3. 고객이 얻게 되는 혜택 정리

[질문]

고객이 문제를 해결한 이후의 모습은 무엇인가?
내 서비스가 고객의 삶에 어떤 긍정적 변화를 가져오는가?

[예시]

고객은 새로운 경력 기회를 발견하고, 실행 가능성을 높여 경제적 안정성을 확보할 수 있다.

4. 더 간단하게 정리하는 방법

[작성법 : 핵심만 담은 초단문]

[누구를 위해] + [어떤 문제를] + [어떻게 해결]한다.

[예시]

중년 직장인의 경력 활용 문제를 AI 기반 솔루션으로 해결한다.

- 검증 체크리스트

간결한가?: 1~2문장으로 제한한다.
고객 중심인가?: 문제와 혜택이 고객의 입장에서 설명되었는가?
구체적인가?: 서비스의 독창성과 핵심 기능이 포함되었는가?

5. 연습을 위한 템플릿 작성하기

[고객 문제]

내 고객은 _____ 문제를 겪고 있다.

[해결책]

내 서비스는 _____을 통해 문제를 해결한다.

[해택]

고객은 _____을 얻는다.

[최종 문장]

_____가 겪는 _____ 문제를 _____을 통해 해결하여 _____을 제공한다.

08-4. 초기 시장 선택의 기본 원칙

초기 시장(Beachhead Market)을 정하는 것은 사업 성공의 가장 중요한 출발점이다. 잘못된 초기 시장 선택은 사업 자원의 낭비와 실패로 이어질 수 있다. 초기 시장은 규모보다 성공 가능성을 고려해 최적의 타깃층을 선정해야 한다.

◆ 초기 시장 선택의 기본 원칙

명확하고 작은 시장
시장이 작을수록 집중적인 자원 투입과 빠른 성과가 가능하다.

[예시]

퇴직 예정자 중 IT 경력을 가진 45~54세 남성 직장인.

모든 실현 가능성과 확장 가능성 고려
초기 시장에서 성공 후, 확장 가능성을 염두에 둔다.

[예시]

[중년 직장인] → [은퇴 예정자] → [청년층]

고객의 문제를 해결할 수 있는 시장
자신이 제공하는 제품/서비스가 그 시장에서 실질적으로 문제를 해결할 수 있어야 한다.

Step 1. 시장 세분화
전체 시장을 나누어 초기 시장을 찾기 위한 기반을 마련한다.

목표 고객 세분화 기준 정하기

연령, 직업, 지역, 소득 수준, 관심사 등으로 세분화한다.

[예시]

연령: 45~54세.
직업: 퇴직 예정 직장인.
소득 수준: 연 4천만 원 이상.

가능한 세분화 그룹 리스트 작성하기

[예시]

IT 경력을 가진 직장인.
제조업 종사자.
퇴직 후 창업을 희망하는 직장인.

Step 2. 시장 평가 기준 설정

세분화된 그룹 중 초기 시장으로 적합한 그룹을 평가한다.

평가 기준

- **문제의 긴급성** 고객이 문제를 얼마나 심각하게 느끼는가?
- **지불 의사** 고객이 문제를 해결하기 위해 비용을 지불할 의사가 있는가?
- **접근 가능성** 해당 고객 그룹에 접근할 방법(광고, 커뮤니티 등)이 있는가?
- **시장 크기** 그룹의 인구 수와 구매 가능성이 충분히 큰가?
- **경쟁 상황** 기존에 그 시장을 타겟팅 하는 경쟁자가 있는가?

● 예시 평가표 ●

고객 그룹	문제의 긴급성	지불 의사	접근 가능성	시장 크기	경쟁 상황	점수 합계
IT 경력 퇴직 예정자	높음 (5점)	높음 (5점)	높음 (5점)	중간 (3점)	낮음 (2점)	20점
제조업 경력 퇴직 예정자	중간 (3점)	낮음 (2점)	중간 (3점)	높음 (5점)	낮음 (1점)	14점
창업 희망 직장인	중간 (3점)	중간 (3점)	높음 (5점)	높음 (5점)	중간 (3점)	21점

점수가 가장 높은 고객 그룹이 초기 시장 후보로 선정

Step 3. 초기 시장의 구체적 정의

평가 결과를 바탕으로 초기 시장을 명확히 정의한다.

- **초기 시장 세그먼트 작성** 45~54세 IT 경력을 가진 퇴직 예정 남성 직장인.
- **초기 시장 크기 계산** 전체 30만 명 중 약 5만 명이 초기 시장 대상.
- **시장 접근 계획 설정** SNS 광고 및 퇴직 준비 커뮤니티를 통해 접근.

Step 4. 시장 데이터 수집

초기 시장의 크기와 가능성을 수치로 증명한다.

시장 크기 계산 공식

- **전체 시장 크기(TAM)** 퇴직 예정 중년 직장인 700만 명.
- **도달 가능 시장(SAM)** IT 경력을 가진 중년 직장인 30만 명.
- **초기 타겟 시장(SOM)** 3개월 내 접근 가능한 5만 명.
- **시장 데이터 출처** 정부 통계, 산업 보고서, 시장 조사 데이터.

[예시]

중년 직장인의 재취업 실패율은 60%로, 해당 문제를 해결하는 시장은 연평균 10% 성장 중.

Step 5. 초기 시장의 진입 테스트

초기 시장의 실제 반응을 확인하고, 필요시 조정한다.

- **MVP 테스트** 최소 기능 제품(MVP)을 초기 시장에서 테스트.
- **피드백 수집** 고객 인터뷰, 설문조사 등을 통해 시장의 관심과 반응 분석.
- **시장 조정** 초기 테스트 결과를 기반으로 초기 시장 정의와 접근 방식을 개선.

[예시]

IT 직장인의 반응이 저조하다면 다른 세그먼트로 이동.

초기 시장 정의 프로세스 예시

- **초기 시장 정의** 45~54세 IT 경력을 가진 퇴직 예정 남성 직장인.
- **시장 크기 및 가능성** 초기 시장 크기는 약 5만 명이며, 해당 시장은 재취업 문제를 해결하기 위해 높은 비용 지불 의사를 가지고 있다.
- **접근 전략** 퇴직 준비 커뮤니티와 SNS를 통해 초기 고객을 확보하고, 3개월 무료 체험 캠페인을 통해 고객 유입을 극대화한다.

[프로 팁]

1) 빠른 피드백과 조정: 초기 시장 테스트 후, 시장 전략을 반복적으로 개선한다.

2) 확장 가능성을 고려: 초기 시장에서 성공을 발판으로 확장 가능성이 높은 시장을 고려해 둔다.

08-5. 구체적인 초기 시장 진입 전략 방법

초기 시장 진입 전략은 현실적인 실행 가능성과 정확한 고객 공략 방법에 초점을 맞춰야 한다. 대다수의 창업자가 이 부분에서 실패하는 이유는, 구체적인 행동 계획 없이 추상적인 목표만 제시하거나, 시장 조사를 생략하기 때문이다. 다음은 실제 창업자들이 따라하면서 시장에 침투할 수 있는 전략을 구성하는 단계별 방법이다.

1. 구체적인 초기 시장 진입 전략 수립 프로세스

Step 1. 이상적인 초기 고객 설정

핵심 고객을 정의하고 초기 고객을 집중 공략하는 전략을 세운다.

- **고객 페르소나 작성** 고객의 연령, 성별, 직업, 관심사 등 세부 정보.

[예시]
45~54세 IT 경력을 가진 퇴직 예정 남성 직장인.

- **고객이 겪는 문제 명확화** 고객이 느끼는 주요 페인포인트(불편함).

[예시]
재취업을 위해 경력을 재구성해야 하지만, 방법을 모름.

Step 2. 고객 접근 경로 정의

고객 접점을 설정하고 접근 가능한 채널을 분석한다.

- **주요 접근 채널 식별** 고객이 자주 사용하는 플랫폼, 장소, 커뮤니티를 분석.

[예시]

네이버 카페(퇴직 준비 커뮤니티), 퇴직 예정 직장인 대상 SNS(페이스북, 링크드인).

- **효율적인 채널 선택** 접근 가능한 채널 중 가장 효과적인 방법 선택.

[예시]

퇴직 준비 관련 커뮤니티에서 무료 세미나 개최.

Step 3. 시장 진입 초기 메시지 설계

고객이 관심을 가질 수 있는 메시지를 구체적으로 작성한다.

- **문제 중심 메시지 작성** [고객의 문제] → [해결책] → [혜택] 구조.

[예시]

"퇴직 후 경력을 활용하지 못해 불안하신가요? AI 기반 맞춤형 비전 설계로 새로운 기회를 찾으세요."

- **검증된 메시지 활용** 고객과의 인터뷰에서 나온 키워드를 활용.

[예시]

"퇴직 이후가 막막하다면, 쉽고 빠르게 경력을 설계해 드립니다."

Step 4. 초기 테스트 계획 수립

소규모 테스트를 통해 전략의 유효성을 검증한다.

- **MVP(최소 기능 제품) 설계** 초기 시장 진입을 위한 최소한의 기능만 포함된 제품/서비스 제공.

[예시]

AI 기반 추천 서비스와 간단한 경력 설계 플랜만 포함.

- **소규모 고객 테스트** 초기 타깃 시장에서의 테스트 대상을 20~50명 정도의 고객 선정.

[예시]

퇴직 예정 직장인 커뮤니티에서 50명 모집.

- **테스트 결과 분석** 고객의 참여율, 피드백, 사용 데이터 분석.

[예시]

50명 중 35명이 목표 설정 기능을 유용하다고 평가.

Step 5. 실행 계획 수립

시장 침투를 위한 구체적인 실행 일정을 작성한다.

- **실행 활동 정의** 광고 캠페인, 고객 상담, 피드백 반영 등.

[예시]

[SNS 광고 5회] → [세미나 개최] → [서비스 등록]

- **구체적인 일정 작성** 매주 실행할 활동을 구체적으로 나열.

[예시]

1주차: 고객 인터뷰 10명.
2주차: SNS 광고 시작.
3주차: 무료 체험 캠페인 시작.

- **성과 지표 설정** 초기 고객 확보, 참여율, 피드백 수 등.

[예시]

한 달 기준으로 100명의 고객 확보 및 80%의 만족도 달성.

Step 6. 피드백 기반 개선

초기 시장에서 얻은 데이터를 기반으로 전략 조정한다.

- **피드백 수집** 고객 인터뷰, 설문조사를 통해 개선 방향 확인.

[예시]

20명의 초기 사용자 중 15명이 UI 개선 요청.

- **전략 조정** 고객의 요구에 맞게 제품 및 메시지 업데이트.

[예시]

AI 추천 결과를 더 직관적으로 표현하도록 수정.

2. 초기 시장 진입 전략을 위한 KPI 수립

- **타겟 시장 정의** 퇴직 예정 IT 경력자 100명.

- **접근 채널** 퇴직 준비 커뮤니티, SNS 광고.

- **초기 메시지** 퇴직 후 새로운 경력을 고민 중이신가요? AI 기반 경력 설계로 쉽게 출발하세요.

- **테스트 계획** 50명을 대상으로 무료 체험 캠페인 진행 후 피드백 분석.

- **실행 일정** 1주차: SNS 광고 시작, 2주차: 고객 인터뷰 진행.

- **성과 목표** 첫 달 100명의 고객 확보와 80% 만족도 달성.

08-6. 효과적인 초기 메시지 즉효약 방식

초기 창업팀은 리소스가 부족하기 때문에 짧은 시간 안에 고객의 관심을 끌고, 문제와 해결책을 명확히 전달하는 메시지가 필요하다. 다음은 실행하기 쉬운 초기 메시지 작성법을 단계별로 제시한다.

1. 초기 메시지의 기본 공식

[고객의 문제] + [우리의 해결책] + [고객이 얻는 혜택]

[예시]

"퇴직 후 경력을 활용하지 못해 고민 중이신가요? AI 기반 경력 설계 도구로 새로운 기회를 찾으세요!"

2. 즉효약 방식: 3단계 메시지 작성법

Step 1. 고객의 문제를 직관적으로 표현

- **핵심 질문**
  고객이 가장 불편해 하는 점은 무엇인가?
  고객이 직접 표현할 법한 말을 사용했는가?

- **작성 방법**
  고객이 직접 공감할 수 있도록 실제 고객 인터뷰나 리뷰에서 사용되는 언어를 활용.
  한 문장으로 간결하게 요약.

[예시]

"퇴직 후 새로운 경력을 어디서부터 시작해야 할지 막막합니다." "경력을 재구성할 시간이 부족하고, 방법도 모르겠어요."

Step 2. 해결책을 명확하고 쉽게 전달

- **핵심 질문**
  내 서비스는 문제를 어떻게 해결하는가?
  어려운 용어 없이 쉽게 설명했는가?

- **작성 방법**
  서비스의 핵심 기능만 강조.
  기술적 특징보다 결과에 초점을 맞춤.

[예시]

"AI 기반 분석으로 맞춤형 경력 목표를 추천합니다." "3단계 프로세스로 실행 가능한 경력 설계를 도와드립니다."

Step 3. 고객이 얻게 될 혜택을 강조

- **핵심 질문**
  내 서비스를 사용하면 고객은 무엇을 얻는가?
  구체적인 숫자나 결과를 포함했는가?

- **작성 방법**
  고객이 얻는 실질적인 변화를 강조.
  간결하고 직관적인 표현 사용.

[예시]

"퇴직 후 30일 안에 새로운 경력 목표를 설정해 줍니다!" "경제적 안정성을 높이고, 새로운 기회를 발견해 줍니다."

3. 간단히 따라 할 수 있는 템플릿

[문제 기반 템플릿]

"_____ 문제를 겪고 계신가요? _____을 통해 _____을 해결해 줍니다."

[예시]

"퇴직 후 경력을 어떻게 활용해야 할지 고민이신가요? AI 기반 경력 설계로 쉽고 빠르게 새로운 목표를 찾으세요!"

[혜택 강조 템플릿]

_____을 통해 _____의 변화를 경험해 보세요!."

[예시]

"AI 추천으로 경력 전환 시간을 50% 단축해 보세요."

[솔루션 강조 템플릿]

_____ 문제를 해결하는 가장 간단한 방법, _____.

[예시]

퇴직 후 경력 재구성을 위한 가장 간단한 방법, AI 기반 경력 설계 도구.

4. 즉효 전략: 효과를 높이는 추가 팁

Step 1. 소셜미디어 테스트

SNS(페이스북, 인스타그램 등)에 메시지 버전을 2~3개 올리고, 반응 데이터를 비교하여 최적의 메시지를 선정한다.

[예시]

메시지 A: "퇴직 후에도 성공적인 커리어를 만들어보세요!"
메시지 B: "AI 기반으로 당신의 경력을 재설계하세요."

Step 2. 고객의 언어 사용

고객의 언어를 활용하면 공감을 더 쉽게 얻을 수 있다.

[예시]

고객이 "경력이 사장될까 걱정됩니다."라고 말한다면,
기존 메시지: "퇴직 후에도 성공적인 커리어를 만들어보세요."
최적화 메시지: "당신의 경력을 사장시키지 마세요!" (더 강한 공감 유발)

Step 3. 구체적인 숫자와 데이터 추가

신뢰도를 높이기 위해 구체적인 수치와 결과를 포함한다.

[예시]

AI 기반 경력 설계로 30일 안에 경력 목표 설정.
비용은 기존 컨설팅의 절반, 효과는 두 배.

5. 현실적인 메시지 테스트 계획

Step 1. A/B 테스트 실행

SNS 광고, 이메일 제목, 랜딩페이지 헤드라인 등에서 두 가지 메시지를 비교하여 성과를 분석한다.

[예시]

메시지 A: "퇴직 후 30일 안에 새로운 경력을 설계하세요!"
메시지 B: "AI가 추천하는 맞춤형 경력 목표, 지금 바로 확인하세요!"

Step 2. 즉각적인 피드백 수집

무료 이벤트나 프로모션을 활용하여 실제 고객 반응을 확인한다.

[예시]

"퇴직 준비 세미나: 지금 등록하면 맞춤형 경력 설계 플랜 제공."
"무료 체험 캠페인: 첫 50명에게 AI 기반 경력 분석 리포트 제공."

Step 3. 성과 지표 확인 및 지속적인 최적화

클릭률, 전환율, 고객 피드백을 수집하고 지속적으로 메시지를 개선한다.

[예시]

메시지 A는 클릭률 3%, 메시지 B는 클릭률 7%. B가 더 효과적.

08-7. 수익 모델 최적화와 혁신적인 결합 방안

수익 모델 최적화는 기존 모델의 단순 복제가 아니라, 업종 간 교차 적용과 혁신적 결합을 통해 지속 가능한 구조를 설계하는 과정이다. 성공적인 창업자는 적합한 수익 모델을 선택하고, 최적화하며, 새로운 조합을 실험하는 전략이 필요하다.

◆ 기존 수익 모델을 활용한 기본 프레임

수익 모델을 설계하려면 먼저 기존의 일반적인 수익 모델을 파악하고 이를 확장하거나 결합해야 한다. 다음의 표는 기본적인 수익 모델의 예시이다.

수익 모델 유형	설명	예시
구독형 모델	정기적으로 비용을 청구 (월/연 단위).	넷플릭스, 스포티파이 등.
마진 기반 모델	제품/서비스의 생산 비용과 판매 가격 차익.	제조업, 유통업 등.
광고 기반 모델	광고를 통한 수익 창출.	구글, 페이스북 등.
수수료 모델	거래 성사 시 일정 비율을 수수료로 부과.	에어비앤비, 우버 등.
프리미엄 모델	기본 서비스 무료, 부가 기능은 비용 청구.	줌, 슬랙 등.
라이선스 모델	기술이나 콘텐츠를 사용 권한으로 제공.	마이크로소프트, 오라클 등.
데이터 판매 모델	데이터를 활용한 수익 창출.	블룸버그, 데이터 분석 회사.
결과 기반 모델	결과 달성 시에만 비용 청구.	컨설팅 회사, 성과 기반 마케팅.

◆ 다른 업종의 수익 모델을 가져오는 방법

다른 업종에서 성공적인 수익 모델을 벤치마킹하여, 자신의 업종에 창의적으로 결합하는 방식이다.

1. 업종 간 수익 모델 교차 적용의 기본 논리

성공한 수익 모델 파악 기존 업종에서 잘 작동하는 수익 모델을 조사.

[예시]

넷플릭스의 구독형 모델, 에어비앤비의 수수료 모델.

고객 경험 중심으로 변형 자신의 고객에 대한 행동, 필요, 기대에 맞게 수정.

[예시]

교육 업종에서 넷플릭스식 구독 모델을 도입해 월간 강의 구독 서비스 제공.

조합 가능한 부분 탐색 여러 업종의 수익 모델을 결합해 새로운 구조 설계.

[예시]

제조업에 광고 기반 모델을 결합해 제품 패키지에 브랜드 광고를 삽입.

2. 교차 적용의 실질적 예시

구독형 모델 + 성공 수수료 모델

[적용 사례]

건강 관리 플랫폼에서, 기본 건강 관리 앱은 구독형으로 제공하며, 특정 목표(체중 감량,

운동 성과) 달성 시 성공 수수료를 추가 부과.

데이터 판매 모델 + 라이선스 모델

[적용 사례]

고객 데이터 분석 서비스를 라이선스화하여 기업에 판매하며, 데이터 제공자에게는 수익을 일부 공유.

성과 기반 모델 + 구독형 모델

[적용 사례]

교육 서비스에서 구독료를 받으며, 특정 자격증 취득 성공 시 추가 성과 보너스 청구.

◆ 수익 모델 최적화를 위한 실행 프로세스

Step 1. 기존 수익 모델 분석

자신이 사용하는 수익 모델의 한계를 파악한다.

수익 구조 분석: 수익원의 비율 및 의존도를 파악.
취약점 식별: 비용 대비 효율이 낮은 부분을 점검.

[예시]

현재 90%의 수익이 일회성 거래에서 발생, 반복 구매율이 낮음.

Step 2. 다른 업종의 수익 모델 조사

기존 업종 외에서 혁신적인 아이디어를 발견한다.

성공적인 수익 모델을 사용하는 기업 조사.
해당 모델이 내 업종에 어떻게 적용될 수 있는지 브레인스토밍.

[예시]

교육 업종에서 구독형 모델이 고객의 경제적 부담을 줄이고 참여율을 높임.

Step 4. 테스트 및 MVP 출시

새롭게 결합된 수익 모델의 효과를 검증한다.

소규모 테스트: 새로운 모델로 초기 고객 그룹 테스트.
결과 분석: 예상 수익 대비 실제 성과 분석.

[예시]

월 100명의 고객에게 구독형 모델 제공 후 매출 증가율 측정.

Step 5. 지속적인 최적화

시장 변화에 따라 수익 모델을 지속적으로 개선한다.

정기적으로 데이터 분석 및 고객 피드백 반영.
추가 결합 및 변형 가능성 탐색.

[예시]

기존 구독형 모델에 성과 기반 수수료 추가로 고객 만족도 증가.

◆ 창의적인 수익 모델 결합을 위한 도구와 프레임워크

SCAMPER 기법

- **Substitute** 다른 업종의 수익 모델로 교체.
- **Combine** 두 가지 이상 수익 모델 결합.
- **Adapt** 다른 업종에서 성공한 모델을 내 업종에 맞게 조정.
- **Modify** 기존 모델의 일부를 변경.
- **Put to another use** 기존 모델을 새로운 방식으로 사용.

- **Eliminate** 비효율적인 부분 제거.
- **Reverse** 기존 모델의 흐름을 반대로 적용.

Business Model Canvas 활용

기존 수익 모델과 새로운 결합 아이디어를 시각적으로 설계한다.

살펴본 것처럼 수익 모델 최적화는 기존 업종과는 다른 방식으로 생각하는 데서 시작된다. 성공한 수익 모델을 조사하고 변형하거나, 업종 간 결합으로 새로운 가치를 창출 하거나, 소규모 테스트로 위험을 줄이며 효과를 검증해 나간다

창업이란 단순한 선택이 아니다. 그것은 새로운 가능성을 향한 도전이며, 불확실한 미래를 스스로 개척하는 용기 있는 항해다. 탐험가가 미지의 세계로 나아갈 때 지도 한 장이 길을 결정짓지는 않지만, 방향을 잡아주듯이, 사업계획서는 창업자가 흔들리지 않도록 돕는 나침반이자 이정표가 된다.

어떤 문제를 해결할 것인가? 어떻게 시장에서 살아남을 것인가? 누구와 함께할 것인가? 수많은 질문이 머릿속을 스쳐 지나가며 때로는 두려움이 앞설 수도 있다. 하지만 불확실성 속에서도 한 걸음을 내딛는 것이 창업이다. 본문에서 제시한 프롬프트 기법과 단계별 작성 노하우를 활용하면, 막막했던 출발점이 점점 명확해지고, 실행에 대한 자신감이 생길 것이다.

특히, 챗GPT와 같은 생성형 AI는 시장 데이터 분석, 아이디어 검증, 문서 초안 작성 등의 과정을 단숨에 가속화하며, 창업자가 더 중요한 의사결정에 집중할 수 있도록 돕는다. 하지만 잊지 말아야 할 것은 AI는 도구일 뿐, 최종적인 선택과 책임은 창업자 자신에게 있다는 것이다. 성공한 창업가들은 단순히 좋은 아이디어를 가진 사람들이 아니라, 그 아이디어를 현실로 만들기 위해 끊임없이 실행하고 수정하며, 도전을 멈추지 않는 사람들이다.

이 책을 통해 항해를 위한 지도와 나침반을 손에 쥐었다. 하지만 그것만으로 목적지에 도달할 수는 없다. 진짜 중요한 것은, 출항을 결심하고 돛을 올리는 것이다. 망설일 시간은 없다. 빠르게 시도하고, 고객의 반응을 살피며, 지속적으로 개선하는 과정 속에서 당신의 길은 더욱 뚜렷해질 것이다.

꿈꾸는 미래는 이미 여러분 눈앞에 있다. 이제 그 미래를 현실로 만들 차례다. 더 이상 주저하지 말고, 지금 당장 한 걸음을 내딛길 바며, 그 길 위에서 한 걸음씩 자신의 발자국을 남기길 진심으로 응원한다.

{ 용어사전 }

스타트업·IT·비즈니스에 관한 용어

5 Whys(5가지 왜?) 문제의 근본 원인을 파악하기 위해 "왜 그랬을까?"를 최대 5번 반복하여 질문하는 기법. 예시 판매가 줄었어 → 왜? → 홍보가 약해졌어 → 왜?를 계속 캐물어 문제의 뿌리를 찾음.

Agile(애자일) / 스프린트(Sprint) 소프트웨어·서비스를 개발할 때 한 번에 왕창 완성하려 하지 않고, 짧은 기간(스프린트) 단위로 개발 → 테스트 → 피드백을 반복하며 '민첩하게(Agile)' 개선해 나가는 방법론.

AI(인공지능, Artificial Intelligence) 컴퓨터가 사람처럼 학습하고 추론하여 문제를 해결하거나, 텍스트·이미지·음성 등을 스스로 만들어 내는 기술. 본문에서 말하는 챗GPT 같은 언어 모델도 AI의 일종.

AIDA Attention(주의)-Interest(관심)-Desire(욕구)-Action(행동)의 약자로, 소비자가 제품이나 서비스를 구매하는 과정에서 거치는 네 가지 단계를 설명하는 마케팅 모델이다. 광고 문구나 초기 홍보 문장을 구성할 때 유용하며, 창업 초기에 고객 '관심'을 끄는 데 초점을 맞춘다.

B2B Business to Business의 약자. 기업과 기업 간 거래(예: 기업에 솔루션을 파는 소프트웨어).

B2C Business to Consumer의 약자. 기업과 일반 소비자 간 거래(예: 온라인 쇼핑몰, 음식 배달 앱).

Bias 생성형 AI가 답변·분석 시 특정 방향으로 치우치거나 편향된 경향을 보이는 현상이다. 생성형 AI 활용 시 데이터 편향(Bias)을 인지하고, 정보 검증·보완 작업이 필요하다.

Blue Ocean 전략 경쟁자가 거의 없거나 새로운 시장을 창출해 경쟁을 피하는 전략. 예시 다른 업체들이 전혀 시도하지 않은 분야에서 독자적으로 활동하며 시장을 "파란 바다" 처럼 만들어 가는 방식.

FAB (Feature–Advantage–Benefit) 제품·서비스 설명 시, 기능(Feature) → 장점(Advantage) → 고객 혜택(Benefit) 순으로 설명하는 기법.

KPI(Key Performance Indicator) 핵심 성과 지표. 예시 앱 가입자 수, 재구매율, 매출 성장률 등. ₩n스타트업이 목표 달성 여부를 가시적으로 확인하기 위해 설정하는 숫자(지표).

Lean Startup(린 스타트업) '가볍게 시작해서, 빠르게 개선하자'는 창업 방법론. 먼저 'MVP'를 만들어 시장 반응을 본 뒤, 문제점을 빠르게 수정·보완하면서 사업을 키우는 것을 강조함.

MVP(Minimum Viable Product) '최소 기능 제품'. 아이디어를 검증하기 위해 꼭 필요한 핵심 기능만 구현한 제품이나 서비스의 초기 버전(예: 모든 기능을 다 넣지 않고, 핵심적인 한두 기능으로 먼저 시범 운영해보며 시장 반응을 살펴보는 것).

O2O(Online to Offline) 온라인 서비스와 오프라인 서비스를 연결해서 제공하는 비즈니스 방식(예: 앱으로 주문하고 가게에서 수령, 앱으로 택시 호출 후 실물 택시 이용 등).

OKR 'Objectives and Key Results'의 약자. 조직이나 개인의 목표(Objectives)와 핵심 결과(Key Results)를 수치나 지표로 설정해, 달성도를 주기적으로 확인하며 관리하는 방식.

Pivot(피벗) 초기 가설(아이디어)이 시장에서 통하지 않을 때, 방향 전환(아이템 변경, 타깃 조정 등)을 빠르게 결정하는 것. 린스타트업에서 자주 언급됨.

PSST(Problem–Solution–Scale-Up–Team) 문제(Problem) → 해결책(Solution) → 성장전략(Scale-Up) → 팀(Team) 흐름으로 사업계획서를 작성하는 방식. 기존 사업계획서와 달리, "정확히 어떤 문제를 해결하는가"부터 명확히 드러내고 차후 확장전략과 팀구성을 덧붙이는 구조.

ROI(Return on Investment) 투자 대비 얼마나 이익을 얻는지 보는 지표. 예시 100만 원을 투자해 150만 원을 벌었다면, ROI가 50% 정도라는 의미.

SWOT 분석 Strength(강점), Weakness(약점), Opportunity(기회), Threat(위협)로 분류

해 사업·아이디어를 점검하는 도구. "우리가 잘하는 점은 무엇이고, 약점은 어디인지, 또 시장에서 기회와 위협은 무엇인지"를 한눈에 파악함.

Unicorn 기업 가치가 10억 달러(약 1조 원) 이상인 비상장 스타트업을 일컫는 말. 스타트업 생태계에서 고성장 기업을 지칭할 때 사용, 대표적인 성공 사례로 언급된다.

USP(Unique Selling Proposition) 우리 제품만이 갖는 '고유한 강점' 혹은 '차별점'. 예: 가장 빠른 배송, AI가 즉시 분석처럼 딱 한 줄로 고객에게 어필할 수 있는 특징.

UX (User Experience) 사용자가 제품·서비스를 이용하면서 느끼는 전반적 경험(디자인, 편의성, 감정 등). 고객 만족도를 높이고 재방문·재구매를 유도하기 위한 핵심 설계 요소.

Value Proposition Canvas 고객이 원하는 가치와, 내가 제공하는 가치가 얼마나 맞물리는지를 시각화·분석하는 도구. "우리 서비스가 고객이 느끼는 문제를 확실히 해결해 주는가?"를 집중 점검함.

거버넌스 기업이나 조직의 의사결정 구조와 운영 체계를 일컫는 말이다. 스타트업이 확장되면서 지배구조의 투명성과 책임경영이 중요해진다.

니치(Niche) 시장 큰 시장에서 경쟁이 치열한 곳이 아닌, 상대적으로 작지만 특정 고객층의 문제나 취향을 깊이 파고드는 시장(예: 반려동물 중에서도 노령견 전용 간식 배달"?처럼 한정된 수요지만 그만큼 전문성이 필요한 분야).

로드맵 시각화 실행 계획을 글 대신 타임라인·간트차트 등으로 보여주는 것. 협업·투자자 설득 시 직관적으로 일정과 마일스톤을 파악하게 해 줌.

비즈니스 모델 캔버스(BMC) 사업 모델을 한 장 짜리 도표 안에 정리하는 도구. "고객 세그먼트, 가치 제안, 채널, 관계, 수익 구조, 핵심 자산, 핵심 역량, 비용 구조, 파트너" 9칸으로 나누어 한눈에 비즈니스를 구상할 수 있게 하는 틀.

비즈니스 모델(Business Model, BM) 고객에게 어떤 가치를 주고, 그 대가(돈)를 어떻게 받을지 설계하는 방법. 예: 월 정액 구독형, 한 번에 파는 단발성 판매형, 광고 수익형 등.

사업계획서(Business Plan) 창업 아이디어를 실행할 구체적인 계획을 정리한 문서. 보통

"어떤 문제를 해결하고, 돈은 어떻게 벌 것이며, 팀은 어떻게 구성될지" 등을 쓰며, 투자자나 기관에게 제안할 때 많이 사용함.

생성형 AI(Generative AI) 새롭게 글, 이미지, 음성 등을 "창조"하는 AI. 단순히 질문에 대한 답만 하는 것이 아니라, 스스로 문장, 그림, 코드 등을 생성해 줌. 챗GPT가 대표적인 예.

스케일업(Scale-Up) 제품·서비스가 시장 반응을 얻은 뒤, 빠른 속도로 사업 규모를 확장하는 것. 예: 인력·자본·마케팅을 늘려 전국/글로벌로 성장시키는 단계.

시나리오 플래닝(Scenario Planning) 미래에 일어날 수 있는 여러 가지 상황(시나리오)을 가정해 보고, 각 경우에 어떻게 대응할지 미리 구상하는 기법. 예: 경기가 호황일 때 vs 불황일 때, 기술이 빨리 발전했을 때 vs 규제가 강화되었을 때… 등.

시장 검증(Market Validation) "내가 생각한 아이디어"가 실제로 시장(구매자나 사용자)에게도 통할지 확인하는 과정. 예: 고객 인터뷰, 시범 서비스, 설문 조사 등을 통해 '이게 정말 잘 팔릴까?'를 검증함.

창업 아이디어(Startup Idea) 창업을 통해 만들고 싶은 '사업 아이템' 혹은 '서비스'나 '제품'에 대한 생각. 예: "이런 문제를 해결해 주는 앱을 만들자"라는 것이 창업 아이디어가 됨. 책을 읽다가 이해가 되지 않는 단어가 나오면, 챗GPT에게 "이 용어 어떤 뜻이야?"라고 질문해 보자.

페르소나(Persona) 대표 고객상을 구체적 인물처럼 설정해 놓은 것. 예: "30대 직장인 김OO, 취미는 게임, 주말에는 헬스, 연봉은 얼마?" 이런 식으로 설정하여 이 '가상의 인물'이 어떤 문제를 갖고, 어떤 솔루션을 원하는지 분석함.

프롬프트(Prompt) AI에게 무엇을 어떻게 답해달라고 "지시"하는 문구나 질문 방식. 결국 프롬프트를 어떻게 쓰는지에 따라 좋은 답을 얻을 수 있음.

피치덱(Pitch Deck) 투자자나 파트너 앞에서 아이디어를 짧게 발표할 때 사용하는 간단한 프레젠테이션 문서. 보통 10~15장 내외 슬라이드로 회사 비전, 팀, 시장기회, 제품, 재무 등을 요약하여 담음.

{ 부록 }

본 도서를 구입한 독자분께는 [연봉 5억 N잡러가 되기 위한 AI 무자본 창업 50선]과 [2025 소자본 비즈니스 아이디어] 도서(PDF)를 무료로 제공한다. 이 도서는 생성형 AI 활용 대중화를 통해 누구나 도전해 볼 수 있는 AI 무자본 창업에 대한 영감과 아이디어를 샘솟게 해주는 아주 실험적인 내용이 담긴 전자책(PDF) 형태의 도서이다. 해당 부록 도서들은 본 도서를 구입(대여 책 불가)한 독자들에게만 특별 부록으로 제공된다.

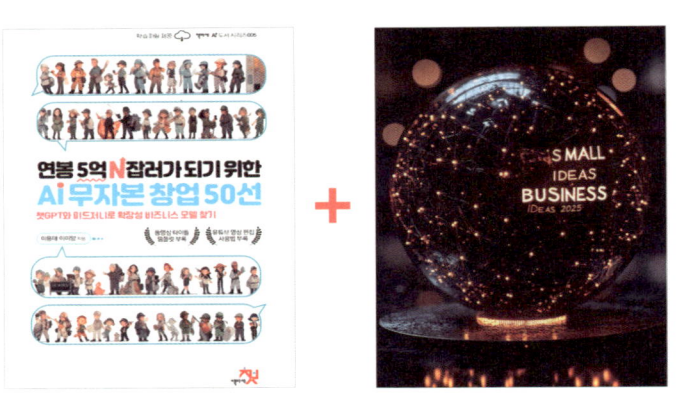

부록 전자책 요청하기

본 도서에 포함된 두 가지의 전자책(PDF)이 필요한 독자는 스마트폰 카메라를 이용해 QR 코드를 스캔한 후 "책바세 톡톡" 카카오톡 채널로 접속하여, 해당 부록 도서와 비밀번호를 요청하면 된다. 자세한 내용은 아래 내용을 참고한다.

이름과 **직업**을 **지워지지 않는** 펜으로 쓴 후 촬영하여 QR 코드 스캔을 통해 접속한 "**책바세★톡톡**" **카카오 톡톡**에, 촬영한 **이미지**와 함께 요청한다.